U0103951

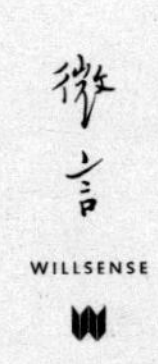
微言
WILLSENSE

金陵旧梦

| 增订版 |

徐铸成
作品

02

EPISODES:
A MEMORY
BOOK

徐铸成 著

上海三联书店

1924年，作者在无锡省立第三师范读二年级

1939年，作者担任香港《大公报》编辑主任

出版说明

徐铸成先生是中国著名的记者、新闻评论家和新闻学家。他先在国闻通信社和《大公报》工作，从记者、编辑到担任地方版总编辑；其间和后来又主持《文汇报》笔政，实践自己的办报理念，在新闻界赢得了应有的地位和声誉。他的人生经历，与国家的命运休戚与共，除了青年时期经历内忧外患中的流徙和辛劳，中年还经受了被划成“右派”的屈辱和磨难，晚年则回首前尘，笔耕不辍，时有新著问世。

徐铸成先生的著作，迄今统计有300余万字。其中包括他在《大公报》和《文汇报》期间写下的难以计数的新闻、通讯、游记、评论等；他在20世纪60年代前期撰写的旧闻掌故类文章；他在1978年后陆续撰写的大量回忆史料、小品掌故、人物传记和新闻学术论著；

还有日记、讲稿、政治运动中的思想检查和活动交代以及一些未发表的文稿。

本系列作品收入了徐铸成先生撰写的回忆史料和小品掌故类著作，包括他在1963年撰写的《金陵旧梦》，1978年后撰写的《报海旧闻》和《旧闻杂忆》，以及他在1947年至1957年、1977年至1978年的日记。

《金陵旧梦》是徐铸成先生写于1962年至1966年间的一组忆旧文章汇编。

徐铸成先生被划为“右派”后，于1958年被撤去《文汇报》社长和总编辑职务，随后被安排到上海市出版局工作。1960年后，他主要在上海市政协文史资料委员会从事文史资料工作，在上海出版文献资料编辑所主持《申报索引》编辑等工作。由于家庭负担较重，有时要靠变卖旧衣物维持生活。时任中共上海市委书记处书记的石西民得知此事，特意关照陈凡（时任香港《大公报》副刊主编）登门向作者约稿，以稿酬补贴生活，并限定只能用笔名。

此后，作者在香港《大公报》副刊“大公园”和“古与今”上发表了数十篇有关民国时期政坛和报界秘闻等内容的文章，用了“容斋”“丁宁”“时霆”“金寿”“枕流”等笔名，其中“容斋”使用得最多，这个笔名系移用宋代学者洪迈的《容斋随笔》。作者曾解释说，之所以取这个名字，是觉得自己遭受了如此重大的政治打击，心中只有容忍而已。

1963年，上述文字中“蒋朝野史”的部分（本书辑一）被汇集编辑成册，在香港出版，取名为《金陵旧梦》，署名“容斋等”，以后有十余次再版。

本次重编，编者汇集了作者在香港《大公报》发表的大部分文章，并做了校勘，仍以《金陵旧梦》名之。

徐铸成作品编辑部

2022年8月

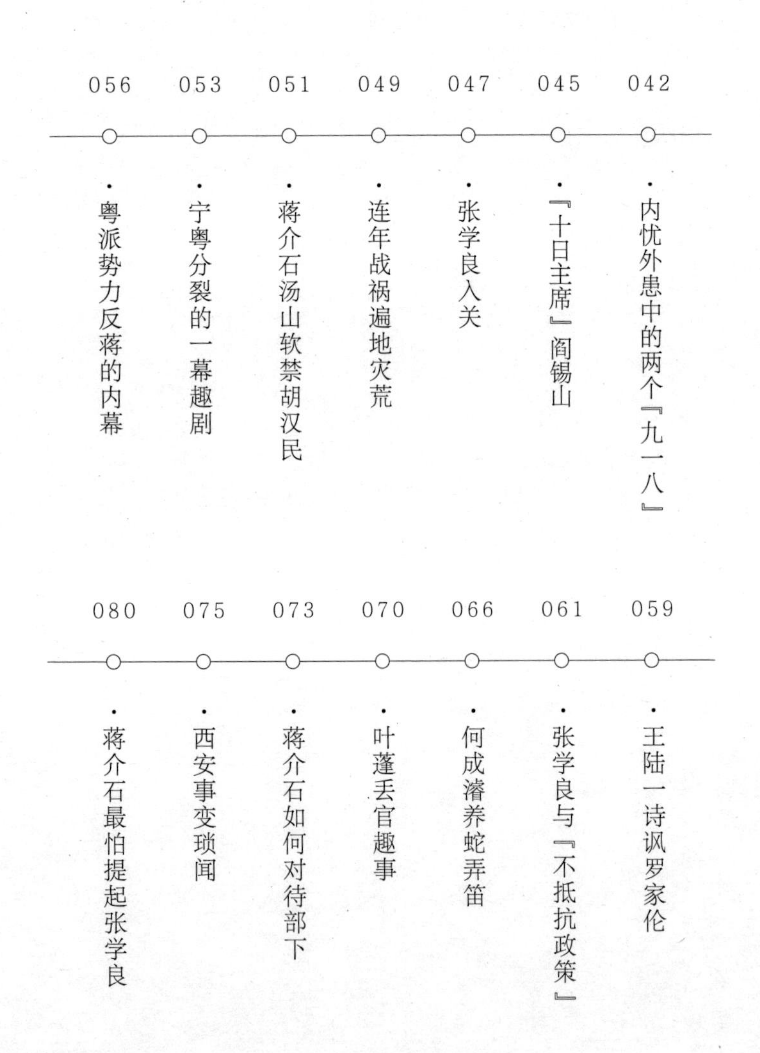

目录

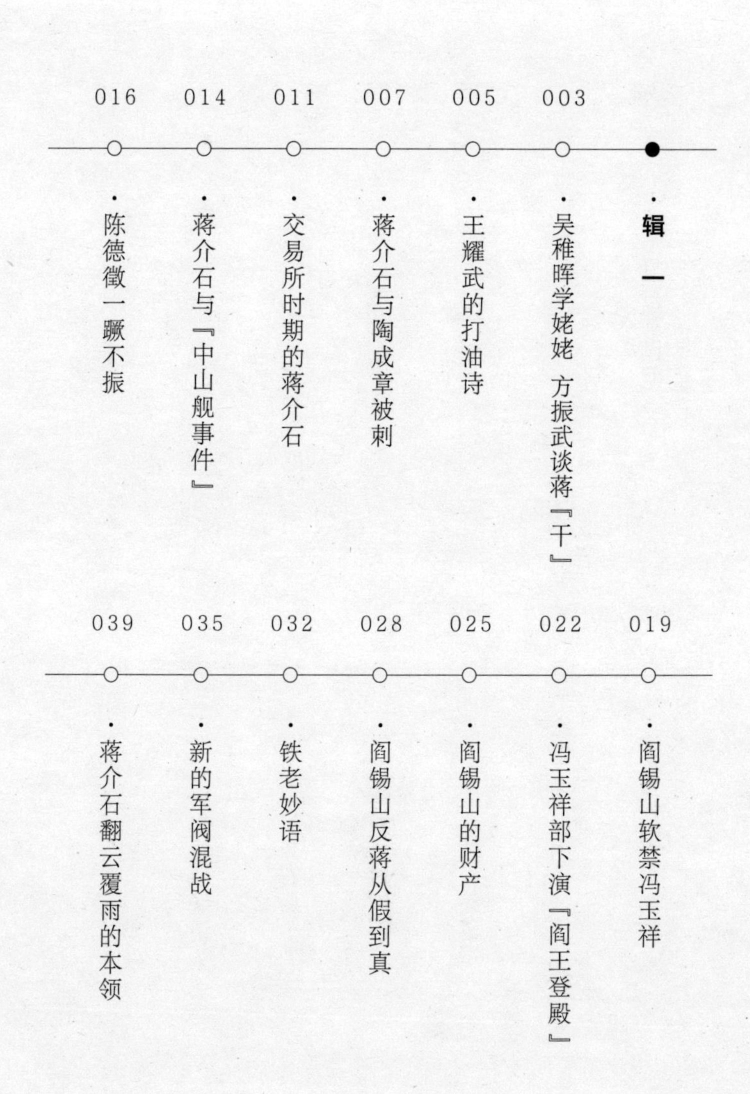

辑一

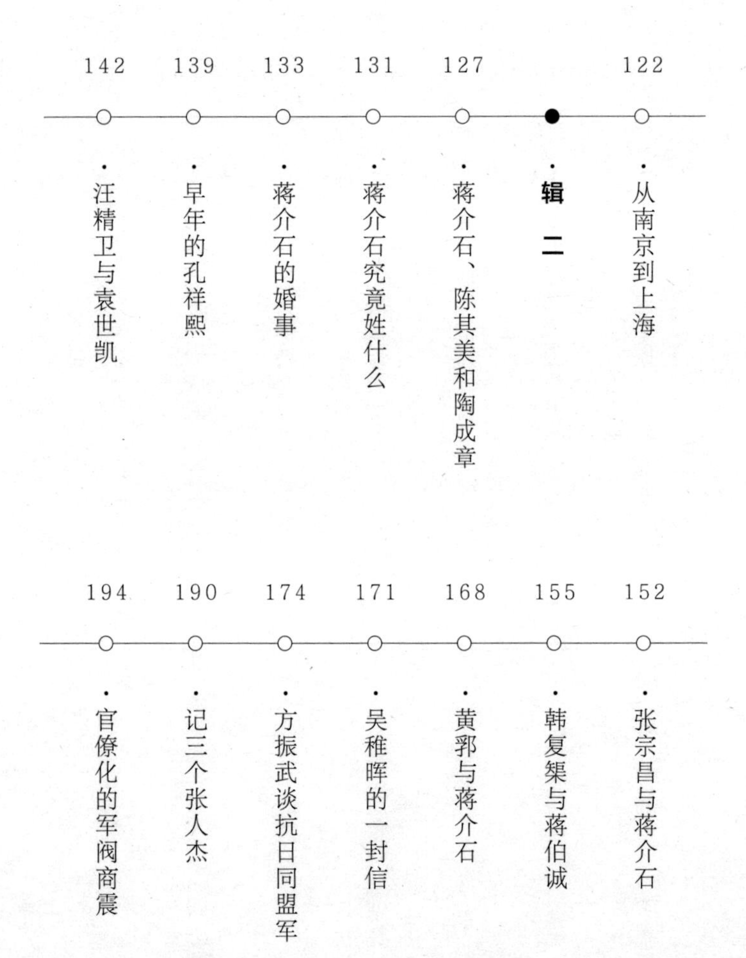

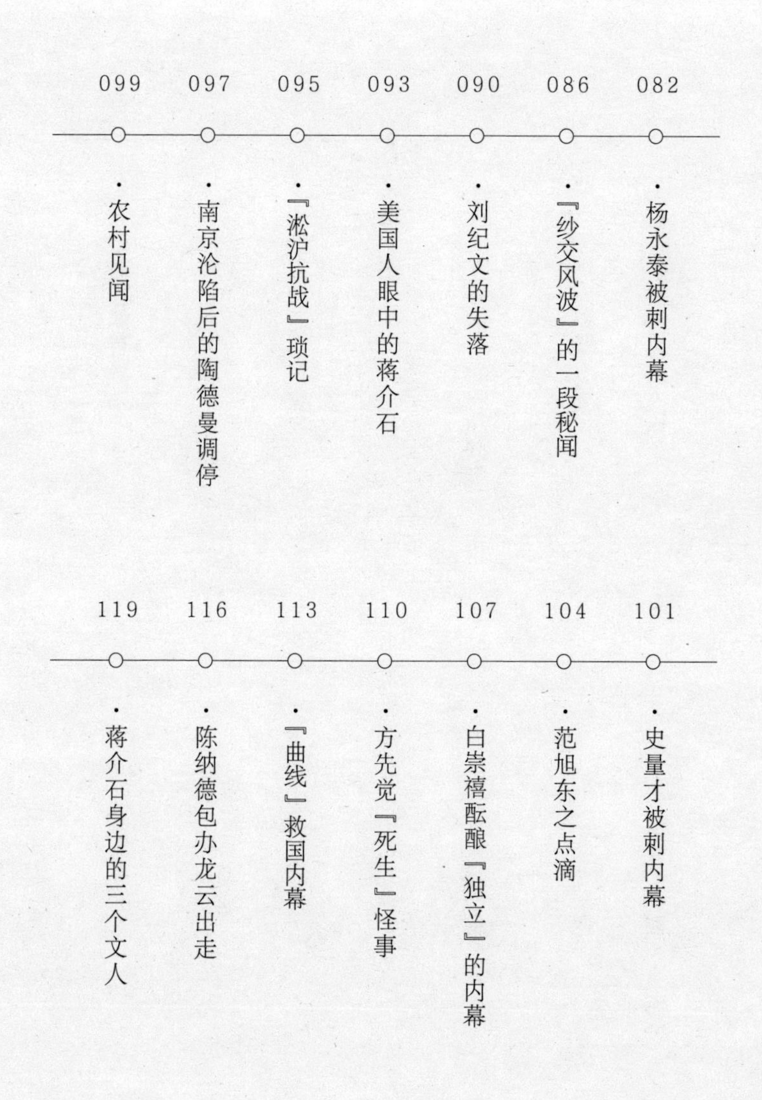

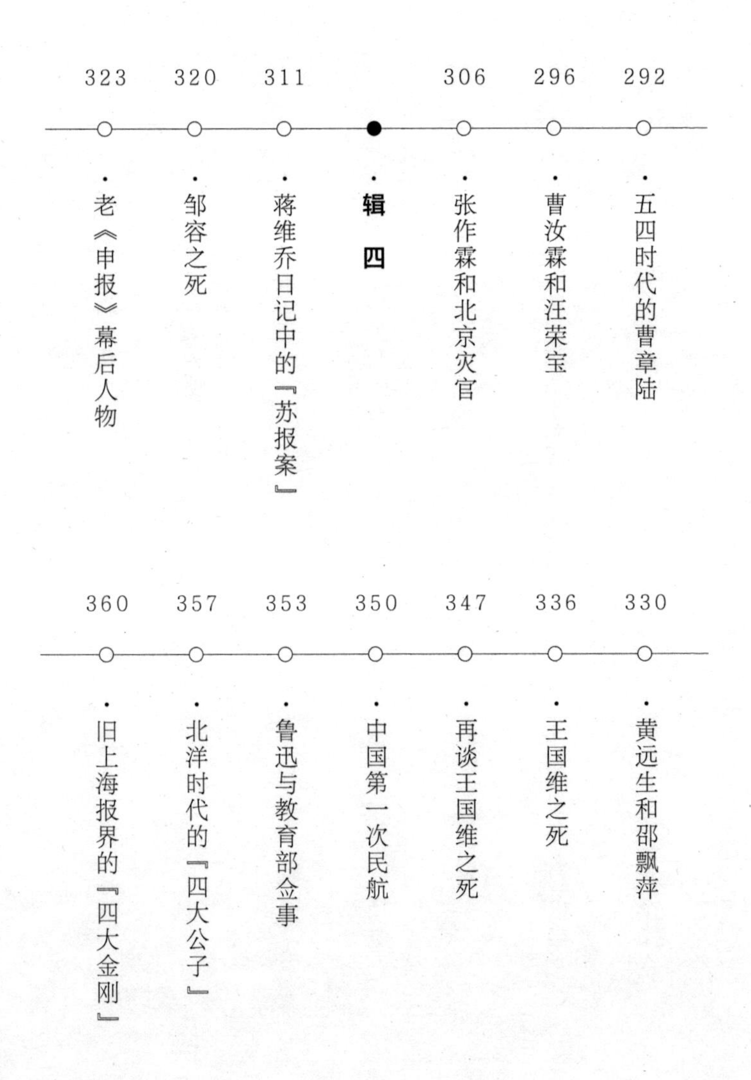

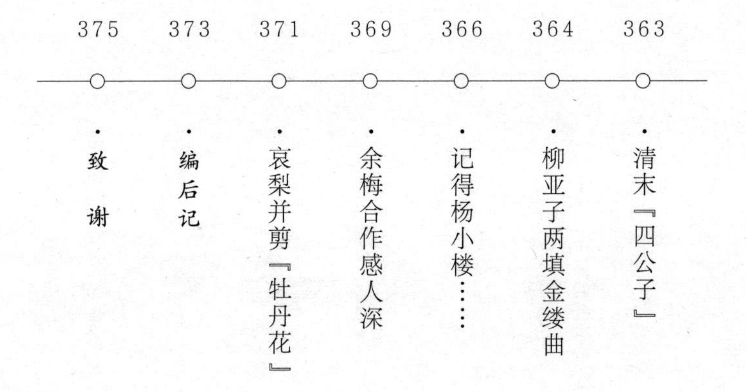

辑一

一九四九年以前，我滥竽新闻工作二十多年，曾亲见北洋军阀政府的收场，蒋介石的兴起和覆灭。兹就记忆所及，拉杂记之，以飨读者。所记大都得自亲历，部分是访问有关人士得来的资料，道听途说者不录。

因系杂忆，所记不以时间为次序，前后内容也不一定有联系。

吴稚晖学姥姥　方振武谈蒋“干”

一九二八年，北伐军到达北京（当时还没有改称北平），曾举行过一次“国民革命军底定京津祝捷大会”，地点在天安门广场，参加者大约有十万人。

当时的天安门广场当然还没有现在那样开阔堂皇，容纳十万人，就显得很挤了。

白崇禧是那天大会的中心人物，致了开幕词。代表蒋介石参加的是方振武（当时方是第一集团军的军长），冯玉祥的代表是郭春涛，阎的代表是张荫梧，他们都讲了话。另外，有一个发言者最受与会者的注意，那就是后来被冯玉祥通电指斥为“苍髯老贼，皓首匹夫，善补尔裤，毋使后穿”的吴稚晖。（这个通电是一九三〇年蒋冯战争前冯在太原发表的，据冯的秘书雷嗣尚告诉我，是他的手笔，前两句引用诸葛亮骂王朗语，后两句是章太炎因“苏报案”被羁出狱后揭责吴稚晖出卖他而作的两句警语。这四句话，刻画出了吴的形象，因而传诵一时。）

记得那天吴以刘姥姥的口吻大讲其“革命”的“大道理”。他说：“什么叫革命？就是：你不好，打倒你，我来干。现在，革命军到了北京，北伐大业已完成了。我们已经实现了‘你不好，打倒你，我来’这八个字，今后，就看我们怎样‘干’了。”

一九四〇年，我曾和方振武在他的九龙寓所促膝谈往，谈到这一幕，他也记忆犹新。他感慨地说：“蒋介石‘干’了十几年，尽‘干’了些什么呢？残害民众、排除异己，最后，把日本侵略者都‘干’进来了。简单一句话，是好话说尽，坏事干绝了！”

北伐军到北京后，天安门举行的另一次群众大会是“总理铜像奠基典礼大会”，到会的也有几万人。由当时的北京政治分会主席张继主持大会，并破土奠基。选定铜像建立的地点在正阳门以北，中华门以南（即今人民英雄纪念碑附近）。从那次大会以后，铜像的建立就一直没有下文，后来，连破土奠基的影子也找不到了。从这件事，也可见国民党政府究竟“干”了些什么事了！

王耀武的打油诗

一九四九年春，平津、淮海战役已先后结束，我从香港到山东访问，曾参观“解放军官团”。在这里学习的，都是国民党军中校以上的高级军官，主要是在济南战役和淮海战役中被解放过来的，总数约达五六百人。大门前高悬学员们自己集体写的一副对联，上联写：“早解放、迟解放、迟早要解放，迟解放不如早解放。”（在解放战争中，被俘的国民党士兵，大都自愿参加解放军，掉转枪口杀敌，称解放战士。）下联是：“后学习、先学习、先后要学习，后学习不如先学习。”横额大书：“重新做人”。招待我们参观的有王耀武、陈金城、庞镜塘等十余人，都是原国民党在山东的高级负责人。其中，王耀武官阶最高，当学习小组长。他们先推王报告他们学习和生活情况，以后，又领我们参观他们的宿舍，到处整整齐齐，环境也收拾得很干净。

王耀武和我在桂林有几面之缘，这次异地相逢，他确有喜出意外之感。后来，我到他房间里去闲谈，问他生活是否惯常？他说："得到今天这样的待遇，是以前做梦也没有想到的。过去，事事都有副官侍候，今天，要自己打饭，自己扫地，开始自然是不习惯的。但细细想想，人生的意义，难道就是为了受人的趋奉侍候么？来这里几个月，明白了很多大道理，越来越感到心情愉快。"他又说："像国民党这样的局面，像蒋介石这样残民以逞的人，不失败是没有天理的。"我问他初来学习时的心情如何。他说："初进来时，是有所疑惧的，不相信被俘的人会这样始终受优待。后来，事实证明共产党是说一是一说二是二的，他们主要是要帮助我们改造成为有用的人。等到辽沈战役后，国民党大势已去，心也就更定了。"他说完，拿他的一首近作给我看，写的是："闻辽西战役大捷有感"。诗曰："大将廖耀湘，全部美国装。出师援锦州，半途缴了枪。"

蒋介石与陶成章被刺

蒋介石清末从日本回国后，就在上海拜黄金荣为师，并在黄和叶琢堂所开的赌台做事，受到他们的资助（后来叶就靠这点老关系在国民党的中央银行和中央信托局任要职，成为金融界的“大亨”之一）。他的“出名”，始于民元暗杀陶成章一案。

马叙伦在他的《石屋续渖》中，对陶成章之死有如下的记载：“成章之死，章太炎谓蒋介石实刺之（见章所著《国故论衡》或《国华月刊》）；然余闻诸介石乡人曾与介石共作北里游之某，谓成章死之前夕，歇于福州路之四海升平楼，介石来，持银饼二百元，怀手枪一具，某即以指蘸茶书三点水旁于桌以示介石，介石摇首；某又蘸水书耳旁，介石颔之。盖水旁谓汤寿潜，时寿潜任浙督也；耳旁则成章也。次晨而成章以被暗杀告矣，然下手者实王某也。”陶的被刺经过，我也曾听见包达三先生谈过，可以和马先生的记载相印证。包先生早年是和蒋介石一起吃喝玩乐的朋友，曾结为拜把兄弟（所以一九四六年包和马叙伦等一起到南京作和平请愿时，马等都遭特务毒打，包独被拥入车站另一候车室，仅监视而已，盖蒋实顾念当年“香火情”也），对蒋的早年事迹，当然了解得很清楚。他说，陶被刺的那天早晨，他在四马路青运阁茶楼饮早茶，约九时光景，看到蒋介石匆匆走上楼梯，到了梯口，探头向四面一望，就转身欲下楼，他忙喊住蒋说：“瑞元，什么事这样苍蝇切了头似的乱转？”蒋回答说：“找人。”包问他：“找哪个？什么事？”蒋把手执的一封现洋（当时上海还不大用钞票）举一举说：“侬勿要管，等歇看眼色！”说完就匆匆下楼走了。第二天清晨听到报童到处喊：“阿要看暗杀的新闻”，才知道陶成章在法租界广慈医院被刺杀了。

陶的被刺，是辛亥革命后第一件政治暗杀案，严重影响了同盟会内部的团结，影响以后政治形势的发展。因为那时同盟会和光复会的政治联盟，因陈其美的抢夺上海都督，已经濒于破裂，这次蒋介石暗杀陶成章，光复会领袖从章太炎起都肯定是陈其美指使的，因之而积怨于中山先生。陶案发生后，孙先生曾以临时大总统的名义，发一通电，恺切告诫同盟会同志必须和光复会搞好团结关系，电文中有：“按同盟光复两会，在昔同为革命党之团体，……两党宗旨初无大异，特民生主义之说稍殊耳。”“同盟会实行革命之历史，世人知之较详，不待论述。光复会有徐锡麟之杀恩铭，熊成基之袭安庆，近者攻上海，复浙江，下金陵，则光复会新旧部人皆与有力，其功表见于天下。两会欣戴宗国，同仇敌掳，非只良友，有如弟昆。……今兹民国新立，建虏未平，正宜协力同心，以达共同之目的，岂有猜贰而生阋墙。”“虽或有少数人之冲突，亦不可不慎其微渐，以免党见横生，而负一般社会之期许。切切。”陶案发生于一九一二年一月十四日，距中山先生就任临时大总统不到半月。而一月三十日孙先生就发出这个恺切告诫同盟会同志力求团结的通电，可见陶成章之死，给同盟会和光复会两个革命团体之间，带来了很大的裂痕。

蒋的暗杀陶成章，陈其美事先知不知道？是否是主谋？则传闻不一，据一位深知陈其美生平的老同盟会会员告诉我，陈陶的交恶，不仅在同盟、光复两会之争夺沪军都督，更由于以后的争夺浙江都督。辛亥年九月上海光复之役，陈其美与光复会的李燮和（字柱中，后附袁世凯，为“洪宪六君子”之一）同时发动，陈率敢死队攻江南制造局不利，被清军所擒，幸赖李跑到平时联络好的清防军陈汉钦部中，策动反正，救出陈其美，攻下制造局。正当李在南市率部继续战斗、廓清残敌的时候，陈已在上海市绅、商圈领袖李平书等的推戴下，宣布就任沪军都督，贴出了皇皇布告。光复会员大愤，李率部退到吴淞，也宣布就任吴淞军政府都督，所部称光复军。这一幕双包案，经人调解，决定由李率部北伐，饷肴由沪都督府负责筹措，吴淞军政府取消。所以中山先生电中有“攻上海、复浙江、下金陵”的褒词。矛盾虽然缓和了，而双方的感情并未平复。陶成章是光复会的主要负责人，平时规行矩步，而陈则到处活跃，时常着大礼服涉足花丛，一时有“杨梅都督”之称。

一九一二年一月，孙中山在南京组成临时政府，调原浙江都督汤寿潜为交通总长，浙江都督出缺，陈其美因为在上海搞得到处碰壁，想到浙江去，而浙江为光复会的基地，而且陶在浙很负人望，浙人都推戴陶继任都督。因此双方就酝酿着新的冲突。在陶案发生前几天的晚上，陈从外面应酬后回到都督府，和高级幕僚黄郛（担任他的参谋长）、张群（他的高级参议）等叙谈，黄问：“都督为何不豫之色？”陈说：“焕卿（陶字）欺人太甚。”接着他就叙述陶如何当众指责他言行不谨，不务正业。于是大家共议对策。蒋介石那时任陈的侍卫，正立在陈的旁边，就开口说：“都督，侬放心，阿拉有办法。”陈即申斥说：“我们在这里议事，不要你插嘴！”没有几天，就发生了陶案。据说陶的朋友，事先曾风闻到陈方有不利于陶的消息，劝陶走避，因之陶乃养病于法国人开办的广慈医院。行刺之前，蒋持一束鲜花入陶室，说是代表陈来探慰的。辞出后，故意将门微露，预先雇好而伏在室外的王竹卿（就是包达三先生看到蒋在青莲阁寻找的）就冲进去向陶连开数枪，那时医院正在午休时间，护士等闻声来看，凶手等早已潜逃无踪了。

陈其美是否知道蒋介石的“阿拉有办法”究竟是什么办法呢？这是一个谜，但陈的主使嫌疑，总是无法辩解的。光复会中人申申责骂，章太炎到处写信，说革命甫成，同盟会就残害同志。孙中山素来声称反对暗杀手段，何况对革命同志。所以除发出通电外，还严令陈其美彻查凶手。蒋介石看到在上海无法再混下去，就在黄金荣等的帮助下，逃往日本，直到陈其美死后，孙中山赴粤任护法总统，这个凶杀案已渐渐从人们的记忆中消淡了，蒋才又回上海，跟戴季陶、张静江等一起搞交易所，先后已事隔三四年了。

交易所时期的蒋介石

上海之有交易所，始于一九一八年，是日本人开设的，名“上海取引所”，设在上海三马路，经营证券和物品买卖，赚了不少钱。

那时，蒋介石从日本回来不久，一贫如洗，和戴季陶一起在张静江家当清客。张是南浔富商，在巴黎开设豆品公司，并在浙江上海做贩运丝、陶的生意，那时和他的兄弟张澹如在沪设“张源恒盐栈”等字号，经营批发买卖。

一九一九年，戴蒋等看到日商“取引所”为暴利之薮，乃向张氏兄弟建议效尤创办，于是由张联系当时上海商界“闻人”虞洽卿等，组织“协进会”，筹备成立上海证券物品交易所，经向北洋政府农商部申请备案，一九二〇年得到批准，即于是年七月正式成立。虞洽卿任理事长，闻兰亭，盛丕华、周佩箴、张澹如等十七人为理事。场内交易由经纪人经手，当时第五十四号经纪人为陈果夫，其老板为蒋介石；

第四十五号经纪人为张秉三，他的老板就是张静江兄弟。经纪人在场内交易时，头戴白布帽子，帽上标明号码。所有这些，都是按照日本“取引所”的办法规定的。交易所开幕前，还办了一个“所员养成所”，请日本人山田等当教员，训练这些经纪人和其他职员。

这个交易所名为华商，实际上依旧是日本财团欺骗压榨中国人的机关，虞洽卿、蒋介石等实质上是当了买办，分享一些唾余而已。这个交易所的资本额定五百万元，分为十万股，开办时先收二万五千股，规定日方先出资八十七万五千元，约占总额的百分之七十，华方担任三十七万五千元，约占股额的百分之三十。事实上，当时虞蒋等都未拿出钱，而是以日方的股款向银行押做了十几万元，作为华方的股款（全部为“协进社”所有）。

交易所的业务名义上是一切证券和物品，实际上买进卖出者主要为该所股票（称“本所股”）。当时上海游资充斥，都集中于股票，以交易所为弋利之所。从一九二〇年七月到一九二一年中，“本所股”由每股三十多元逐渐上涨至一百二十元，除日商大获暴利外，虞蒋等这些商人也大发横财，他们抛进抛出，翻云覆雨，害得一些商人倾家荡产，跳黄浦自杀的日有所闻，而他们自己却日进斗金，蒋介石、戴季陶在上海做交易所的黄金时代就是在这一年多的时间里，天天吃花酒、坐汽车，俨然是富商了。

但好景不长，到一九二二年开春，“本所股”一度涨到二百多元后，就逐步回落，蒋等搞了一个“多头公司”，拼命买进，企图背城借一，甚至开了不少空头支票，以抵到期缴款，到是年二月，交易所内部空虚的真相已无法掩盖，“本所股”一泻千里，于是这个开张不到两年的交易所就宣告破产，“方卿原是旧方卿”，一度高车驷马的蒋介石，又回到了初到上海时的地位。

交易所破产前，虞洽卿曾电日方股东告急，后来日方汇给虞一百万元，作为清理之费。蒋介石听到这消息，就纠集几个也破了产的经纪人，雇了一百多个打手，准备在交易所开理事会时当场捣乱。这风声被虞听到，知道蒋有黄金荣为靠山，不可轻敌，于是找出当时法租界的“大亨”之一李徵五出面调停，蒋提出条件，要二十万元清理债务后，从此不再在上海混，“开码头”到广东去，经往返磋商，决定由虞送六万元给蒋作为赴粤的旅费。蒋得到这六万元后，在大东旅社开一房间，把这些合伙的经纪人找来，碰杯庆贺。大家想和蒋分赃，哪知蒋趁他们酒醉昏昏的时候，从后门溜出，乘车直上了南行的轮船，直到一九二七年才以“国民革命军总司令”的身份重来上海。在他重到上海以前，他的老朋友何德哥（虞洽卿）曾赶往九江迎候，代表上海的外国势力送了蒋一笔钱，作为蒋保护他们的代价，这笔钱当然不止六万元，而是八千万元了。而且，这八千万还仅仅是一笔“见面礼”而已。

蒋介石与“中山舰事件”

北伐以前，蒋介石以“左派”的姿态取得了孙中山的信任，逐渐获取高位。当年中山先生知道蒋参与暗杀陶成章引起同盟会和光复会分裂，曾申言以后永远不愿见他。一九二三年，孙先生着手改组国民党，实行三大政策，党内顽固派纷起反对，那时候张静江等代蒋进言，说蒋思想激进，大非吴下阿蒙。孙先生遂重加委用，后派往苏联学军事，黄埔军校成立，派蒋为校长，而以廖仲恺先生为党代表，负实际领导的责任。

一九二五年，“中山舰事件”发生时，又使人们进一步认识了蒋介石。一位国民党元老曾和我谈起中山舰事件发生前的故事。这位先生说，孙中山逝世后，黄埔军校举行追悼会，蒋在会上曾大声疾呼斥责当时主张乘机“清共”的国民党右派，演词中最激昂慷慨的一段，大意说，总理不幸逝世了，但我们还有鲍顾问在，我们今后一定要在鲍顾问的领导下，坚决革命到底，决不和帝国主义和军阀妥协云云。这篇演讲稿，登在当时黄埔半月刊某期。黄埔半月刊印数颇多，当时广州各书摊一向是堆积很多的。在中山舰事件发生前一星期，一个书摊的工人告诉我（这位先生自称）有人收购这一期半月刊，有多少收多少。我为了好奇，就托这位朋友代我设法买进了一本。不久中山舰事件发生，才知道是王柏龄、缪斌等奉蒋的命令预先收毁这一期杂志的。可见“中山舰事件”是早有预谋的。

陈德徵一蹶不振

凡在一九二六年前后在上海住过的，一定记得上海那时有一个“党国要人”叫陈德徵，此人身兼国民党上海市党部主任委员和什么局的局长，还兼《民国日报》的总编辑，什么公开的集会总是他当主席，每天总要发表几篇洋洋洒洒的演说，至于挂名为这个会的委员那个公司的董事，为商店开张剪彩、为集团结婚证婚等等照例文章，那更不在话下了。正如上海话所谓，此公是红得发紫了呀！

但是，不知从哪一天起，此公忽然像彗星过眼一样，闪光熄灭了，一夜之间，所有的职务都被撤干净了，从此，社会上、报纸上、后来乃至在人们的口头上，再也看不见听不到此公的名字了，仿佛忽然在地球上失其存在了。

他的失宠，并不是由于“赤化”，他是“四一二”反共的出名“好汉”，也不是由于不忠于所谓党国，他是“总裁”

的忠实信徒。那末，为什么被赶下台的呢？据熟悉内幕者谈，只是由于他在得意忘形中做了一件蠢事，无意间得罪了这位“法天下之完人”的“总裁”。

原来就在一九二八年，陈德徵主持的《民国日报》举办了什么民意测验，选举“你所最崇拜的当代名人”。“选举”的结果，在《民国日报》上公开揭晓，得票最多的就是陈德徵，第二名才是蒋中正。

这种“选举”的玩意儿，本来像上海无聊女人一向搞的“花国大总统”“舞后”“歌后”等“选举”一样，过眼云烟，随风而逝，读者谁都不加重视，偏偏这位总裁看了却赫然震怒，立即下条子，把这个“骑在他头上”的人永远打入了冷宫。

一九四四年我在重庆的一位朋友家中看到此公，已经垂垂老矣，弯腰曲背，面有菜色，自然无复当年的气概。他走后，这位朋友叹一口气说：“此人是永无翻身之日了。”我说：“何以见得？”这位朋友告诉我那时发生不久的一件事。原来陶百川是和陈德徵在上海市党部的同事，一九四三年担任《中央日报》社长，他忽然想起要照顾一下这位落魄在重庆的老朋友，就请陈担任该报的“编撰”，在馆内当一名“黑子老生”，不对外出面。不想有一天蒋介石为了查一件事，调《中央日报》的花名册去看。等到名册发回来，陶看到在陈的名字上划了一条红线，上面写着“亲笔御书”曰：“此人尚未死乎？着各机关以后永不录用。”咬牙切齿之声，直透纸背。陶虽然故友情深，也只好毅然把他辞退了。我问一位朋友，陈从《中央日报》出来后做何生理？朋友说在打铜街一个同乡开的铺子里管账。正是：冠盖满京华，斯人独倒霉。大概因为这个教训罢，国民党以后无论什么“选举”，结果得票第一名总是蒋中正了。

阎锡山软禁冯玉祥

一九二九年冬我第一次到太原采访新闻，那时冯早已到了山西，被阎软禁在五台的建安村（离阎的老家五台河边村不远），在中原，宋哲元、石敬亭等揭出反蒋的旗帜，和蒋军打起来了。

冯玉祥怎么会到山西去的呢？冯阎之间，一向是政敌而不是朋友，阎锡山老奸巨猾，惯于投井下石，投机取利，如一九二五年冯和张作霖作战，冯部在从南口退往包头的途中，被阎派兵在天镇、大同一带截杀，受了很大的损失。再如一九二八年各集团军联合北伐的时候，阎虽然对冯有嫉忌，而表面还很敷衍，交换“兰谱”，称兄道弟，决定北方局面由冯负责收拾。但到五月间蒋阎在石家庄会面后，从此就变了卦，平津河北改归阎掌握，冯落空了。这固然由于蒋的朝三暮四，翻云覆雨，但阎的从中挑拨下药，也是主要的原因。那末，为什么冯又到山西去了呢？阎又为什么欢迎他去，他肚子里打的什么算盘呢？简单一句话，是当时的形势“实逼处此”。在冯的方面，那年五月，冯在河南举起反蒋的旗帜，双方正在调兵遣将的时候，蒋忽以巨金运动冯部下的大将韩复榘、石友三倒戈，拉着部队东开，不仅影响了冯的作战计划，而且把他多年来一手积聚的老本钱——西北军搞得支离破碎。冯是恨极了，此仇必报。在那时，可以联合的北方的实力派只有阎。两害相权取其轻，过去的政敌不妨化为当时的朋友。他也知道阎是老滑头，不可靠，但他希望自己到太原，动以利害，示以诚意，可能激起阎的反蒋决心。在阎的方面，本来对蒋冯关系是采取坐山观虎斗的态度，打起来双方实力消耗总对他有利；他想不到蒋收买了韩、石，釜底抽了薪，蒋的力量显然相对地强大了；李、白、唐生智、冯玉祥先后吃了大亏，最后一定会轮到他自己，他知道以蒋的阴鸷，决不会轻轻放过他的。与其坐而被收拾，不如冒险争取主动。其次，他知道蒋最怕冯，把冯骗到太原，就可以对蒋要挟，予取予求。除此以外，各个反蒋的势力如汪如李、白等等，也都把希望寄于冯阎，派代表竭力从中拉拢。其中，促成冯阎联合最有力的两个人，一是李书城，一是王鸿一。李先生是辛亥革命的老人，当过黄克强的参谋长，从蒋登台后，一直在各方策动反蒋（如那年唐生智的反蒋，他也是有力的策动者之一）。王鸿一是山东的老名士，一向搞“村治”，和冯很熟，阎对他也很敬重，在他们的说合下，冯于是年八月全家由李书城陪同过风陵渡进入山西。哪里知道，冯一到太原，阎表面上信誓旦旦，声明他一定要举旗反蒋，一面却把冯送到五台的建安村，派他的一营卫队“保护”，形同监禁。同时，对蒋申明准备同冯一起出洋，从此“不问政事”，实际是向蒋勒索要挟。

我到太原时，有一次和李书城先生谈到阎蒋之间的钩心斗角。他用简单的比喻说明阎的企图。他说，冯先生好比一只老虎，阎把他关在笼子里，这就可以向蒋恫吓、伸手，“你不给我这个那个，我就把老虎放出来了！”我说：“冯是听了你的话来山西的，长此以往，你怎样对得起冯呀？”他说：“天下聪明人往往总是自作聪明的，形势比人强，反蒋是必然的趋势，阎最后总会弄假成真的。”

阎的阴险还不仅如此，他把冯“请”到山西后，骗冯下令宋哲元、石敬亭、刘郁芬等反蒋，并担保自己一定出兵相助，等到宋、石等于十月揭开战火，他却装聋作哑，按兵不动，反而以“调人”的口吻，向蒋要索军火和巨款。就在这时，南京发表阎为“陆海空军副总司令”；显然，蒋已付出最大的代价来“稳”住阎的了。

冯玉祥部下演“阎王登殿”

就在那年十一月，我冒着大雪驱车到五台访冯。清晨从太原出发，北风呼号，晋北山区都被银装素裹，车子几次陷在雪坑里，“一去二三里，停车四五回。抛锚六七次，八九十人推”，直到深夜才到了建安村。

第二天，冯先生请我在一起便饭。我问他前方（指宋、石等反蒋的战事）的消息如何？冯举箸指着火锅说：“我也没接到什么消息，（由于阎的封锁）我的消息都是从火锅里来的。”说毕哈哈大笑，我听了莫名其妙。同桌的一位秘书先生给我解释说：“这里的招待，时常有变化的，前方我们打好了，我们就能吃得好些。前些天，火锅里仅是粉条白菜，因为宋明轩（哲元）他们打了一次败仗。”冯接着指指火锅说：“你看，今天火锅里又有肉丸，又有海参，看来前方打得不错呀！”

冯这一段“火锅”谈话，在我脑子里清楚地勾勒出阎锡山的卑鄙无耻、势利小人的面貌。这段谈话，也说明冯对阎的鄙视和藐视。

不仅冯本人，他的部属对阎也是满怀愁恨和瞧不起的。在建安村，他的秘书们把他们闲居无聊集体创作的一本“剧本”给我看。题目是“阎王登殿”，写的是山西桃子腔，戏写了厚厚一大本，我现在还清楚地记得开场的一段：

商震、马开崧、孔繁蔚、赵戴文四将起霸登场。

四将念定场诗：

商：大将南征胆气豪。

（商于民初曾奉阎命率一旅赴湘援助北军张敬尧，被湘军打得全部溃散，只身逃回。）

马：哈拉寨上把名标。

（马也是阎部的师长，在晋绥边境与当地民团作战，全师覆没。）

孔：人人说我个子高。

（孔也是师长，身材奇矮，为有名的侏儒。）

赵：我，（念山西音）（一小锣）将军右跨指挥刀。

（赵为阎的老师，本来是三家村的塾师，阎得意后，成为阎的左右手，山西人说他是半部《论语》治天下的“能手”，山西挂起青天白日旗后，阎任省主席，他任民政局长兼保安司令。某次，“检讨”保安部队，他曲背着全副武装登台，误将指挥刀跨在右面，拔刀指挥检阅时，刀久久无法拔出，一时传为笑谈。）

四将分开站立，阎开粉脸着紫袍上。

唱曲牌：威震三晋，地动山摇，……要把，地皮扫。

念引子登场白：俺，山西土皇阎锡山是也，自从辛亥谋死吴禄贞，赶走温寿泉，正位以来，且喜一帆风顺，蒙圣主（指袁世凯）见喜，封为同武将军、一等侯之职（洪宪封职）上表称臣谢恩……

后面写些什么，现在记不起来了。总之，把阎形容得淋漓尽致，揭露他的丑恶面目，体无完肤，可见他们对阎的刻骨仇恨。

阎锡山的财产

抗战期间，续范亭先生在他的《寄山西土皇帝阎锡山的一封五千言书》中，简单地描述了阎及其部下贪污居积的情况："自你统治山西三十余年来，试问你的成绩究竟在哪里呢？不过是太原市上，增加了许多奢侈无耻生活的寄生虫，朱红大门数十家，黑漆大户数百家，搜刮山西人民的血汗，克扣山西士兵的军饷，做你们少数人的资本；不管轻工业也罢，重工业也罢，都是你们少数人分赃发财的工厂和公司。你们的财产多少，我没有调查过。南桂馨的房子占了几条街，周玳（山西炮兵司令）陪嫁女儿，嫁妆数百台，摆了几里长。李服膺一夜赌博输了现金十三万。太原市上无一公园，荣鸿胪个人公园，经营费十余万。至于你的财产更不用讲了。""一九三八年，赵承绶的老婆曾伤心地向我说：'五台老家里的三百床崭新的被，给日本人抢光了；埋在地下的银钱财物，还不知有没有了。'"赵承绶也告诉我说："我的家产是完了，北京的也没有了，大同的也没有了，绥远、太原、五台的家都搞光了，现在只留下现洋六十万元，检省一点，可以过几年。”这是随便举几个例，其余，无穷的奢侈，多方面的占有，都是可以类推的。

据阎的部下说，阎在他的总部有一套办公室，他食于斯、寝于斯、办公也于斯，他有什么疑难不决的时候，就在室内绕室彷徨，谁都不准进去。里面有一间特制的保险库，金条、美钞、珠宝、现洋乃至存折、股票等等，都由他自己点放在里面，连他的老婆也不能过问。他心中纳闷时，就把这些财宝拿出来观赏一番，以资消遣云。

阎锡山居财善积，但用钱却一钱如命。他在太原数十年，从不接见新闻记者。在扩大会议登场前，有一个日本记者赶到太原去采访，到阎的总部去了十几次，阎都拒不接见。这个日本记者知道阎的脾气，就写一封信给阎说他是奉东京报社的命令来采访的，必须见到阎，一日不见，一日不走。在太原延搁所有的日常开销，都要阎负责。阎这才急了，连忙派秘书去找这个日本记者，决定用书面答复他的问题，并尽快把他送出太原。

单就用钱这一点来说，阎也是“斗”不过蒋介石的，蒋年轻时搞过交易所，深通“交易”之道，用钱的“手面”远比阎为阔绰大方。在扩大会议登场、中原大战揭幕以前，各地的军阀，虽然因为蒋排除异己，对蒋不满，但除冯玉祥等少数人较坚决地反蒋以外，其余都徘徊观望，踟蹰不前，有的还首鼠两端，窥伺风色，他们在南京派有代表，太原也派有代表。据熟悉内幕的人说，派到南京的这些代表，蒋都礼为上宾，招待他们狂嫖滥赌，花天酒地，赂以厚金，贿以高位。而到太原的这些代表，被招待在山西、正大两饭店内，每天伙食都有一定限额，送“川资”不过几百元。在这“招待”特殊的情况下，自然，反应就全不相同。到南京的代表拼命向自己的“主子”大说蒋的好话，到太原的这些代表先生们，发回去的报告就不会那么热烈了。

所以，后来扩大会议失败，有人说这也是个主要原因。

阎锡山反蒋从假到真

阎锡山的反蒋，从假到真，从幕后操纵到前台挂帅，是形势逼出来的，正如李书城先生事前估计的一样，他最后是非坐上“火坑”不可的。

由假变真，关键在傅公祠（纪念明末清初大儒傅青主先生的祠堂，有亭台花木之胜，当时太原要人当集会于此）的一幕。这一幕的过程，当时知者甚少，后来也没有人记述过。我当时以偶然的机会，了解其中的一些“内幕”，不可不记。

一九三〇年三月初，冯玉祥被阎从建安村“请”到了太原，住在傅公祠内。

在三月十二日的早晨，我到山西大饭店去访友，看到冯的几个秘书如雷嗣尚等在房间里打牌，心中很纳罕。谁都知道，冯对部下，就是对于文职人员，也是很严厉的。我当时心里想，如果冯还在太原，他们怎么敢在这里打牌呢？莫非他又回建安村了？

怀着这个疑问，我立即驱车访问刘治洲先生。刘是冯的总参议，参与冯的机密，是一位忠厚长者。

我不经意地问："冯先生怎么离开太原了？"

刘先生听了大惊失色地说："你怎么知道这消息？谁告诉你的？全太原城只有几个人知道这消息呀？"

我一听，知道里面大有文章，就请他谈谈这事的经过，答应决不对外泄露，也不发新闻电，他这才把情况简单给我谈了。后来，我又访问李书城、王鸿一，了解这件事发生的来龙去脉。

原来冯被软禁在五台后，总想办法摆脱这个困境。一九二九年底，就派人到天津，把鹿钟麟秘密召到建安村。"面授权宜"，命他立即到潼关代行他的西北军总司令职务。鹿到潼关就任后，就打出"拥护中央，开发西北"的口号，并派人去南京活动。鹿的代表到南京后，即对外扬言："蒋固然是我们的敌人，阎更是我们历史上的世仇；敌人可化为朋友，仇人却不共戴天。"那时候，蒋正不堪阎的勒索，陆海空军副总司令的名义也发表了，大批的枪弹也送去了，几百万的巨款也不止一次汇到太原去了，但从太原来的秘密报告，阎还在那里策动各方反蒋，知道这无底洞是填不满的，于是蒋就叫何应钦约鹿的代表谈话，经反复密商，决定鹿从潼关进兵，刘峙从平汉路进兵，攻打山西，韩复榘、石友三从津浦路北上，攻打平津；三路联合进攻阎锡山。

局势正在一百八十度大转弯，眼看"冯阎联盟"将一变而为"蒋冯联合"。阎锡山听到这消息，当然十分震恐，于是把冯请到太原。三月十日晚上，阎亲到傅公祠访冯。当时在场的，冯阎以外，只有李书城、王鸿一、刘治洲等三五人。阎冯见面后，阎就假装很伤心地说：“我如果被蒋收拾了，大哥，你也完了，蒋介石的狠毒，对我们谁也不会放手的。现在，只看大哥怎么决定了。”冯说：“蒋介石这小子，我对他比谁都清楚，我反蒋是说一不二的，你要是真下定决心，我有办法把局面拉转来。”阎急忙问什么办法。冯说：“只要我自己到潼关去，就能立即发动讨蒋，军队从陇海路疾驰东进，可以把刘峙和韩、石的北进蒋军截为两段，这样，局面就完全改变过来了。”在座的李、王等都赞成冯的计划，阎也认为除此以外没有更好的办法。

当场，除了决定这个大计外，还商定冯出走的具体安排，因为那时阎表面还“拥护中央”，在太原的国民党省市党部委员如苗培成、韩克温等，都是CC骨干，是蒋的坐探。除此以外，蒋还在太原设了不少特务机关，如果冯出走的计划泄露，必然要影响以后的全部军事计划。所以冯的出走，必须极端秘密，连阎的亲信如赵戴文、贾景德等也不让知道。

据刘治洲说，为了保守秘密，冯化装成一个病人，拥被横卧在汽车里，由阎派自己的卫队长送出太原。因为那时太原各城门出入都机密检查，冯的个子又高大，一经检查，秘密就会泄露的。

冯于十二日到潼关，立即召开紧急军事会议，十三日就发出动员令，以张维玺部为第一路，由陕南向平汉线出发，孙良诚、庞炳勋为第二、第三路，由陇海线向郑州疾进，宋哲元、孙连仲为第四、第五路，从甘肃、宁夏、青海向河南进发。

四月一日，阎冯分别在太原、潼关就任陆海空副总司令，发出讨蒋通电，接着，扩大会议就在北京登场。

冯的动员令发表前，阎故意制造“新闻”，说冯那天和什么人谈话，那天参加什么会议等等，以迷惑蒋方。南京的中央社也天天发表“太原电讯”，说冯行动如何不自由等等，继续挑拨冯、阎的关系。

我看到各地报纸满载这些消息，不禁暗笑。心想，这真是活见鬼了。

铁老妙语

冯玉祥的国文老师王瑚，号铁珊，那时年已七十多岁，银髯飘胸。他善为笑谈，滑稽突梯，妙语解颐，人们都尊称他为“铁老”。

有一天，李锡九老先生（那时也已六十多岁，当汪的代表，拉拢冯、阎之间的关系）邀我到山西大饭店去参加一个宴会，他说:“这是一次群英会，有好戏可看。”到那里一看，原来参加的都是各方派驻太原的代表，共约六十余人，其中有韩复榘的代表刘熙众和石友三的代表韩多峰等。在此以前，有冯、阎、李、白、张发奎、刘文辉等四十多个将领联名发出通电，“要求”蒋“罢兵息政、还政于民”，开出了联合反蒋的第一炮。韩复榘、石友三也列名此电。不料此电公布后，韩、石又受蒋的收买，单独发出一电，否认参加倒蒋行动，表示“坚决拥护蒋委员长到底”。

在那天的“群英会”上，酒过三巡，有人提议请“铁老”

讲一笑话。王铁珊笑着说："我开口就要得罪人的。"别人说："不要紧，只要发笑，您随便讲罢！"

王就一本正经地说了下面一个笑话：

"有一个财主，请了一位蒙师来教他的儿子。问老师一年要多少束脩？老师说：'我是看钱卖货，钱少了，我就只教字，不讲解，多给些束脩，就讲解得清楚些。钱再多些，我还可以颠倒讲解。'财主说：'原来教书还有这些讲究。请问书怎么可以颠倒讲呢？'老师说：'这就是我的学问渊博呀！比如，《论语》开宗明义第一句："子曰"这两个字，顺着讲是"儿子说"。颠倒过来是"曰子"，就是："老子开口叫儿子。"你看，我颠来倒去讲得多么清楚啊！'财主奇怪地问：'怎么同样两个字，忽然是老子，忽然就变成儿子了呀？'老师庄严地说：'你懂得什么？倒讲（与"倒蒋"同音）当然是老子，顺讲（蒋）就是儿子嘛！'"

王铁老讲到这里，满场哄堂大笑，只有刘熙众、韩多峰面红耳赤，一声不响，闷饮他们的门前杯。

中国军阀的用人，有浓重的封建性。蒋介石部下派系纷杂，像CC、黄埔、政学系、军统、中统、三青团等等，各立门户，互相钩心斗角，万流归宗，由他一人控制。但他最亲信的，还是陈诚、二陈、胡宗南、戴笠等少数人。其他各地军阀，也大率如此。比如，湖南在何键统治时代，政界"红人"大都为醴陵人，当时，湖南有"非醴勿视，非醴勿听，非醴勿用"的说法。

阎锡山这个封建土皇帝，更是如此。山西有这样一句民谣："会说五台话，就有洋刀跨。"那就是说，当时山西军队中的中下级骨干，阎也要选用五台人的。当然，所谓五台人，是包括五台附近的崞县、定襄、忻县等晋北人在内。在阎的高级将领中，最亲信最掌握实权的如孙楚、赵承绶、王靖国、李服膺、杨耀芳、杨效欧等，都是这一地区的人，一般称为五台系。那位以半部《论语》治天下的赵戴文次陇先生，也是属于这一系统的。

阎的部下，除嫡系的五台系外，还有商震、徐永昌、傅作义三个系统。商震是河北人，在晋资历最老，但从担任河北省主席后，阎就处处加以防范，在山西不再有什么实权。徐永昌原是国民三军孙岳旧部，在冯撤离南口时，率部投奔阎锡山，先后做过察哈尔和河北省主席。阎对他尊而不亲，但也没有像对商这样猜疑防忌，因为徐为人木讷，不像商这样锋芒毕露。后来，他被调到南京去当军令部长，从此就投靠蒋介石了。傅是阎的亲戚，抗战时任绥远主席，早已自成一系了。

在文官中，除赵戴文外，阎最亲信的是贾景德。阎也是搞特务组织的老手，他的“戴笠”是梁化之。

新的军阀混战

从一九二八年起，蒋、冯、阎、李之间不断混战，国家处于“分裂”状态。不断的内战，国家越打越乱，人民越打越穷，最后，日本侵略者乘虚而入。

一九二八年七月的碧云寺谒灵典礼（那时孙中山的灵柩还厝在北京西山碧云寺，后来迁葬南京中山陵），是国民党各派军阀“团结”的顶点。那时，我当新闻记者还不久，“躬与其盛”。蒋、冯、阎和李宗仁这四个集团军总司令都参加。这次谒灵后，接着他们四个人又在北京小汤山举行了一次会议，讨论东北问题和裁兵问题。同年十二月，在南京举行第一次编遣会议。从此以后，文戏收场，武戏就开始了。一九二九年三月爆发蒋和桂系的战争，五月爆发第一次蒋冯战争。七月发生唐生智、石友三的反蒋战争，十月又发生冯部宋哲元、石敬亭等发动的反蒋战争。接着，是一九三〇年阎、冯、汪（汪精卫）等在北平成立扩大会议，爆发了空前规模的蒋冯阎中原大战。一九三一年夏又有广州成立反蒋的非常会议，直到是年九一八事变发生，军阀间的大混战才暂时告一段落。以上所奉，还只是他们演出的几出大武戏，至于由蒋导演、串演的小规模武行戏，那就举不胜举了。

蒋、冯、阎之间的火并，主要由于蒋的排除异己，联甲倒乙，其导火线是在南京召开的编遣会议。蒋召开这次会议的目的，表面是裁减军队，减轻国库负担，实际上是要扩"编"自己的实力！"遣"散别人的部队。当时，论部队的训练和实力，首推冯玉祥部。在编遣会议上，冯提出第一二集团军各编十二个师，第三四集团军各编八个师的方案，而蒋则授意阎另提一方案，主张一二三四集团各编十一个师，另设一中央编遣区，也编十一个师。这个方案，当然最有利于蒋介石的扩充实力，最不利的是冯，冯因此托病离开南京，编遣会议无形解体。

分裂的另一个导火线是平津的地盘问题。北伐军打下平津，主要靠冯玉祥的力量，蒋原来答应平津打下后交给冯玉祥，但一九二八年五月发表阎为平津卫戍总司令，商震为河北省主席，张荫梧为北平警备司令，冯系只由何其巩担任北平市长。

这两件事，是以后连年军阀混战的主要根源。

蒋所以能够风云际会，登上"最高领袖"的地位，主要就靠他在交易所中学来的一套买空卖空、多头空头的本领，加上江浙财阀的捧场，外国势力的支持。

他在国民党内，先是利用汪精卫，挤走胡汉民，一九二七年又利用胡汉民，对抗汪精卫。"九一八"前后，把胡囚禁汤山，重新接纳了汪，一起搞所谓“安内攘外”。他这样朝云暮雨，朝三暮四，正像他当年做股票买卖一样，忽而抛空，忽而大批收进，“以不变应万变”的原则是对他当时当地有利。

他搞军队，也是靠这套本领。北伐的时候，他的嫡系部队并不多，而且素质也不高，有些部队也是虚有其表，北伐军打下武汉，主要靠叶挺的铁军；攻下南昌、南京，也主要靠第四军和程潜的第六军，蒋嫡系的第一军从福建浙江到上海全部是“跟进”的，根本没有打太多的硬仗。

当时的军事首领中，论实力，除阎锡山以外，都比蒋强，但在从一九二八年到一九三〇年的三年军阀混战中，一个个都被他收拾过一次到几次，都不断削弱下去，最后都无法单独和他对抗。他靠的是什么？首先是靠拥有江浙的地盘，据“中央”的正统名义，经济力量比较雄厚，他用这些钱去进行收买、挑拨、分化敌人。凭他在交易所练就的一套本领，时机看得准，手段用得狠，看准了一个必须拉拢的人，就不惜使用最大的赌注扑上去，直到抓过来为止，看准敌人内部的弱点，从内部瓦解敌人。

一九二九年初蒋桂战争前，桂系的力量是相当强大的，特别是白崇禧在冀东大批收编了张宗昌残部，李宗仁赶走张发奎、唐生智控制武汉以后，从两广、两湖一直到河北省东部，控制了半壁天下；而且由于冯那时因编遣问题，和蒋翻脸，冯与桂系也有一定的默契（李宗仁曾派代表到河南辉县的百泉村去访冯，约定共同倒蒋）。但在长江中下游蒋桂军开始接触前，蒋派要员到冯当时“养病”的华山，甘辞重币，请冯“拔刀相助”，许冯于打败桂系以后，把两湖的地盘给冯。冯当时也想“坐山观虎斗”，派韩复榘带兵从河南南下，等待“接收”武汉。正在这时，蒋走了另一着棋，收买了桂系的李明瑞部，从内部倒戈，使李、白遭到了失败。

蒋介石翻云覆雨的本领

第一次蒋、冯的火并，也因蒋攻破了冯的内部堡垒而告一段落。蒋全力争取和收买的目标就是韩复榘和石友三。

韩、石都是跟着冯一步步从士兵升到师军长地位的，那时韩已当上河南省政府主席。石也当上了师长兼总指挥。冯平时对待部下是很严的，中下级军官犯了纪律都要打军棍。像韩、石这样的“方面大员”，见了冯都不敢坐着讲话。韩当上河南省主席后，曾在洛阳娶了一个女伶做妾，被冯听到了，把他骂得狗血喷头。石友三当上军师长后，成天瞒着冯打牌吃花酒。总之，那时冯的高级将领中，很有一部分人像被管束惯了的顽皮孩子一样，一旦羽毛丰满了，从西北的苦环境走进中原和平津等大中城市，接触到花花世界，看到当地其他军政人员的腐化生活后，都不免垂涎三尺，有的就偷偷地“学习”起来，像石友三那样的人，一经接触这种腐化生活，就不知伊于胡底，小老婆搞了几个，大烟也抽上了。

他们见到冯这个严父式的老上司，真如芒刺在背，时刻想从他的手掌里跳出去。

蒋介石在冯、阎等的部下，早布置有密探和特务，他了解到冯的内部有这些矛盾，就抓住机会，充分施展拉拢分化的手法。一九三九年三月，冯派韩率领十三万大军从河南直趋湖北，和蒋部“夹击”桂系（实际是冯要蒋履行诺言，让予武汉的地盘），当韩部开到广水时，桂系已由李明瑞的倒戈而瓦解，蒋已到了武汉，电邀韩到武汉见面。韩到汉口后，蒋设盛宴款待，宋美龄亲自招待，敬酒夹菜，把韩搞得晕头转向。当时，就由蒋伯诚从中拉拢，送给韩二百万元，另外，还答应以后每月给以“协饷”六十万元。同时，蒋也派人送给石友三一百万元，答应以后也每月送六十万元。就这样收买了这两个人。到是年五月冯揭起“讨蒋救党”的旗帜后，韩即率部由陕县东开，宣布就任蒋委任的西北军总指挥，石也率部由南阳东移豫东南，脱离冯的指挥，宣布就任蒋委的十三军军长。听说那时冯正在华阴召开高级军事会议，商量讨蒋军事计划，他在会上还很有自信地说：“以前由于我离开部队，张之江和鹿钟麟意见不合，以致不得不退出南口，大家吃了几年苦。这次的军事，由我自己主持，不会再发生这类的事了。”正讲到这里，忽报韩、石投蒋，率部东开，冯当时长叹一声说：“全盘计划都完了！”说完，泪如雨下。

蒋介石凭他在交易所练就这一套功夫，善于选择时机，善于寻找对方的弱点，又善于使用挑拨、分化、收买等等十八般解数，从内部瓦解最主要的敌人。当他认为时机还未成熟时，即使是他最切齿的敌人，也不轻易下手；不仅如此，他还会利用这些敌人的力量去打击另一批敌人。他明知道李、白、冯、阎等都是坚决反对他的，他也决心一一把他们吃掉才甘心的，但他自审力量有限，不可能一下把所有的敌人都打倒，于是就利用他们之间的弱点和彼此的利害冲突，争取一些敌人作为暂时的朋友，利用他们来消减当前主要的敌人。从一九二九年以后，他先利用冯玉祥打垮桂系，又利用唐生智打败冯玉祥；冯失败后，唐生智联合石友三反蒋，蒋又收买阎锡山，出兵夹击唐、石。在阎锡山最后不得不公开揭起反蒋的旗帜以前，蒋又利用冯部对阎的愤恨，千方百计挑拨他们起来反阎，要不是冯从太原秘密赶到潼关，说服部下，亲自主持讨蒋的军事，蒋介石很可能利用冯的部下把阎消灭了。

内忧外患中的两个“九一八”

一九三〇年四月到九月的蒋冯阎中原大战，是辛亥以后规模最大的一次军阀混战，双方调动军队在百万以上，历时近半年；蒋动用了空军和购自德美等国的新式武器，引用了德、日等国的军事“顾问”。战争最激烈的陇海线从徐州到郑州一段，几乎变成焦土。以这次中原大战和北洋军阀的直皖、直奉等战相比较，则后者简直是儿戏了。

这次的大战，也可说是反蒋各派的大联合，除阎、冯以外，李、白虽在新败之余，也出兵湘边，李并就任讨蒋联军第一方面军总司令（第二方面军为冯军，第三方面军为阎军，第四方面军为石友三部）。此外，四川的刘文辉，湖南的何键，局促湘西的张发奎，以及杂牌部队孙殿英、万选才、樊钟秀等都参加了。

张学良本来也同意参加的，我在一九二九年冬到太原探访时，就屡次看到张派驻太原的代表葛光庭，直到冯阎在傅公祠决定讨蒋大计以后，我访问葛光庭，他还告诉我，汉卿参加没有问题。张后来的变卦，关键在于赵戴文回太原。原来那时蒋为了暂时稳住阎和阎的部下，曾给他们加官进爵。派赵戴文为监察院长，就是一例。这位冬烘先生，以为蒋真重用他了，把蒋看成礼贤下士的“明君”，一心要拉拢蒋阎的关系，以报知遇之恩，当蒋派何成濬、方本仁到太原去和阎谈条件失败后，就派赵回太原。赵回到太原，在阎面前大大夸扬蒋的力量，说阎如“造反”，一定失败。那时，阎本已把各方联名讨蒋的电报发给张学良，请张署名后即发出。阎听了赵的话后，反蒋决心发生了动摇，就打一个电报给张，叫张暂缓发出通电。张不知阎搞什么鬼，立即派王树翰到太原探问究竟，就在这个时候，蒋连续派李石曾、吴铁城、张群、何成濬、方本仁等赶到沈阳，从各方面讨好张和张的部下，等到阎看到反蒋的局面，如箭在弦，不能不发，再电张请其发出通电时，张的天平已逐渐移近蒋的一方面去了。所以阎后来在失败后，一再对人说：“次陇（赵字）误我。”

阎、冯于一九三〇年四月一日分别在太原、潼关宣布就任“中华民国陆海空军总司令”和“副总司令”后，中原即响起了炮声。主要战场是陇海线，由冯军担任，冯的总部移驻郑州，冯本人曾亲在开封前线指挥，蒋也坐了铁甲车带同他的亲信张群、周佛海等亲在徐州归德前线指挥。其次是津浦线，蒋方主要靠韩复榘、陈调元等杂牌军作战，讨蒋军的主力是阎部的傅作义、李生达等部队。他们曾于六月底占领济南，前锋逼近徐州。后来，蒋调十九路军参加津浦线之战，才把战争形势稳定。七月中，山东大雨，蒋军乘机反攻，夺回济南，这一路的讨蒋军才逐渐走向失败。据说，当时阎锡山的部队有一半吸海洛因，遇上连天大雨火柴点不着，这些瘾君子一把鼻涕一把眼泪，没法再打仗。所以有人说，那次阎的失利，是“火柴不燃”的缘故。

冯的部队，在陇海路一直打着硬仗，有一次郑大章部骑兵冲击蒋军机场，把兰、封附近机场蒋军的飞机全部炸毁，几乎把停在附近的铁甲车上的蒋介石俘虏了（据周佛海在他的《往矣集》上回忆，当时蒋的铁甲车毫无实力，如果郑大章冲过来，全车的人一定都当俘虏）。直到八月中，冯军还发动一次八月攻势，给蒋一次歼灭性的打击。这方面的战事，一直到九月十八日张学良发出“希望息争”的通电，并派兵进关干涉，阎冯的军事才着着失败，中原大战才逐步收场。

这次大战，双方死伤逾十几万，河南山东人民遭受的战祸不言而喻。经此一战，蒋政权表面上是转危为安了，但军阀混战的结果，加紧了日本侵略者的侵略冒险。一九三〇年九月十八日，张学良发出“巧电”，重兵开入关内，从此东北空虚。一年以后的九月十八日，日本军阀就发动了沈阳事变，开始了它的对华军事侵略。两个“九一八”之间，难道只是巧合而没有必然性的联系吗？

“十日主席”阎锡山

一九一二年孙中山辞去临时大总统以后，先后出任“元首”高位的，在北洋军阀政府时代，有袁世凯、黎元洪、冯国璋、徐世昌、曹锟、段祺瑞和张作霖（“安国军政府”的“大元帅”）。在国民党统治时代，有谭延闿、蒋中正、林森等。除此以外，还有日伪政权的汉奸汪兆铭、王克敏、梁鸿志等。另外，还有一个人也做了十天的“国民政府主席”，那就是“望之不似人君”的阎老西——阎锡山。他被国民党扩大会议推举为“国民政府主席”后，于一九三〇年九月九日在北平怀仁堂就职。这个日期是他自己选定的，据说是因为“九九”谐音“久久”，有“长命百岁”之意。但当时却有人给他推算过“八字”，民国十九年九月九日上午九时就职，四九三十六，却合着“三十六计，走为上计”，显然是不祥之兆。果然，这个“政府”成立才十天，就被赶到太原，从此就“寿终正寝”了。

这个“政府”只有十天寿命，从怀胎到分娩却费了半年多的时间。一九三〇年三月冯、阎决定联合反蒋后，西山会议派的谢持、邹鲁、覃振、傅汝霖，改组派的陈公博、王法勤、陈树人、白云梯等先后到了太原，他们都被招待住在傅公祠和山西大饭店内，准备袍笏登场。西山会议派和改组派对于新组织的“党统”问题曾发生激烈的争吵，最后，由阎、冯出面调解，决定含含糊糊不提什么“统”，什么“届”，而召开国民党中央扩大会议，选出政府。七月底，汪精卫从香港经日本到了北平，八月初，汪、阎、冯在石家庄会晤后，扩大会议却于八月七日开第一次会议，选定阎锡山、唐绍仪、汪精卫、冯玉祥、李宗仁、张学良、谢持为“国民政府”委员，阎为主席。后来，又加推石友三、刘文辉为“府委”，共九人。汪、谢和阎同时在平就职，冯玉祥、李宗仁、石友三等则在各自的防地宣布就职。唐绍仪、张学良始终未就职。

这个“政府”刚刚搭好架子，连什么部长之类还没有分配好，张学良已率兵进关，这批新贵就匆匆忙忙逃到太原，不久就作鸟兽散了。

张学良入关

张学良派兵入关，挤垮了阎、冯联合反蒋的局面。谁都知道，这是蒋不惜一切甘词重币，高官厚爵大力收买的结果。蒋派了张群，吴铁城、李石曾分头运动张及其部下，发表张为“陆海空军副司令”，决定把平津和冀察的地盘让给东北军。这才把张争取过去。

蒋介石一面运动张学良反对阎、冯，一面却在张学良的背后收买他的部下反张，据于学忠后来透露，蒋曾派刘光带着蒋的亲笔信运动于和王树常，并给他们平津卫戍总司令和河北省主席的委任状，要他们脱离张的指挥，带兵入关。后来，蒋看到拉这些高级将领不成，又叫何成濬分化张的师旅长，结果，把张的第二十三旅旅长马廷福拉过去了。乘张学良在北戴河避暑的机会，马在榆关、滦县树起了反张的旗帜，宣布接受“中央”的指挥，幸张发现得早，及时把马及其同党六人扣押，平息这一事件。事后调查，蒋曾允许给马三百万元，而且已经有一百万元汇到沈阳的中国银行。

“九一八”以前，我曾两度到东北。第一次是一九二六年，那时还是北洋政府段祺瑞“执政”时代，张作霖正在华北横行。我是到锦州探望亲友的。记得那时的锦州，人烟稀落，仿佛江南一个小城镇一样。锦州城直径不到一里，进了西关，就看到东关的城楼。城内没有几幢瓦房，唯一的名胜古迹是陈圆圆的梳妆台（明末，吴三桂曾在此驻防，后投降满清）。城外更加荒凉。那时，锦州所有大的买卖以及大片土地，都为军阀张作相所占有。京奉铁路还特别修了一条支线直通张作相家的庄园，可见当时东北军阀的“声势”。一九五一年我再到东北，锦州成为当时辽东省的省会，到处工厂烟突林立，简直找不到一点旧锦州的痕迹。

第二次赴东北是一九二九年初，是去探访华北运动会新闻的（后来闻名的运动员刘长春、孙桂云等就是那次会上露头角的）。那时东北已易帜，张学良正在关门建设。如新建立的东北大学——北陵运动场等，规模之大，在当时是少见的。

那时张学良还没有染上烟毒，在北陵的一次招待宴上我看到他，身体很强壮，很有点年轻有为的样子。

沈阳有一家规模巨大的浴室，里面还附有电影院，这也是很别致的。一次，我去洗完澡后，就披上浴巾到屋顶看电影，看完后又回到浴室饮茶吃点心，整整消耗了半天的光阴。那时的印象，迄今已隔三十多年，记忆犹新。

连年战祸遍地灾荒

到了一九三一年，连年内战把国家搞得民穷财尽，加上连年灾荒，元气斫伤殆尽，根本谈不到有什么对外御侮的准备和力量。一九三〇年到一九三一这一年多的时间里，“讨伐桂系”“讨冯”“讨唐（生智）石（友三）”“讨宋（哲元）石（敬亭）”和中原大战等五次军阀大混战，单以中原大战来说，据当时河南省赈灾会不完全的统计：“河南一省因战争死亡人口达十二万人，受伤者一万九千七百余口，逃亡在外省者达一百十八万五千余口，被军队拉夫达一百二十九万七千七百余口，其中因以致死者三万余口，而兵士之死亡尚不在其内。又财产损失估计达四万八千三十三万余元，被焚毁房屋约值三千八百余万元，而间接和无形的损失尚不在内。”南京国民政府成立后，连年发生大灾荒，据国民党自己的记载，在一九二八年到一九三〇年这三年间，全国因灾荒而死亡的人口超过一千万

（其中特别惨重的是西北大旱灾）。一九三一年，长江各省发生大水灾，灾民死亡达三百七十万，而造成这次大灾的主要原因是国民党的贪污腐化。当时日本的《东亚协会月刊》有这样一段记载：

> 一九三一年之水灾，淹没人家一千四百万户，损失金额达四万万五千万以上。此次水灾，正起于恐慌发生之时，然此次水灾本可以防止；可防而不能防，此实吾人所应注意者。盖扬子江堤防修理费，年拨海关附加二百万元，特别附加七百万元，粮税附加一二百万元厘金附加二百万元，各种特别附加三百万元，合计一千五百二十万元。此巨额资金，一部分入军阀之私囊，一部分则竟投入川江龙公司（鸦片公司），而此公司后来又告破产。（见该杂志一九三三年六月号）

东北易帜后不久，受“革命外交”影响，张学良挑起中东路事件对苏联开火，蒋介石宣布对苏联绝交。日本军阀久想吞并满蒙，所以迟迟不敢下手，是怕苏联干涉，现在蒋宣布对苏联绝交，日本军阀就没有什么顾虑了。一九三一年发生九一八事变，中国进入“国难时期”。

蒋介石汤山软禁胡汉民

扩大会议于一九三〇年九月收场。第二年五月，广州的非常会议又开展，揭开国民党内反蒋运动的新的一幕。那时，我也曾到上海、广州进行了两个多月的采访，了解其中一些内幕。

那次新的反蒋高潮的导火线，谁都知道是蒋介石扣留了胡汉民，时间在一九三一年二月。

原来，在中原大战结束后，阎锡山已逃往大连，冯玉祥的部队大部被蒋分化、收编；蒋虽然在那年年底在江西吃了红军的一个败仗，损失了几万人（即第一次"围剿"），但仍具有相当强的实力；同时，他以为冯、阎、李、白都先后被他打败，一时不易再起，认为"天下莫予毒也矣"，想乘机办一件"大事"，召开国民会议，以便自己登上总统的宝座。

这正和袁世凯在二次革命以后开始想搞洪宪帝制一样，凭自己的主观想象估计当时的形势。胡汉民是南京国民党政府的奠基人之一，当时身居“中政会”主席、立法院长，当然不愿“蒋胡联合”的政权一变为蒋一人独裁的局面，就借军政时期尚未结束，不宜行使训政约法为理由，坚决反对，因此引起了争吵，被蒋扣押禁于汤山。这事发生后，首先是胡派人物古应芬（当时的“文官长”）等纷纷秘密离宁赴粤，接着，孙科也到了上海，准备赴粤，扩大会议失败后潜伏在天津香港的改组派、西山会议派人物如汪精卫、邹鲁等也和广州方面频繁接触。四月底，在广州的邓泽如、古应芬加上在海外的林森、萧佛成的四“监委”发出通电，公开弹劾蒋介石，打出了反蒋的第一炮；接着，军人陈济棠、李宗仁、白崇禧、张发奎、唐生智等分别通电响应，汪、孙等先后于五月初到了广州。五月廿七日，反蒋的国民党中央执行委员会非常会议开幕，宣布在广州成立国民政府，宁粤对立的局面，正式形成。

“非常”和“扩大”乃至此前的“特别”委员会，都是一个含义，就是打破国民党内各自的“党统”，包容从西山到改组的各派人物。所以当时有“特别非常扩大”的联语。

一九三一年五月，我由天津赴粤采访，在津沪途中，和吴鼎昌同车（他那时还未做官，以金融界大亨的身份经常仆仆于津宁沪之间，探听政治行情，找上台的梯阶）。他告诉我，三月中，他会到汤山探望胡汉民，胡曾对他说：“我在南京给他（指蒋）当了几年家，想不到他翻脸不认人，最后耍出这样的流氓手段！”说到这里，胡又指着对面的书橱说：“这几年我亲手写订的法令、文件就有那么多。他懂什么，他生平读的书都没有我写得多！”愤懑之情，溢于言表。

宁粤分裂的一幕趣剧

宁粤分裂关键性的一幕，也最富于戏剧性的一幕是孙科的秘密由沪赴粤。

孙科是著名的投机政客，动摇派，从蒋登台一直到一九四九年蒋被赶出大陆，国民党内每一次反蒋运动，孙总在幕后参加策动，但到揭幕前，他总是溜开了，和蒋妥协了。只有这次非常会议他下了水，但下水前也经过了反复变化。原来他以调人的名义从南京到上海后，蒋知道他准备赴粤，就派吴稚晖、张静江、李石曾、蔡元培等所谓“四老”力劝他回宁一行，许了他不少条件，孙已心动，后经其部下的力争，才决然赴粤。他动身前的一幕的确富有戏剧性，据周一志的回忆：“最关键的一天，孙在事先通过麦朝枢约定邓演达在夜间到孙宅密谈。邓闻知孙有去宁一行之意，想不去孙宅了。麦先赴孙宅看动静，住在孙宅的余铭、简又文力促麦把邓拉去见孙，希望邓对孙最后进言，千万不可上当，因此麦拉邓赴约。他们一见面，邓就力劝孙不可上蒋的圈套。谈话间，陈友仁也到，同样主张坚决反蒋。这时，四个老头又来了，邓、陈、麦等乃上楼，楼下客厅让孙接待四个老头。老头们从九时对孙纠缠到十二点，仍想拉孙入京一行。此时简又文出了一个主意，请孙太太去楼上装病，从床上滚到地板上，扑通的声音，楼下也听到。简即刻下楼对孙报告太太病得厉害，已从床上滚下来了，孙乃借口送客。当晚，孙就乘外国邮船离沪赴港转粤。”

据我所知，这内幕之中还有一个内幕。原来，孙科正在借此自己制造机会，大做公债。

从孙科离宁、广州酝酿反蒋的消息传出后，上海的公债市场就发生剧烈的反应，因为国民党政府的公债，主要是以“关余”（那时海关由外国人控制，收入的关税被扣，除到期应还的外债外，余款拨交财政部，所以叫“关余”）作基金的，宁粤公开分裂，南方各海关的“关余”必然被当地扣留，基金来源少了，公债一定暴跌。当时孙科的是否赴粤，被看作宁粤是否公开决裂的关键。孙离宁后，公债曾一度大跌，后来孙科几次向报界表示，不日将回京，公债才又逐步回涨。原来，那时孙科正暗中叫国华银行的经理大做“空头”，大量抛出期货。

四老头包围他的那天晚上，公债涨势最俏，他却早已订好了船票；送走四老头后，他就从后门乘车溜上了邮船。第二天消息传出，公债一落千丈，跌停了“板”。孙科在这一次交易中，赚了好几百万。

连带想起一个插曲：我在离沪赴粤前夕，吴鼎昌曾像不经意地对我说，希望我听到粤海关被接收的消息，即打个电报给他，他说电文只写“款收”两个字就好了。我到粤的第三天，赴葵园访问孙科，谈到后来，我问孙是否准备接收海关。孙说：“当然要接，我们明天就动手。”我就照约给吴打了一个电报。

后来回到上海，吴鼎昌谈起来孙科如何做公债的这个故事。我这才恍然大悟，他对于粤海关接收的消息为什么这样关心。我是给他结结实实服了一次务了。

粤派势力反蒋的内幕

一九三一年五月广州召开“非常会议”，宁粤公开分裂后，并没有以兵戎相见，这在国民党统治期间历次反蒋运动中是少见的。

原因也很简单，在蒋介石方面，他那时又在江西围剿红军遭遇失败（一九三一年五月发动的第二次“围剿”，不到一个月就失败，伤亡达三万多人），正在亲自出马，率兵三十万，带同英日德军事顾问，准备发动第三次“围剿”，他一时还没有力量兼顾广东。在广东方面，“非常会议”的真正主角是陈济棠，他是一个刚爬上“南天王”宝座不久的军阀，本钱不多，魄力不大，他的反蒋，只是为敷衍胡派的古应芬等（古是一手捧他上台的人），并借此抬高自己的身价。他既无出兵推翻蒋介石的信心，也生怕军队开出广东，实力消耗，地盘被人抢去，所以只想做一些有限度的空头买卖。除此之外，李、白在新败之余正在整理残部，没有力量拿出来较量（那时李宗仁亲自到广州参加“非常会议”，和各方折冲，我看他总是小心谨慎，敬陪末座，像养媳妇一样）。至于孙科这个志大才疏、投机取巧的家伙，更没有什么力量可言（只靠张惠长从南京带出几架飞机和陈策这个光杆的海军司令）。

那时宁粤打不起来的另一主要关键是汪精卫，这个一生惯于翻云覆雨的政客，那时虽然参加反蒋的“非常会议”，而“身在山林、志在魏阙”，已经开始和蒋暗送秋波；他和胡汉民两人，从来就像互相争宠的妾侍一样，轮番在蒋身边“当夕”。这次胡汉民被囚，他表面上同情胡、反对蒋，内心里却正深自庆幸有这个机会可以和蒋重圆旧好。在他们中间拉拢的是宋“国舅”。

宋子文本来和汪的关系很深，在一九二七年宁汉分裂时，宋是站在汪的一边反对“宁国府”的。到蒋宋联姻以后，才以外戚的身份，成为“宁国府”红人，列为“四大家族”。但他和汪一直保持藕断丝连的关系，这也是当时公开的秘密。我最近看到南洋兄弟烟草公司的一段“史料”，很可以说明当时汪、宋的关系。大家知道，宋子文在北伐前就通过南洋兄弟烟草公司广州经理曾公洛和该公司发生关系，一九三一年起正式插手该公司。在该公司的档案中，载明一九二九年到一九三〇年曾拨给汪精卫“政治费”港币十三万元和法币一万元。一九三一年又在沪拨给汪“政治费”七万元。在档案中，还附有汪和陈公博的亲笔收据。可见汪于一九三〇年前后搞“扩大会议”等反蒋运动时，还暗中得到宋的资助。一九三一年冬，宋从南京财政部长下台，还通过南洋公司资助汪一笔“政治费”，他们之间的关系可想而知。

汪就在宋的拉拢下，和蒋暗中取得谅解，汪在粤府内部大肆宣传“和平斗争”的“理论”。

我那次到粤探访，首先想搞清楚的是战争会不会发生？规模如何。到粤的第二天，在“非常会议”的一次纪念周上遇着汪精卫，约好翌日到东山三号他的寓所去看他。因为我在“扩大会议”快收场时，曾在太原访问过他，和他有“一面之缘”，这次在粤见面，我就直率地提出何时“北伐”的问题问他。他答得很滑头，说：“国民政府（指粤府）成立后，即决定‘以建设求统一，以均权求共治’的方针了。”这两句话里，也透露出他们不想对蒋用兵了。后来，他还公开在演讲中表示：“蒋如专力‘剿共’，我们决不以一矢相加。”可见那时的蒋汪已经含情脉脉。九一八事变发生后，汪即积极倡导“宁粤合流”，不久就当上“宁国府”的行政院长，和蒋一起合唱“攘外必先安内”的“不抵抗主义”的调子。

“非常会议”唯一的军事行动，是石友三在河北省南部宣布就任粤府委任的“第五路军总指挥”，出兵进攻张学良，结果被张打垮，从此石一蹶不振。

王陆一诗讽罗家伦

于右任手下有一个秘书叫王陆一，是南京有名的“陕西才子”，字学于而近似，常为于代笔，在国民党开大会时，他往往即席写一些打油诗词和无情对之类，在朋友中传阅，以为笑料。他曾有一诗记罗家伦，传颂一时：“一身猪狗熊，两眼官势钱。三字吹拍捧，四维礼义廉。”这不仅把罗的形象刻画尽致，而且把他的一套为人之道，也形容得入木三分。他在宁粤合流时，写了一副对子，也传诵一时：“岂有秘书称笋任，居然中委出恩科。”原来，那时国民党在宁粤合流前，在南京、广州分别举行“第四次全国代表大会”，汪精卫为了抢夺中委，又单独在上海大世界开代表大会（一个党的代表大会分三处召开，真是中外古今的奇谈），自己选出“中委”；后来，宁粤双方又商定各自再补选若干中委，以和汪派平衡，时人称这些中委出自“恩科”。王就是“恩科中委”之一。他那时是监察院秘书，以荐任官享受简任待遇，故自称“笋任秘书”。笋任者，似草非草，尚未成竹也。

写到罗家伦，联想起清华大学发生的两件故事。相当有趣，不妨一记。

北伐军到北平不久，南京政府任命罗为清华大学校长，学校师生以其不学无术（其实，他倒是有术的，“三字吹拍捧”不就是他的术么？）群起反对。罗到校才几月，即铩羽而去。继任者为CC分子吴南轩，也受到师生的激烈反对，但吴好官自为，硬着头皮做了一年多的校长，解职以后，该校学生会在北平报纸登载大幅广告，说吴在该校图书馆借去《金瓶梅》等“秘本”多种，请吴早日归还云云，也可说是谑而虐矣。

另一则故事是：党国元老张继在该校大礼堂演讲，说看到该校校舍这样富丽堂皇，条件这样好，而竟未培养出第一流人才，深为惋惜。他的话刚说完，就有一个学生跳上台说：“张委员所指人才究竟是什么标准？如果指的是党棍、特务，清华的确没有培养出这种人；如果指的是对国家有用的专门人才，则清华毕业生中，桥梁专家有茅以升，气象专家有竺可桢……，比之别的大学并无逊色。你们国民党总理孙中山的陵园，不也是清华毕业学生设计的么？”这一番话，说得张继面红耳赤，全场鼓掌不绝，最后，张当众声明自己是“失言”，向学生道歉，才结束这一场风波。在这方面，张倒是比较“天真”的。

张学良与“不抵抗政策”

九一八事变发生时，我在天津，那天深夜，报社从北宁路局局长高纪毅那里得到一消息，说据沈阳电话，北大营方面忽发生密集枪声，原因不明。当时，我们还没来得及想到会发生大事，所以只在报上登出一段小新闻。第二天清晨，我被电话吵醒，才知道日寇已开始大举侵略。当天，即派记者去沈阳探访，但锦州以东已无法通过，沈阳已全部沦陷。至二十一日，东北长春、吉林均沦陷，不到三星期，沈阳、鞍山、海城、开原、铁岭、安东、抚顺、四平等二十个大城镇全部失守，敌军铁蹄已踏遍东北全境了。

“九一八”那天晚上，张学良正偕其夫人于凤至及女友赵缇小姐（即赵四小姐）在前门外中和戏院看梅兰芳的《宇宙锋》。闻讯后，即赶回协和医院（那一时期，张正住协和医院准备戒毒），叫沈阳荣臻的电话，了解情况后，嘱荣遵照蒋主席的“铣电”命令各军暂勿抵抗，听候中央命令。后来，外传张于是晚在北京饭店和胡蝶等通宵跳舞狂欢，置东北于不顾，所以，马君武先生有竹枝词两首讥之，“赵四风流朱五狂，翩翩蝴蝶最当行”曾传诵一时。其实，这是南京放出的烟幕，故意把一切都归罪于张，以为蒋洗刷。上面所提到的“铣电”，就是蒋应对不抵抗负主要责任的铁证。原来，在事变发生前一星期，张即得到荣臻（张的参谋长，张入关后，留荣在沈坐镇）等的报告，说日军纷纷从旅大调集到沈阳附近，恐有异动，张即电蒋请示，蒋于九月十六日（铣）复张一电说：“无论日本军队此后在东北如何寻衅，我方应不予抵抗，力避冲突。吾兄万勿逞一时之愤，置国家民族于不顾。”张接到这样一个斩钉截铁的命令，如何敢违抗（抵抗了就要成“国家民族”的罪人），因此就把这个“铣电”转知驻东北各军。“九一八”的第二天，他除急电南京请示外，还召集在平将领于学忠、万福麟、鲍文樾等举行紧急会议，张沉痛表示：“日人谋我东北，由来已久，此次来势甚大，可能掀起大战。我们守土有责，义应尽力抵抗，但我们既已命中央，所有军事外交均系全国的整个问题，只应由中央决策。我们是主张抵抗的，如全国决定抗战，东北军决开第一线，义不容辞。”可见他对不抵抗应负的责任是不大的，如果以春秋责备贤者之义去责问他，那末，他的主要错误就是不该一切听命于“中央”，把一百多万平方公里的领土，三千万东北同胞弃置不顾。的确，张对蒋是相信的，直到一九三六年西安事变以后，他还相信蒋，所以还亲自送他到南京。

蒋介石应负不抵抗丢失东北的主要责任，这是历史的定评，他无论如何也抵赖不掉的。他从秉政以后，内战频发，对外国侵略者多有退让。所有这些招致外侮的根本原因且不谈，即以东北而论，日本军阀过去所以迟迟不敢下手，主要原因之一是怕苏联干涉。一九二九年，蒋指使张挑起中东路事件，最后对苏绝交，这就不啻解除了日本军阀的一重顾虑。接着，张率部进关参与内战，因之东北陷于空虚，特别在一九三一年秋张奉命和石友三作战，关外东北军精锐抽调一空，这更无异自启堂奥，引狼入室。

九一八事变后，蒋一直坚持不抵抗政策，除上述的给张的“铣电”外，他还于九月廿三日在南京公开演讲，说：“此刻必须上下一致，先以公理对强权，以和平对野蛮，忍辱含愤，暂取逆来顺受态度，以待国际公理之判决。”又于同日以“国民政府”名义发表“告全国军民书”，公开声明：“现在政府既以此案件诉之国联行政院，以待公理之解决，故希望全国军队对日军避免冲突。”他抱定宗旨，即所谓“攘外必先安内”，“对外力求和平，对内力求统一”。

九一八事变不久，上海发生“一·二八事变”，十九路军英勇抗战了四个多月，蒋介石虽也派张治中等嫡系部队参战，但仍贯彻其不抵抗政策，于一九三二年五月五日和日寇签订了停战协定，轰轰烈烈的淞沪抗战，乃以屈辱而结束。

日寇在满洲巩固其侵占地位，成立伪满傀儡政权后，于一九三三年向华北发动新的军事侵略，一月一日，日寇进攻山海关，国民党华北将领曾发出“誓死抵抗”的通电，但为时不过五天，山海关即失陷，敌军乘胜发动对热河的进攻。当时蒋曾派“代理行政院长”宋子文到承德视察，宋曾对热河的守军慷慨激昂地说：“你们只管打，子文敢断言中央必为诸君后盾。诸君打到哪里，子文跟到哪里；诸君打到天上，子文跟到天上；诸君打到地下，子文跟到地下。”可是，言犹在耳，二月初热河前线的枪声一响，他就悄然溜回南京去了。

那时热河省主席汤玉麟，外号汤二虎，绿林出身。开鲁潮阳前线的炮声一响，汤就征集汽车二百四十多辆，尽载其私产和烟土运往天津租界，仅仅七天，热河便全境失陷，敌军直逼古北、喜峰口等。于是有所谓长城抗战和喜峰口血战，宋哲元的二十九军，于此初露头角。

热河失陷后，张学良被汪精卫等责骂，被迫辞职出国。蒋介石二次“下野”复出后，何应钦到北京成立行营，黄郛任北平政务整理委员会委员长，负责对日交涉，不久就签订了《塘沽协定》。从“九一八”以后，张学良背了几年不抵抗的黑锅，苦闷已极，精神日就委顿，烟毒愈染愈深。人瘦得像猴子的样子，据说他的背脊两面，被毒针灸的像两行铁轨一样。出国以前，决心戒毒。他在戒毒之前，做好了准备，把自己关在一间房子里，由一位医生朝夕给他诊治。经过二十多天，毒瘾才完全戒除。据这位医生事后对人说，张初戒毒时，有时暴跳如雷，有时卧床呻吟，气如悬丝，最“紧张”的几天，只听到他牙咬得直响，床上的帐子和被单，都被撕成碎片。但他竟把毒戒掉了，可见他的毅力还是坚定的。他到欧洲游历了一年多，一九三四年冬，他到汉口任蒋的副总司令，我看见他身材粗壮，面色红润，谈话虎虎有生气，俨然又是一个人了。

高等师范，是北洋军阀时代华中
广大为文、法、理、工四院，改
的教授如王星拱、皮宗石、周鲠
该校任教，校长原为王世杰，后
起，该校在珞珈山兴建新校址，
第一期工程甫完工，教学大楼
山则为教职员宿舍，两山之间辟
教学大楼和学生宿舍从山顶沿山
而远望仿佛十几层大厦，颇为

该校视察，当他的汽车到达运
迎如仪，而学生却一个也不见
面。后来，他由王星拱等陪同拾级登山，刚走上几步，只见学生宿舍和教室大楼的每一个窗门同时豁然开启，每一个窗户里有两个学生同时探头出来，齐声高喊："反对不抵抗政策！""反对不抵抗将军！"喊罢，窗户又同时关闭，不再见一人影。当时张面色灰白，不发一声。王星拱连声说："胡闹，胡闹，让我立即去查问。"张一声惨笑，说："不必了，他们是爱国的。"

张学良背了"不抵抗"的黑锅，受到这一场污辱，心中的痛苦可想而知。

何成濬养蛇弄笛

一九三二年春，我第一次到武汉，那时大水退出不久，郊区还到处可见尚未掩埋的死尸，市区马路上，到处写着大字："船向左驶"。据当地朋友说，两三个月前，条条马路都变成河道（道道地地的"陆地行车"），居民都从二层楼窗口出入达半年之久。可见那次水灾的严重。

前文所述日本杂志所载的"此巨额资金，一部分入军阀之私囊"，所指的军阀主要是何成濬，何当时是武汉绥靖主任，是当时称霸这一方的大军阀，当时的湖北省政府主席方本仁（后来换了夏斗寅），汉口市长刘文岛、吴国桢等，都是由何保荐，听他指挥的。

那时武汉著名有"五多"：一是灾民多，大街小巷到处是成群的逃荒者和乞丐。二是鸦片馆多，全市大小烟馆达二千多家，都公开交易，规模大的还用霓虹灯做招牌，入夜灯碧辉煌，俨如大饭店的气派。三是"蝗虫"多，所谓"蝗虫"

是市民指的黄埔毕业生穿着“虎皮”，到处敲诈勒索。四是妓院多。五是各军队的“办事处”多，华中和西南各地的杂牌军队，几乎都在武汉设有办事处。

为什么各地的杂牌军队都在武汉设办事处呢？有一位湖北籍的旧国会议员韩达斋（玉辰）先生有一次和我谈起何成濬，他说：“何雪竹（何成濬的字）好比是一个弄蛇的叫花子，专门替老蒋捉蛇（指那些杂牌军阀），把那些蛇捉到手了，老蒋又叫他盘弄豢养。他有时把那些蛇盘在身上，张口吐信，去吓唬老百姓；有时吹动笛子，叫这些蛇蠕蠕起舞，供老蒋玩赏，他就以此为乐，靠此为生。他的‘笛子’，就是烟、赌、嫖、吃、喝、玩、乐这七个音节。”这一段话，可以作为这位何雪竹先生的写照。

在一九三一年中原大战时，何是蒋的南路军总指挥，指挥徐源泉、萧之楚、刘茂恩、夏斗寅等杂牌军，抗击冯玉祥军。这些杂牌军阀，都像双色蛇一样，虽然被何捉养在竹筐里，却时刻在探望外面的风势，准备择人而噬。当时蒋给这位叫花子的任务，就是设法“稳住”这些蛇，等战局见分晓后再放出来。何是怎样“指挥”的呢？他叫平汉铁路准备好一列最漂亮的花车，把这些军、师长们请上，直开到信阳附近停下，车里准备了上好的洋酒、香烟、雪茄，上好的“大土”，大批采办了山珍海味，把汉口最有名的中西餐馆如普海春、味腴等的头等厨子都抓在车上，日夜服务。尤其重要的，是把当时汉口最红的妓女、舞女、交际花全罗致在这专车上。

何成濬本来是个“老枪”，他日夜在烟场上吞云吐雾（恰恰也是竖吹的“魔笛”），左拥右抱，和这些军师长们切磋琢磨“讨逆”的党国大事。在中原大战的半年中，这些将军们就在这车上“指挥”“部署”，朝朝寒食，夜夜元宵，昏天黑地，不知东方之既白。

在平常时期，何在汉口的跑马场附近，在特一区（前德租界），在法租界设有好几个秘密公馆，实际就是招待这些军阀和他们的代表们的俱乐部，里面当然也是色色俱全。那些军阀（包括驻在四川、云贵、河南、湖南各地的大小军阀）都在武汉设立办事处，其任务一是和何成濬联系，接受他“魔笛”的指挥；二是和“特税处”（即鸦片公卖处）的处长李基鸿打交道，以便于他们在防区大量种烟，并运到武汉来向各地畅销。当时武汉“办事处”之多，仅次于鸦片馆，是武汉三百六十二行（三百六十行加上烟馆和“办事处”）中最发达的行业之一。

当时武汉除以上“五多”以外，报社和通信社也多得惊人。据当时的官方统计，在国民党党部登记过的新闻机关，有二百数十家之多，其中绝大多数并不经常出报发稿，有的是一样的内容换上几个报头出版；有的是几个报名出一张报，美其名曰“联合报”，有的只在月初出版一两期。他们印多少报，有多少读者，那就天知道了。

这些报纸和通信社，和“蝗虫”（即无业的黄埔学生）一样，是“办事处”和“特业”（鸦片业）繁荣发达的副产品。据说，当时的“特税”和“特业公会”（鸦片商的同业公会）规定对各报馆和通信社按上、中、下三等给以津贴，而各“办事处”又多“聘请”各报记者作为“顾问”“谘议”，按月致送“车马费”。数目虽然不一定大，但集腋成裘，也是很可观的吧。

而这些应运而生的报社、通信社的社长之类又大多是“蝗虫”，此辈能文能武，的确不愧称为洋场出身的他们“校长”的高足了！

一九三二年我到武汉不久，汉口开了一家新的京剧院——汉口大舞台，建筑比较新式，首次实行了“对号入座”。剧院的老板是章遏云。章原是北京赫赫有名的“四大坤旦”之一，后来被安徽军阀倪嗣冲的儿子倪幼丹强娶去当了几年姨太太，这次“下堂”以后到汉口当上了老板。

开张第一期邀请的角色，除梅剧园的全体名角以外，另外加聘了谭富英、金少山等，阵容之整齐，在当时的北平、上海也是少见的。戏票前排高达五元，而打泡十天，场场满座，可见当时的武汉虽然“疮痍未复，哀鸿遍野”，但达官贵人的“购买力”还是很强的，大概，这和“特税”的发展，“蝗虫”的繁殖很有关系。

叶蓬丢官趣事

"一·二八"淞沪抗战的消息传到武汉，武汉各界人民踊跃捐款，支援十九路军。后来，因蒋介石坚持不抵抗政策，派郭泰祺等和敌方签订了停战协定，淞沪抗战以屈辱而结束。武汉捐款大部没有用出，经各界决定，购置高射炮十尊，以加强武汉的空防。为了抢夺这几尊高射炮（实际是抢夺这一笔捐款），当时的湖北省政府和汉口警卫司令部曾展开一场激烈的斗争，最后，这位警卫司令还因此丢了官。其事经过甚趣，不可不记。

这个警卫司令叫叶蓬，表字孛孛，他本是夏斗寅部下的一员大将。夏斗寅和徐源泉，是何成濬这个弄蛇叫花子"竹筐"里的两条大蛇，夏曾做湖北省主席，徐则任鄂中"绥靖"司令，分别控制着湖北的实权。叶蓬是夏部第十三军的一个旅长，被委为汉口警卫司令。叶是一个飞扬跋扈的家伙，据说，他的书架上，购备了世界书局出版的所有的"大全"——

如“司法大全”“地理大全”之类，自以为学贯中西，卖弄文武；他当上这个“司令”后，就独揽汉口的大权，不把当时的汉口市长吴国桢放在眼里，后来，连对他的老上级夏斗寅也不怎么买账了。

当高射炮争夺战发生时，湖北省政府主席已换上了张群，这位政学系的巨头，老谋深算，当然不会轻易放过叶蓬这个名不见经传的后生小子。加上吴国桢那时刚投入政学系，在张面前扇了几扇小扇子，张群越发火上加油，非设法收拾叶蓬不可了。

也是事有凑巧，叶蓬为了抢夺高射炮，特别在他的警卫司令部和警卫旅里举行了军事演习和防空展览会，公开邀请“中外人士”去参观，他的目的，原想炫耀一下他的部下如何训练有素，如何注意空防，以证明“接受”这几尊高射炮是他“天经地义”的权利。事先，他曾命令把他的司令部和警卫旅的营房髹漆一新，“以壮观瞻”。哪里知道，这一纸命令，后来却成了他的催命符。

原来，他的警备旅营地里，有个靶子场，有些具有爱国思想的士兵，在“九一八”以后，把靶子画成一个东洋兵的样子，以发泄他们杀敌的热情。这种“小事”，叶蓬当然是不知道的。他的髹漆营房的命令下达后，油漆匠不分青红皂白，把这靶子也髹漆一新。

公开展览那一天，叶亲自领着“中外来宾”到处参观，正当他指手画脚，夸夸其谈的时候，忽然看到了这个靶子，脸色立刻雪白，最要他的命的，是这批“中外来宾”中，有日本的领事馆人员和日本记者在内，他要“补救”也来不及了。

第二天，日本在汉出版的《日日新闻》登载了这个新闻，表示“深切的遗憾”。这事，本来也没有什么大了不起，国民党官员是惯于向外国人打躬作揖的，赔上个不小心，可能就没事了，因为那时日本侵略者刚刚在上海吃了一次亏，暂时还不想多惹事端的。

老奸巨猾的张群，却抓住这个机会不放，他一面照会日本总领事，表示这件事他事先不知道，对“失察”表示道歉，意思是叫日本人不要轻轻放过该负责任的营备部。一面，他分别急电蒋介石和汪精卫（当时的行政院长），添油加醋，把这事说得十分严重，如果不把叶蓬撤职，仿佛武汉就要爆发第二次淞沪事件了。蒋、汪是听到任何“反日”的风声就头痛的，接到张群的电报后，立即下令把叶蓬免职，并向日方赔罪。何成濬的参谋长杨揆一也因为“失察”，连带被免了职。

后来，他们都被调到南京当了军事参议院的参议，后来，在抗战期间，他们都由国民党的参议一变而为汪伪政权的大汉奸。

他们的被免职和当汉奸，这两件事未必有什么关联，但国民党派系之间的倾轧，甚至不惜借用外力来置政敌于死命，于此也可见一斑了。

蒋介石如何对待部下

蒋对待部下，像是一个暴君，甚至像陈布雷这样的文人，也动遭斥骂。据说，陈在蒋身边做了几十年的“臣妾”，积蓄了一点钱，在金圆券风潮中化为废纸，曾向蒋“进言”金圆券政策应早改弦易辙，被蒋骂得狗血喷头，陈一股怨气，无以自明，加上目击蒋王朝的濒于崩溃，白头宫女，感于“世纪末”的悲哀，就仰药自杀了。

抗战时重庆还流传这样一个故事：有一个几星上将从前方回到重庆，被蒋在召见时足足痛骂了半小时，列举他的“罪状”。这位将军申辩几句，便被蒋斥止，说：“强辩！”这位将军是北方人，听到蒋这句宁波话，以为是“枪毙”了，立刻两腿发软，坐在地上哀求，最后被卫队扶出去了。

另一个故事也是发生在重庆的，当时国民党宣传部副部长程沧波在某报登了一篇文章，第二天在“国府”纪念周上，蒋做了“报告”后高声问：“程中行在场么？”程战栗地站了出来。蒋问他：“你是中宣部副部长么？为什么文章不在《中央日报》登？”接着就当场把程辱骂了一场。

我在一九三四年还目击过比这更精彩的镜头：有一天，蒋乘军舰从九江到武汉，我在场采访，看到从张学良、何成濬、张群等在武汉的文武百官都在码头恭迎如仪。那时陈希曾是汉口的公安局长，他曾做过蒋的侍从室主任，在场负责警卫事宜。舰靠码头后，陈随张学良等登舰，不知为了什么事，蒋忽然开着嗓子大骂“娘希匹”，并当众把陈踢了几腿。后来看到陈上岸，却还是一副嬉皮笑脸的样子，甚至脸上还有得意之色。原来据说蒋介石有一套不成文法，对部下越骂越表示亲切；被骂了一顿，踢了几脚以后，说不定就要升官发财了。

西安事变琐闻

西安事变的过程，各方已有不少记载，现在把我当时的见闻拉杂记述如下：

自从一九三五年八月中共中央发表“中共为抗日救国告全体同胞书”（即“八一宣言”）和同年十二月北平学生发动“一二·九”运动以后，全国的抗日救国热潮，飞速高涨，全国各界救国会在沪成立，南京国民党政府对各地学生的爱国请愿运动，穷于应付；加上在西北内战前线的国民党军队（主要是东北军），受到一些损失，并在对方要求停止内战、共同抗日的影响下，思想发生变化。张学良也对蒋介石日益感到不满。当时内战前线的西安，早已呈现山雨欲来风满楼的景象了。

蒋介石为了应付这个局面，一方面在上海逮捕了救国会领袖沈钧儒等“七君子”，一方面亲自赶到洛阳，设置行营，调集陆空军主力，命令张学良和杨虎城继续打内战，如不听

“命”，准备加以解决。张、杨在部下坚决要求和蒋的威胁下，激于爱国义愤，才发动这次“兵谏”，把蒋扣捕起来。

蒋最初被扣押在新城大楼，陈诚、邵元冲、蒋百里等也同被关禁。张、杨对他们还是很客气的，对他们说明只要求停止内战，共同抗日，决不难为他们；要他们安心住下去，听候解决，不要乱动。这些人中，邵元冲最胆小，终日不饮不食，抱头痛哭。一天晚上，他忽然打开窗户，赤着脚跳出去，结果被卫兵打伤，两天后不治身亡。这是在事变中唯一死亡的大员。

蒋初被扣押时，也是不饮不食，拥被闷睡，后来，张学良去找他谈几次，他看到性命不会有危险，就狼吞虎咽吃起东西来了。不仅如此，还想勾引看守他的卫兵，要他们开一张名单给他，说：“我们是患难之交，将来忘不了你们的好处。”结果，被这些卫兵拒绝了。

两三天后，张学良派他的卫队营长孙铭九把蒋移送到高桂滋公馆去住，蒋看到孙腰挂手枪，以为要杀他，在床上不肯起来，讷讷地说：“我就死在这里吧，哪里也不要去！”孙无法，就叫几个卫兵把被子将他一卷，连拖带抬把他拉去了。

经过周恩来等的说服、调处，以及宋子文、宋美龄赶来，蒋接受了张、杨提出的八项主张：(一)改组南京政府，容纳各党各派共同救国；(二)停止一切内战；(三)立即释放上海被捕的爱国同胞；(四)释放一切政治犯；(五)开放民众爱国运动；(六)保障人民一切政治自由；(七)确实遵行总理遗嘱；(八)立即召开救国会议。张、杨及其部下才同意释放蒋回去。

据当时传闻，当张、杨送蒋到机场的路上，看到有一二千学生聚集在那里，高喊“反对独裁、反对内战、团结抗日”的口号，又看到四周军队戒备森严，便对张、杨说：“我答应你们的条件，不会忘记的，回京后一定一件一件实行，今后决不再打内战。”临上飞机，又说：“今天以后发生内战，我负责，今后我决不剿共。我有错，我承认；你们有错，你们亦须承认。”蒋还再次重复了他的八项诺言。张学良听罢，说：“你同意我们的主张，我送你回南京去。”蒋到了南京，就叫陈布雷连夜写了一篇“对张杨的训话”，交各报发表，说什么他在西安如何视死如归，如何镇静，张、杨又如何为他的“精神所感召”，才“悔悟前非”，把他释放。

西安事变发生后，南京强硬派首领何应钦连忙调兵遣将，借“讨伐”之名，想置蒋于死地，以便取而代之；汪精卫也连忙从法国赶回来（他是在南京被刺客打了一枪到巴黎去“养病”的），想和何应钦、张群等联合起来，垄断南京政权，进一步对日妥协。所以，当时日本报纸在报道西安事变和何、汪等的动态新闻时，是充满着欣然色喜的情调的。

另一个欣然色喜的人是山西的“百川阎公”，此公在扩大会议失败后，逃到大连，和日方关东军人员密切勾结。后来，就由日方派一架军用飞机把他送到大同（以后，日方又多方勾结他，但他终未出卖国家民族利益）。他回太原后，赶走了亲蒋的商震，重新做他的“山西王”。西安事变发生的第二天，贾景德到他房里去（阎办公的“密室”任何人非经通报不准进去，他每每一个人在里面绕室彷徨，考虑那些应付环境的“大计”)，向他报告这消息，他听了像受到晴天霹雳似的两眼向上一翻，“昏厥”过去了，过了好久，才悠悠醒来，连忙到衣架上取下一件黑布罩衫披在身上，连声说：“这下委座完了，我要给他服丧，我要继承他的遗志。”这位山西的“不倒翁”，真不愧为表演的能手。据贾景德事后对人说，阎是早从日本人方面得到了这消息的，而且日本人还告诉他蒋已被打死了（阎和大连间设有秘密通信电台），所以准备为蒋服丧。贾说：“如果他（指阎）不是早晓得了，衣架上哪来的黑布大褂呀？”

当天，（十二月十三日）阎就发出通电，主张南京和张、杨都派代表到太原共商解决办法。显然，他想利用这个机会，把自己造成为时局的中心人物，为自己创造新的资本。他没有想到，蒋介石不仅没有死，而且在各方调处下，张、杨最后把他释放了。阎也和何、汪等一样，在政治投机中又扑了一个空。事变后，他又怂恿蒋介石关押张学良，再次博取政治资本。

一九三六年春，我曾游历奉化雪窦山，下榻于雪窦寺附近的中国旅行社招待所。这个招待所全部是木结构，布置得相当清雅朴素，窗外面对千丈岩，飞云掠过，泉声溅溅。一九三七年冬，在上海遇着这个招待所的经理，欢然道故。他告诉我，招待所已烧掉了。我惊讶地问被焚的经过，他说张汉卿在南京受军法审判后，就被蒋带到奉化，关禁在这个招待所里，他终日长吁短叹，如醉如狂。一天晚上，他住的房子忽然失火（大概是房里的火盆被踢翻了），火势立即蔓延，无法扑灭，不久就烧成白地。我问他张的下落如何，他说，当时就由看守的卫兵押下山去了，以后的情况就不清楚了。

一九四四年，我从桂林逃难往重庆，车过息烽时，同伴指点我附近这些警卫森严的房子，就是集中营，张学良还关在里面。

去年，我游赣州通天岩，岩下有石屋三间，导游的朋友说，这是抗战初期蒋特地叫蒋经国建造，准备关禁张学良的，房子极牢固而简陋，墙外就是绝壁，真是插翅难飞的。大概，南京沦陷后，蒋就准备把张交给他儿子管押。后来，东南半壁很快都陷于敌手，蒋就把张关禁到后方的息烽去了。

西安事变还有一个小插曲：当时南京《中央日报》的总编辑程沧波，也是主张讨伐张、杨最力的一人。从蒋被扣后，天天在报上主张“大张挞伐”，甚至对张学良进行人身攻击，把张的祖宗八代都骂尽了。他以为这是尽忠“总裁”最好的表现。蒋回京后，他去官邸谒见，以为这下一定可得“总裁”的青睐、赞许，说不定从此可以官升三级，青云直上了。哪里知道这位“总裁”的“肝火”甚旺，见了面大发雷霆，劈面对程说：“娘希匹，我还没有死，你来做什么！你怎么配当编辑！”程碰了一鼻子灰，像蒋干一样，摇头太息说：“曹营的事，实在难办呀！”

蒋介石最怕提起张学良

抗战胜利后，我有一次拜访沈衡山先生，谈起某君来。衡山先生说："我们是世交，虽然政治见解截然不同，见面还是保持一定友谊的。某君是工于揣摩蒋介石的思想变化的。七七事变后，我从苏州狱中被释放，到南京见蒋商谈团结抗战的大计。某君在中央饭店迎候我。他对我说，你见了蒋先生，千万勿提起张学良，这是他最忌的，一提到张他必立即翻脸。我见到蒋后，蒋装得很客气，说以前的'误会'不要谈了，以后希望共同救国，并具体谈到如何组织最高国防委员会、网罗各方人物、共决抗战大计的打算，等等。我那时忽然想起某君叮嘱的那句话，以为未必一定如此。就接着对蒋说，现在要团结各方面的力量，像张汉卿这样的人，……这句话刚出口，看到蒋果然突然变色，立刻站起来说：'我还有别的事，嗯，嗯，以后再谈罢。'就此送客。可见这人的器量是如何褊狭。"

在一九四六年春，我也亲眼看到一幕，可以和衡山先生的话相印合。蒋“还都”南京后，第一次到上海，在市府接见中外记者，那时蒋刚发表所谓“四项诺言”，当场《文汇报》记者唐海提出一问题：“政府既已宣布释放一切政治犯，张学良先生何时可以释放？”蒋听了勃然变色，答非所问地支吾了几句，站在他背后的特务头子戴笠和唐纵等则狠狠地瞅着唐海，后来还千方百计想迫害他。

杨永泰被刺内幕

新政学系的主要首领是黄郛、张群和杨永泰。黄、张和蒋介石都是“杨梅都督”陈其美的部下（陈其美任沪军都督时，黄、张分任参谋长和参议，蒋为少校副官）。蒋介石得势后，张群首先成为他的部下，任总司令部总参议；等到北伐军打下了武汉、南昌，黄郛也赶忙抛弃了北洋政府总长的地位，跑到南方“参加革命”。一九二七年四月蒋介石公开叛变革命前，黄郛和殷汝耕（后来成为冀东伪组织的大汉奸）曾到日本代蒋活动，张则为蒋运筹帷幄，并拉拢江浙财阀和蒋的关系。他们都是蒋登上独裁宝座的“从龙”功臣。

杨永泰“从龙”最迟，他在“九一八”以前，才由张群的推荐，在蒋政府中担任顾问之类的闲职，蒋在江西三次“围剿”失败后，杨上了“万言书”，提出“三分军事、七分政治”的围剿建议，大为蒋所激赏，被延为“剿匪总司令部”的秘书长，参加了第四、第五次的“围剿”，从此一跃而为蒋的心腹红人。不久，张群出任湖北省政府主席，黄郛任华北政务委员会主席，其他如江西的熊式辉，上海的吴铁城、俞鸿钧，青岛的沈鸿烈，南京行政院的吴鼎昌、王世杰、蒋廷黻等，都是政学系的健将，当时政学系在蒋的各派系中，比重上升，红极一时。到一九三六年，黄郛病故上海，杨永泰在汉口被暗杀，政学系的声势才开始走下坡路。

杨的被刺，谁都知道是国民党派系斗争的结果，但经过极为曲折，非三言两语所能讲得清楚。

张群任湖北省主席时，俨然以“张文襄第二”自居。当时这个职位之所以重要，不仅因为湖北居长江中游，为“十省通衢”，而主要因为它是当时蒋介石进行内战的中心，蒋介石把这个心腹放在湖北，要他兼顾江西、湖南，并拉拢、监视西南各省军阀。其次，蒋把湖北和江西等省作为“七分政治”的中心，推行了保甲制，行政督察专员制、“新生活运动”等等新的“试验”；根据杨永泰的献策，蒋划鄂、豫、皖、湘等十个省区作为“清剿区”，推行单行法规，主要官员都由“总部”直接委派，南京政府无权过问。这十个省区，变成了“国中之国”，武汉俨然是这个“国中之国”的首都。所以，当时张群的地位，的确仿佛“两湖总督”，就其重要性来说，不啻是这“国中之国”的近畿方面大臣。

一九三五年底，张群调南京任外交部长，杨永泰继任湖北省政府主席。一个由封疆大臣内调“中枢”，一个由“中枢”外调封疆大臣。这一调动，实际不过是这两个政学系首领的换班。

一九三六年十月二十五日，杨永泰从武昌到汉口日本领事馆参加宴会，午后，在江汉关码头准备乘轮返武昌时，被人枪杀，当场毙命。

不久，蒋介石的特务在上海拘捕了刚从香港到沪的胡汉民系要人刘庐隐，把他押解南京，说他是暗杀杨的主犯，而当时一般猜测，都认为此案决不会这样简单，主使人别有人在。

据深知此案内幕经过的人事后透露，刺杨的凶手当时就在江汉关后的前花楼巷被截获，根据他的口供，军警曾搜查在汉口的妓院，从一个妓女提供的材料，知道这个主使人已逃往南京上海（这个人曾在妓院和凶手“接头”）。于是，就把这个妓女带到上海，作为眼线，把这个人捕获。原来，他是上海有名的职业暗杀团王亚樵的部下（一九三二年，宋子文在上海车站的被刺未死，以及后来南京“中央党部”门前的刺汪案，都是CC雇用这个暗杀集团干的）。幕后的真正策动者是CC。军统也参与了这一阴谋。

杨永泰是知名的亲日派之一，利用他在参加日本领事馆宴会后的时机把他暗杀，给人们造成一种假象：可能是爱国志士把他刺死的。

自从宁粤合流、胡汉民出国后，胡系中人继续进行反蒋活动，CC移花接木，借此机会，收拾政学系，又打击了胡系，这是一石二鸟的狡计。

CC和军统，本来是死敌，但那时政学系气焰热天，压倒一切，在共同利害下，这两个死敌暂时妥协，对付了共同的敌人（刘庐隐就是军统下手捕架的）。

所有这些，都可以说明蒋党内部斗争的激烈、尖锐，和他们不惜以一切手段致敌死命。而这一切，又都是与蒋本人的治理有关。

“纱交风波”的一段秘闻

一九三七年春，上海曾发生轰动全国的所谓“纱交案”，当时南京政府雷厉风行，一再派大员“彻查”，官报也口口声声说非查个水落石出，无以肃“官箴”。雷声很大，后来却连一点毛毛雨都没有，慢慢地烟消云散了，此事过程相当曲折，是写演义小说的好素材。假使有人写入新官场现形记，我愿奉送一个章回题目：“小捣乱四方布阵，老太婆八面威风”。闲话少说，请君详阅：

话说上海滩上有一家纱布交易所（不是蒋介石大显身手的交易所，蒋的发祥地是上海证券物品交易所），顾名思义，它是专做纱布交易的；主要的交易是棉纱，在场内通过经纪人以棉纱的期货买进卖出，实际是把棉纱作为筹码，进行投机。旧上海是纺织工业的中心城市，所以，这家交易所的交易额最大，投机商趋之若鹜，主持的董事之流，是穆藕初、荣宗敬、聂潞生等，都是当时纺织工业的“大亨”。

按照一向的情况，交易在月初月中的起落是比较大的，到了下旬，“多头”户就逐渐吐出，“空头”户逐渐补进，这样，一月的交易就平稳交割结账了。一九三七年新年一开始，就有人在场内少量吸进三月份的期货，当时并没有引起场内外的注意。到二月中，收进三月期货的数量越大，而那时出面做“多头”的，是有名的“无轨电车”徐懋棠，他是上海纱业“小开”之一，一向在市场做些小捣乱，而实力有限，一经碰壁，就乖乖地退缩了。所以，这次许多“空头”看到做“多头”的大户是这位宝贝，就不以为意，以为到了一定时候，大家再大量抛出，就不怕他不后退。哪里知道，到了三月中，这个小捣乱阵脚还扎得很硬，有多少，吸进多少；另外，有好几个经纪人处，有不少化名的户头，也在大做“多头”，而且实力都很雄厚，胃口全很大。交易所的喊价，直线上升，许多纱厂的老板，因为补不进现货，濒于停工状态，而纱价飞涨，影响到棉布价格也不断上涨，市场一片混乱，人心惶惶不安。于是，纱布业、总商会纷纷向南京要求彻查，有些报纸也跟着叫喊，认为其中必定有“有力者”在幕后操纵，捣乱市场，危害民生。

那时蒋介石兼行政院长，看到上海“舆论”这样沸沸扬扬，不便再装聋作哑，先派实业部次长程天固到沪查办。程到沪后，向几家纱布交易所经纪人那里一了解，原来，新开户头大做“多头”的，大半是盛家的女儿如海上有名的“盛七小姐”之流（是老牌买办资本家盛宣怀的女儿。听说宋子文微时，曾追求过“盛七小姐”，盛家因为他门第寒微，拒绝了这门亲事，宋终身引为憾事。后来宋孔得势，盛家兄弟姊妹极事交欢，成为孔宋门下附庸的一个家族）。徐懋棠只不过是她们的“蟹脚”。于是，报界就哄传这次纱交风潮的幕后操纵者是财政部税务署长吴启鼎及江浙统税局长盛昇颐（即有名的“盛老七”，是“孔门”的“密友”，他的家庭，又常常“接待”某家少爷的，后来还鹊巢鸠占了）。

程天固看到此马来头大，不敢碰，就草草结束使命，回南京去了。但是，“树欲静而风不止”，上海的商界和报界，要求彻查的声浪，依然一浪高过一浪，蒋不得已又派实业部长吴鼎昌到沪“彻查”。吴表示他将“雷厉风行”，到沪后通知吴启鼎和盛昇颐听候法院传讯，不得私自离沪。哪知他的通知刚发出，吴、盛二人忽然像土行孙一样从上海的地面上消失了；南京、上海的新闻记者到处追踪，找不出他们的下落，法院的传票，也无法投递。

正当此案“山穷水尽”疑无路的时候，无巧不成书，南京有一位记者到财政部去采访新闻后，在附近的一家理发馆理发，他看到这位理发师很年轻，怕他技术不够，一再指点他怎样剪、怎样梳。这位理发师明白他的意思，漫不经意地说：“您先生放心好了，我会把你的头修好的，我刚才还到财政部里给两位大官修过发的呢！”这位记者忙问他到哪里去理发的，回答说是在财政部对面俱乐部的楼上。这位记者连忙付了钱，赶到那里，直冲上楼，打开一间房门一看，赫然就有这两位失踪多日的“土行孙”在。于是，回去就马上与上海长途电话。第二天，上海某小报就以独家新闻登出了这段消息，于是京沪震动，请求追查的电文如雪片飞出，财政部不得已把吴、盛二人送回上海，听候法院传讯。据吴、盛事后向人透露，他们是“老太婆”（即那位大姊，她是财政部的太上部长，财政部中人专称为“老太婆”，上海商场中人熟知这一来历，也称“老太婆”而不名，投机场中，盖谈虎而色变焉！）派了几名武装人员保护他们坐一辆铁甲专车，送往南京密藏起来的。

图穷匕见，幕中人最后不能不亲身出马了，这位“老太婆”在吴、盛解往上海的同时，连夜携夫带女，赶到庐山。不久，就由蒋电“邀”吴鼎昌、穆藕初、杜月笙和有关的纱布经纪人一起到了庐山。一面，由戴笠派特务把这些经纪人“保护”起来，要他们公开声明并无“盛七小姐”等等开立户头，更无“盛七少爷”等等参与买卖。另一方面，蒋亲自接见这些人，摆出一副忧国忧民的面孔，向他们“恺切”训话，说什么国难当头，不当再节外生枝，凡事都应大事化小，小事化无，大家团结一致，共赴国难，为党国后盾云云。同时，上海加强了新闻检查，官府贴出了“严防奸人造谣生事”的布告。而特区法院不久也宣判吴、盛无罪开释，理由当然是此案事出有因、查无实据之类。正是：一天星斗，落地无声，这篇演义，就此打住，下回就无法分解了。

刘纪文的失落

蒋介石和宋美龄的结合，是一九二七年后流传几年的最轰动的新闻。当时，张季鸾先生曾在天津《大公报》发表社评《蒋介石之人生观》，文中称："离妻再娶，弃妾新婚，皆社会中所偶见，独蒋介石事，诟者最多，以其地位故也。……今之不得不论者，以蒋氏尚言革命之故耳。吾人诚不能埋没古今天下志士仁人之人生观，而任令一国民党要人，既自误而复误青年耳。岂有他哉？"

这段旧闻中的三角离合的传奇，我不想在这里浪费笔墨。我只想向读者简单介绍一下另一主角的一幕遭遇。这是当时在北伐军统部工作的一位朋友所目击的。

一九二七年初，总部的经理处长刘纪文和他时髦的未婚妻在庐山林荫深处"拍拖"，遇着总司令，总司令含笑和这对幸福的年轻人握手后，很随便地问道："什么时候到南京去？"刘答："后方工作部署好了，准备明天动身。"总司令很关切地说："长江轮很挤，我也决定明天动身，这样罢，你们都搭我的兵舰一起走好了。"

第二天，刘和他的未婚妻准时赶到码头，这艘军舰果然停在那里升火待发。Lady first，当然这位女士先上跳板，侍卫接过手提行李，马上殷勤招待入舱，刘跟着大摇大摆地上去，不料却被卫士拦住，问有没有登舰卡？刘说："我们一起来的，是总司令面约的。"卫士说："没有卡，一律不准上去。"说时迟，那时快，把刘推下跳板后，军舰就立即起锚开航了。

以后故事的发展，读者多已耳熟能详，这里不再辞费了。

蒋宋结婚以后，据友人告诉我，还有过这样一段插曲：那时蒋和汪精卫联手，挤垮了西山会议派控制的所谓中央特别委员会而联合登台。宋美龄也和陈璧君表面上极意交欢。有一天，蒋宋正在"闺房"闲话，侍者送来一封信，宋美龄拆开看后，即搁置桌上。蒋问是谁寄来的。宋说"是给我的信，你不要管"，这就引起了蒋的满腹狐疑，一个是非要看不可，一个是坚持西洋规矩，夫妻间也要保持通信的自由，不能随便看，彼此发生越来越激烈的口角，最后蒋高声叫喊："娘希匹，你的人也是我的，一封信都不能看？"宋听了愤怒地把信掷在地上，带着嘤嘤的哭声冲出房门，立即乘车回上海娘家去了。她向"阿哥"哭诉受欺侮的经过，这位"阿哥"说："你们家这些野蛮事，我不管。"

过了几天，还是前文所述的"大姊"想出了使两方都不算迁就的办法，解决了僵局。由她打电报给蒋，说宋母有意到京一游栖霞山。蒋也知道"大姊"的意思，立即复电欢迎。

那天宋母由两个女儿陪同坐专车到了下关车站，蒋、孔躬迎如仪。周旋了几句后，孔夫妇就拥着宋母登上自己的车子先走了，剩下这一双恩怨夫妻，也自然同车归去了。

这一幕电影镜头，更增加了蒋对“大姊”的感激。从此，在四大家族中，蒋孔的关系就更加亲密了。

美国人眼中的蒋介石

抗日战争期间，在重庆的英美人士中，流行一个笑话，说有一个懒汉，有三件衬衫，第一件穿脏了，抛在床下，穿第二件；第二件脏了穿第三件；等到第三件实在不能再穿了，拾起第一件来一看，还是比较干净，又穿上了；从来不洗，也从来不穿第四件。他们把这个笑话来形容蒋介石如何使用下属。

其实，他们是只知其一，不知其二，还是皮相之论；蒋介石的“衬衣”固然就这么几件，但并不是这样轮流上身的。比如，像前文曾经提到的陈德徵这样的衬衣，就永远被抛弃在床角了。其次，在轮流穿着的衬衣中，也有厚薄之分；比如，孔、宋同为“国戚”，却因“大姊”玉成其婚姻等关系，就更宠用孔。而且他也有永不脱下的衬衫，如戴季陶、二陈、陈诚、胡宗南、戴笠等，这里有一条贯穿的灰线，就是浙江人，尤其是奉化人。而归根到底，最可靠的只有他的儿子。

抗战时在重庆的人都知道，史迪威等人对蒋常常是嬉笑怒骂，毫不留情的。有一次，史迪威从缅甸回来（他是当时在缅的美军司令兼中国远征军参谋长，实际指挥远征军），蒋设盛宴招待。席间，蒋问在缅各中国将领的情况如何？不料史冷冷地说："你们这些将军，除打仗外，什么都能干！"这和当时有人批评重庆的公共汽车"除喇叭外，什么都能叫"，同为形容尽致的名言。史迪威对蒋介石态度的傲慢，连蒋府的一些老官僚也慨乎言之。

其实也不止史迪威一人。我有一个朋友一九四八年曾到欧洲游历，在荷兰遇着当时任国际法庭法官的徐谟，彼此闲谈国内的局势，谈到蒋介石，徐谟说，马歇尔在华时，和蒋见面，经常由他任翻译。开始时他听了马的话很刺耳，严厉斥责蒋的官员如何贪污无能，打仗和经济如何搞得一团糟，语气简直像训儿子一样。他说，他起先不敢把这些话直译给蒋听，怕蒋受不了。后来，看蒋谦恭温和的态度，就稍稍把马的话翻译一些，哪知蒋听了若无其事，脸也不红一下。以后，马说什么就翻什么。徐对我这位朋友说："原来他的城府这样深，脸皮这样'厚'，倒是我过虑的了。"

“淞沪抗战”琐记

卢沟桥事变发生后，上海的空气一天比一天紧张；特别是到了七月廿四日，日方宣称有一名海军陆战队士兵在虹口失踪，故意制造挑衅事件，敌人决定在上海挑起战火的阴谋，已肺腑如见。八月九日，敌方两名官兵到虹桥飞机场去寻衅，被我守卫战士击毙；同时，敌军陆海军不断调集上海，口口声声要在三个月内占领全中国，这不仅使中国人忍无可忍，连英美等外国势力也感到切肤之痛。于是，上海的防务才认真布置起来。

“八一三”炮击一响，五百万居民都由衷地感到痛快，脓疮终于割开了！郁闷在心头的怒火终于倾吐了！

群众抗战的热情是可歌可泣的，支援前线的捐输物资，堆积如山，报名参加运输队、担架队的，真是争先恐后；可是，国民党的党部、特务机关，怕民众比怕敌人还厉害，他们这个“娘肚子里带出来的老毛病”到这样严重关头还坚持不改，处处怕群众起来，更怕军民结合起来。当时，记者要到闸北前线去采访，必须绕道沪西；到浦东去采访，要绕道沪南，由于领空被敌控制，白天很难活动；我们的记者总是清晨出发，黄昏才赶回来写稿，问他们前线的情况，总是摇头叹气，伤兵得不到治疗包扎，士兵吃不饱饭，后方医院一团糟，慰劳队被特务阻拦上不去前线，说的都是这些令人气恼的事。

总的说来，上海三个月的抗战，士兵是英勇顽强的，战况也是激烈的，从“九一八”以后，这是敌人遭遇的第一次结结实实的抵抗，使中国人民在世界上吐了一口气。但有些战报也是夸大的，比如说，当时各报都绘形绘声地宣传过有一位叫胡阿毛的，被敌方拉去开车，他拼了性命把一车敌兵开入黄浦江。后来调查根本并无其事，这是市民杀敌心切，集体创造、丰富出来的故事，应属于“虽无其事，实有其情”之列。另一种则全是国民党宣传机关制造出来的，比如，中央社战报天天说炸沉了敌战舰某某号、某某号，仿佛敌人的海军主力全给我空军炸沉了。空军倒的确天天飞来的，创建不久的我国空军将士也和陆军一样，也是英勇杀敌无惧，但终究敌强我弱，建功不多。我那时工作的报馆靠近黄浦江，几乎每晚九十点钟，总听到飞机的声音，接着是敌方一阵高射炮、照明弹，夹上一二声炸弹声，经过大约一刻钟就结束了。据说，炸的目标是黄浦江苏州河口停泊的敌第三舰队旗舰“出云号”，但直到上海变成孤岛，这条只有千把吨的敌舰还安然停在老地方，也看不出有多少弹痕伤疤。

南京沦陷后的陶德曼调停

上海抗战的最终失败，主要是由于蒋介石没有指挥大规模海陆空作战的经验，战略保守，偏于防御。他的眼光，主要瞅在英美的脸上，希望打出一个样子，英美就出来调停，国联就出来“干涉”。后来，国联决定召开九国公约会议，他就寄以全部的希望。当时，有一个高级将领去见他，对于把主力部队都不断拉到第一线，硬拼硬打的打法表示怀疑，问蒋为什么不做纵深布置，不把从福山到金山卫的所谓“国防线”（即南京一再次嘘的所谓“中国马其诺防线”）认真布防起来？蒋的答复很简单：“我们只要顶到十一月就有办法了。”他心目中指的“办法”就是九国公约会议，该会预定于十一月中召开。他哪里知道，敌方偏偏不照他的意图办事，声明不参加九国公约会议，英美也好，国联也好，对它毫无办法。同时，敌方看出我后防空虚，于十一月五日悄然在金山卫登陆，抄到我军后方夹击，于是上海乃于是月十二日沦陷，租界几百万中国人民，从此成为孤岛孤儿。

上海沦陷后不到十天，所谓“国防线”也全线崩溃，一时兵败如山倒，十二月五日，首都南京就被合围，接着就是敌军攻陷南京，进行了人类历史上空前野蛮的大屠杀，被残杀的军民达三十万人！

南京是十二月十日失守的，距上海的沦陷刚刚一个月。在这一月中，英美不敢出头“干涉”，纳粹德国大使陶德曼就出面“斡旋”，通过柏林方面和东京的近卫磋商，日方提出六项条件:（一）承认伪满独立，内蒙独立;（二）扩大“何梅协定”，规定华北为不驻兵区域;（三）扩大“淞沪协定”，规定上海及附近若干县为非武装区，国际共管;（四）中日经济“合作”;（五）中日共同防共;（六）根绝反日运动。经过往返密商，汪精卫、张群等完全赞成，蒋虽说过，坚持七七事变时的立场，但也表示接受（十一月中，蒋曾到武汉约汪、张和孔祥熙、宋子文等密商，当场蒋曾说明“不得已”准备接受日方条件的“苦衷”），不料敌军攻下南京后，军部气焰更高，在“御前会议”上坚决反对谈和，于是日阁就发表了“不再以国民政府为交涉对象”的声明，陶德曼的调停，未得实现。

这段交涉，蒋一直讳莫如深。汪精卫公开投敌，吴稚晖等在《渝报》大骂汪逆破坏“党国”抗战大计，汪精卫为了回敬，在上海伪报上把当时的经过和蒋的谈话记录公开了一部分来回敬，意在说明你们的“总裁”并不比我汪某坚决多少。

农村见闻

国民党统治时代，烟禁废弛。特别是西北、西南各省，几乎是遍地烟毒。在湖北省中，鄂西的恩施、鹤峰等县流毒最甚。一九三三年我曾路过恩施，小住三日，看到农村一片罂粟花，简直看不见什么粮食和其他农作物。市镇则到处是小烟馆。有一次湖北的教育厅长程其保到恩施视察，在恩施中学看到不少学生都是面黄肌瘦，精神委顿；后来，他在学生宿舍视察时，掀开被单一看，不少铺位下都发现烟具，他也只有叹息摇头而已，可见那时流毒之深。

旧中国的一穷二白，非深入农村，是不容易深刻体会的。特别是西北、西南、北方的农村，最为穷苦。一九二九年，我曾到河北省定县参观晏阳初等搞的“平民教育实验区”，看到他们养的美国猪，的确长得很大，用化学肥料培植的改良种棉花，也长得很高；尤其是他们“实验区”的办公房子，造得很讲究，一切都是美国来的，使一般老百姓望而却步。

我在他们那里住了几天，生活简直过得像在大城市一样，舒适之至。后来，我到定县另一个区去参观当地开明士绅米迪冈兄弟办的农村“自治”，虽然也是不彻底的一套改良农村计划，但用的是土办法，有些普及识字等等措施，受到农民的欢迎，比晏阳初他们的一套就不大相同了。我在他们那里，睡的是土坑，吃的是高粱饼子白菜汤，当我临走的一天，他们要招待招待我，到处想法，才搞到几斤白面；又碰巧隔壁村子里死了一匹马，割来了两斤死马的肉，这才包了一顿饺子请我，算是难得的“盛宴”了。据米氏兄弟告诉我，定县一带的农民（当然指的是中农以下的农民）一年只有三四个月能吃到高粱玉米，其余的日子，都是饿一顿，饱一顿，靠野草野菜生活。至于白面，一年能够吃上两顿（春节前后），就算很不错的了。

湖北的农村，要比河北好一些，但比之江南还差得多。一九三四年，我到应城参观石膏生产。一天清早，看到有人打着大锣在大街小巷到处高喊：“杀猪了！要买肉的快去。”原来，像这样一个出产丰富的城市，一个月才杀一两头猪，杀了一头猪，不到处“宣传”就卖不掉。

这些情况，是生长在大城市的中国人所不易想象的；现在年轻的一代，也不易想象旧时代这种凄苦生活了。

史量才被刺内幕

“九一八”以后，蒋介石干了不少暗杀案，其中最引人注意的，是一九三三年六月的暗杀杨杏佛和一九三四年十一月暗杀史量才这两件血案。

杨杏佛是中央研究院的总干事，是院长蔡元培的得力助手。一九三三年春，宋庆龄、鲁迅、蔡元培和杨等发起组织“中国民权保障同盟”，抗议蒋政府对人民的迫害和对文化界的“围剿”。杨遭到毒手，鲁迅也因此搬了家。蒋的杀杨，实际是对蔡的警告。蔡先生是国民党元老之一，在蒋开“府”南京以后，在吴稚晖、李石曾等的怂恿下，曾多次为“宁国府”效力。杨的被刺，使蔡先生从此和蒋割断了关系。

史量才是在沪杭公路笕桥附近被暗杀的，那天他和他的儿子史咏赓及咏赓的同学某君坐自备汽车由杭回沪，在笕桥附近被几个暴徒拦车开枪，史和咏赓的同学当场被击毙，咏赓狂奔得免，暴徒行凶后，即从容转入笕桥机场附近的某机关。

史被刺后，《申报》始终不敢发表此案经过，史的讣文，也含糊其词，讳言是政治性暗杀。因为蒋方由潘公展、杜月笙等出面，对《申报》及史的家属多方恫吓，不准他们道出真相，否则将对《申报》和咏赓“斩草除根”。

南京方面不仅进行恫吓，而且故意制造烟幕，说史量才的太太沈秋水原是陈其美部下军需处长的小星，此君犯案被杀，沈携巨款归史，史人财两得，才收买了《申报》，这次暗杀是这人的家属搞的，因为恨史吞没了他的家财。这个烟幕，当时很迷惑了一些人。其实，史的收买《申报》（一九一二年初，从席子佩手里正式接买过来），动议远在和沈结合之前，这个谣言是造得有漏洞的。

史原来是一个穷书生，曾在女子蚕桑学校担任教席，清末一度任《时报》主笔，他哪里来这么多钱去买进《申报》的呢？据章行严先生的回忆，是清末两江总督端方于宣统二年以公款买进了《申报》，尚未正式交割而武昌革命爆发，端已调职在四川资州被杀，于是立宪党人张謇、赵凤昌等利用他们和江苏都督程德全的关系，据为私有，委史出面接办，作为私人经营的企业。辛亥革命前，史一直是赵竹君（凤昌）等集团的积极参加者；民国初年，《申报》一直以张謇等的政治态度为方针；而赵的儿子一直被史倚为《申报》的台柱。根据这些迹象，章说是可信的。

“九一八”以后，史量才也和有些资本家一样，激于民族利益，反对蒋介石的不抵抗政策；他延聘学术界一些知名人士参加《申报》工作，鲁迅的杂文，不断在《申报》副刊“自由谈”出现。《申报》面目一新。除此以外，他还创办《申报月刊》《申报年鉴》，举办量才补习学校，请李公朴为校长。《申报》一时成为进步的文化事业，受到社会广泛的欢迎。

史量才那时除《申报》外，并控制了《时事新报》《大陆报》等四社，掌握了《新闻报》的大部股权，俨然执上海报界之牛耳。同时，他是中南银行的常务董事；"一·二八"淞沪抗战中，热心支援十九路军，后来又先后当选为上海地方协会会长、上海临时参议会议长，成为上海有力的"地头蛇"之一，大为CC派党棍潘公展等所侧目。

一九三四年秋，蒋曾邀请上海"闻人"杜月笙及钱新之、史量才等到京"谈话"。某日，蒋约他们少数人便宴，席间，蒋得意忘形地说："我训练有百万部队，可以无往而不胜。"史当时多喝了几杯酒，脱口接着说："我有百万读者，无往而不在。"蒋听了脸色立变，钱新之等乱以他语，才把这场"鸿门宴"的紧张气氛拉松下来。

史回沪后，深悔自己的"失言"，曾对他的挚友说："蒋的器量狭小，他是不会放过我的。"从此以后，他出入加强戒备，到杭州去也不敢坐火车。但蒋的特务"无所不在"，史量才终于不免被杀。

范旭东之点滴

蒋介石对于民族资本家，也从来是采取限制政策的。特别到了抗战胜利以后，就越来越严厉。如上海有名的棉纺工业巨头荣德生，被特务绑了一次票，后来说是被军警“救”出来了，要索的“酬金”就达五十万美金。到一九四八年金圆券风潮时，荣的侄子荣鸿元又被扣押（等于变相的绑票），关了一个多月，被机关、特务、法院层层敲诈，共达六十多万美金。

化学工业家范旭东的气死，也是一个例子。范是民初教育家范源濂的弟弟，他们兄弟都曾在日本留学，源濂先生（字静生）回国后从事教育事业，曾当过北京师大校长和教育总长，旭东先生（名锐）回国后就埋头于化学工业，惨淡经营了天津塘沽的久大和永利公司，创立了黄海化学研究所。“九一八”以后，永利在南京对江设新厂；抗战爆发后，又在四川五洞桥一带设厂。旧中国什么都是落后的，只有化学工业是比较进步的，这里面有范氏的不小功劳。

太平洋大战前，他为了扩建后方的永利厂，要解决一些技术问题，曾偕该厂总工程师侯德榜先生赴美参观。范等到了美国，想参观的化工厂，处处被挡驾，经过再三交涉，才有少数工厂允许参观，但声明只欢迎范旭东，不招待侯德榜，因为他们知道侯是国际闻名的工程师，怕工厂的“机密”会被学去；他们以为范是经理人才，对机器是外行，不妨让他看看。后来他们回国经过香港，刚刚太平洋大战爆发，陷在这孤岛。港战发生时，重庆曾派飞机把陷在港九的大员们接出去，但两位有关国防工业的化工巨子却都失之交臂！

有一晚，敌军密集炮火轰击香港，香港大酒店也被炸中。第二天清晨，我在朋友处看到旭东，问他是否受惊？他泰然地说：“昨天我细细地听了一夜炮声，发现他们炸药的爆炸力并不大，我们是完全有把握追过他们的。”在这样危险的关头，他考虑的只是如何在化学工业上追过敌人，这种爱国的精神，是不能不令人感佩的。

在香港沦陷之前，我们有机会畅谈了几次，他告诉我胜利后如何发展化学工业的计划，也谈起他如何鄙视权门，因而遭受孔、宋无微不至的压迫。不过，他很有自信，说“这些东西无论怎样凶恶，我总要闯出一条路来的”。

后来，他就化装难民，经东江逃出这孤岛。

抗战胜利不久，报纸登出旭东在重庆逝世的消息。后来，据重庆来友说，旭东拟了永利复员的计划，国民党政府迟迟不批准，他本来接洽好一批借款，作为在津宁等地复厂和扩大生产的基金，要行政院担保一下，孔、宋多方刁难，不肯盖印，搞得范旭东一筹莫展，坐卧不宁，终于抑郁而死了。新中国成立后，我听某君说，旭东先生确是因积劳成疾，痼疾不治而逝世的。但他也确是壮志未酬身先死，听说他的最后遗言是：齐心合德，努力前进。

白崇禧酝酿“独立”的内幕

一九四四年湘桂大溃退前夕，广西曾一度酝酿“独立”。此事后来没有表面化，所以知者不多。

一九四三年秋，“小诸葛”白崇禧忽然称病从重庆到了桂林，虽经重庆方面一再催促，他迟迟不回去复职，说是病没有好，事实上，他到桂林后，不仅徜徉于阳朔山水之间，而且和各方接触，并召集桂系将领谈话，看到他的人，都说他气色好得很，一点病容也没有。

原来，他这次是负气回来的。他从抗战开始后，就到了南京，表示“拥护中央，团结抗战”，但蒋介石对于这位心机复杂、脑后有“反骨”的桂系灵魂，始终不敢放心重用，李宗仁、薛岳、余汉谋乃至反蒋有素的张发奎这些非嫡系将领都得任战区司令长官，手握兵符，开府一方，只有白一直被投置闲散，坐在副总参谋长的冷板凳上，过着郁郁寡欢的姨太太式的生活。一九四三年春，蒋准备出国参加开罗会议，白认为这是他走出冷宫的最好机会，首先他希望能够跟蒋出国，作为蒋的首席随员；其次，他估计到，如果何应钦去，他总可以升任参谋总长，至少可以在何出国期间，代理参谋总长，多少可以摆脱长期以来有职无权的备员咨询地位。哪里知道，蒋临出国前，调陈诚为参谋总长，何应钦随同出国，白的一切希望落了空，于是一气之下，就拂袖回到了广西老巢。

他对广西的高级人员一再表示，广西从抗战开始后，就无条件"拥护中央"，什么都拿出来了，但是，"我们可能太简单了，反不如龙志舟（龙云）这样进退自如"。言外之意，听者是能够体会的。他还派人和驻在柳州的张发奎密切联系（张那时做着第四战区的司令长官），还想联络长沙的薛岳和广东的余汉谋，但他知道薛、余对他并无好感，只有抬出李济深的招牌（李是第四军的老长官，薛、余、张发奎等都是四军系统出身。李那时在桂林当行营主任）才有可能吸引他们。有一天，白找李促膝密谈，首先是大骂蒋的独裁专断，说他如何排斥非嫡系的力量，其次是说重庆如何如何腐败，抗战前途如何如何无望。最后扯到本题，说如果两广和湖南能够保持一定的"自主"，可能唤起蒋的重视，从而整刷政治，这是对抗战有利的；他还举出了一些"自主"的具体办法，如截留税款，把桂军抽回桂境，以后非经他们同意不外调，以及和云南加强联络，等等，最后强调说这一切都要请任公（李字任潮）主持，他是唯任公的马首是瞻云。李听了这番话后，笑着说："你们这样做，我是赞成的，至于我自己，年纪老了，精力也衰退了，再也没什么雄心了。"李虽然对蒋非常不满，但知道白这次准备的做法，只是对蒋示示威、撒撒娇而已，并不是真有什么决心，更谈不到有什么觉悟的，所以就冷冷地拒绝了。

果然，蒋回国后，就借为白的母亲做寿为名，送了一大笔钱，还派何应钦赶到桂林劝“驾”，名义是代表蒋来祝寿的。何到桂林只留三天，就把白拉上飞机同回重庆去了。

白走的翌日，我看到李任公，问他白如何走了，任公简单谈了些经过，并且说：“这个人，连姨太太还不配当；生那么大的气，结果，给一副银镯子，就乖乖地跟着走了，实在比上炕老妈子还下贱。”李任公一向是厚道的，难得听到他说这样的俏皮话。而细细想来，这几句话，的确把白的身份、性格，如实地刻画出来了。

方先觉“死生”怪事

一九四四年，抗战的大后方怪事连篇，其中，被中外喧腾的一件大怪事，是方先觉的死去又归来。

在那年的“湘桂会战”中，敌军席卷湘北，势如破竹，衡阳守将方先觉抵抗了一阵，当时中央社曾大肆宣传。到八月六日，据说已血战了四十七天了，方先觉有一个电报打给蒋介石，大意说：“职等誓以死报党国，勉尽军人天职，决不负钧座生平作育之至意。此电恐为最后一电。来生再见。”

这样一个“慷慨悲壮”的电报，自然是宣传的好材料，各报头条大字登载，自不待言。哪里知道，正当后方哄传“方军长壮烈殉难”的时候，这位方将军却不仅没有死，还泰然坐在敌军司令部里接见日本记者。下面是上海敌伪报纸当时刊载的谈话记录：

记者问：方将军对时局之信念如何？

方答：此次以误受宣传，作无谓之牺牲，决赴南京向汪主席负荆请罪。

记：将军今后对出处有何打算？

答：余生平最服膺汪主席之道德文章，如蒙皇军宽大，今后决追随汪主席致力“和运”，为大东亚新秩序尽其绵力。

敌伪报纸，除登出上述谈话外，还刊出方和敌军主将谈判投降时合摄的照片。这些消息，敌方通信社向全世界广播，后方也收听到了。

但是，怪事并未因此结束。过了几个月，正在敌军逼近都匀，贵阳震动的时候，这位降将军忽又“间关”来到了重庆，受到了重庆官方的热烈欢迎，蒋介石立予接见，“慰勉有加”，誉为“中国军人之模范”，并派他当青年军军长。中央社立即发表新闻，说“衡阳血战，方军长卒以最后力竭，陷入敌手，旋复脱险，间关入渝，复膺军事要职，重为国家效力。……方将军不特可以对国家，且可以对天下后世矣”！自然，他们不再提什么“来生再见”了，至于既然已“陷入敌手”，如何又“间关入渝”，此中关节，也就含糊带过了。

但当时后方的人民，却不肯含糊放过，若干进步报纸，追询究竟。参政会里，也有不少人提出质询，闹得满城风雨。国民党看到风色不对头，从此就不再宣传这件丑事了。

对于这件腾笑中外的丑事，当时有人沉痛地写了以下四句话：“秦桧为相，先觉为将；今古痛史，一模一样。”

又有人写了一首诗，记方先觉的“重膺军事要职”：

反攻杀敌备远征，知识青年十万兵。

借问何人充大将？投降将军第一人。

可谓慨乎言之矣！

“曲线”救国内幕

湘鄂大溃退后，重庆惊惶失措，垂头丧气。当敌军打到独山，迫近都匀的时候，不仅贵阳震动，重庆也感到威胁，从湘鄂一路逃难到重庆的人，已如惊弓之鸟，对国军，多数人早已失尽信心，而重庆当局却颇为镇定。蒋介石说准备搬到峨眉山去继续“抗战”，其实也只是说说而已，各党政机关乃至平时神经颇为敏感的豪门企业，并没有做任何搬场的打算，“孔二小姐”的“洋狗”也还未做乔迁的打算。有些和官场接近的人，甚至公开宣称，这一回，即使日军打来，也决定不走的了。

难道因为神经紧张过度，反而麻木了？不是的，其中另有文章。

方先觉的忽然“脱险归来”，是一个线索；被敌方拘捕一度实行“曲线救国”的国民党中委吴开先忽然也“脱险归来”，又是一条线索。南京伪组织的青天白日旗，本来加一条黄飘带，以示区别，那时，也忽然去掉了。这又是一个线索。线索愈多，重庆的“安全系数”就越增加。可见，“镇定”并不是没有根据的。

而这些线索的脉络，则要等到第二年胜利劫收声中，才被明眼人看出来。

军统势力回到南京、上海后，第一个正法的汉奸，不是陈公博，更不是周佛海，而是远不如陈、周重要的缪斌。为什么？据深知内幕的人谈，当敌军打下独山以后，即加紧“和平”攻势，缪斌是秘密奉蒋命奔走的一人。他曾以蒋的代表身份，一再到东京去和近卫磋商，最后签订了一项书面文件，呈报重庆。当时，英美方面微有所闻，认为单独媾和是违背开罗宣言的，曾向蒋质问，蒋则矢口否认。后来时局急转直下，日本投降，已订的“文件”失其作用。蒋为了“灭口”，所以不待正式接收伪政权，就把缪斌干掉了。

在汪伪组织中，自称做蒋的代理人的是周佛海，他一面通过戴笠在沪的“地下”机关，和“总裁”联系；一面通过日方的“梅机关”与日方磋商“单独和平”的条件。（日本的特务机关，分“松”“竹”“梅”三个系统，分别负责和北平伪组织、汪伪组织和重庆蒋方联络）方先觉、吴开先等的“脱险”，都是周佛海活动的“业绩”。所以，日本宣布投降后，蒋立即委派周为“京沪行动总队长”，负责沪宁一带的“治安”工作。顾祝同、钱大钧、戴笠到沪后，几乎天天和周及罗君强等往来酬酢，杯酒话旧。后来，因为进步人士和舆论界严词指名追问汉奸下落，戴笠才把周、罗送到重庆，以后又不得不送进监狱，但他们在监里，也是颇受优待的。

周还对探监的记者表示：为委座“牺牲”到底，他是甘心情愿的。

这位“委座”的忠实信徒，最后死在狱中，据说是“病”死的。

陈纳德包办龙云出走

一九四五年十二月中旬的一个晚上，有一位先生到报馆指名要见我，看名片，是素昧平生的。相见之下，他立即自我介绍说是《扫荡报》（那时还未改名“和平”）的记者，是刚从昆明乘军用机飞到上海，下机后就直接赶来的。他说，昆明发生了特务屠杀学生的血案，国民党封锁新闻和交通，不让真相外传。他目击特务残杀青年的暴行，作为一个中国人，不能不义愤填膺，因此冒险来看我，希望我把惨案的真相披露。他说毕，从里衣口袋里掏出一卷印刷品，都是昆明学生会呼吁和平、民主的宣言和对暴行的抗议书等等，还有他自己写的新闻稿。我问他这些东西怎么带出来的？他指指自己的军装和《扫荡报》的徽章说：“有了这些，就不难混过检查了。”

这位先生还谈起蒋介石如何布下天罗地网，对付龙云，并说，蒋的所以要解决龙云，除掉拔去他的眼中钉以外，主要是为了布置镇压昆明的民主运动。所以十月间解决了龙云后，蒋就命霍揆彰等加紧布置，十二月就发生了这场血腥惨案。

这一夕话，使我深感这位先生的坦率和对我的信任。真是“十步之内，必有芳草”，可见即使在这种环境里，也不乏深明大义、爱国有心的人士的。

四年以后，我正在香港工作。也是冬天的一个晚上，有一位朋友打电话给我，说有个刚到的朋友想见见我，希望我立即到浅水湾某号去。我驱车到了那里，原来是龙云刚从南京脱险到港了。

我问他这几年的生活遭遇和脱险经过。龙先生说，他从云南被赶下台后，即被宋子文、何应钦“劝”到重庆，名义上是军事参议院院长，实际上一直被软禁着。到南京后，监禁更厉害，出门一步都有特务的汽车“钉”住。他住宅的对面，原来是一个要人的房子，也改设了特务机关，并且在门楼上加建了两层，居高瞭望，“我家里的一举一动，他们都看得很清楚的”。

我问：“那末，你怎么今天能逃出来的呢？”

他说：“那全靠朋友的帮忙，有位朋友认识陈纳德，事先由他和陈纳德谈好了价钱和一切手续。今天清早，陈纳德派他的秘书驾车来接我，到美军某机关，等了半小时，又由他们派车把我直送机场，坐上陈纳德航空队特备的飞机，一直开到广州。他们布置很周密，而且美国的汽车、飞机，特务和军警是不敢检查的。到广州后，陈纳德的办事处已雇好了汽艇，一直把我送到了香港。一路很平安，倒没有受着什么虚惊。”

龙到了香港，大概南京的特务还没有发觉；等到香港报纸发表了这消息的第二天，中央社才发出电报说：“龙院长因病赴港疗养，当局深盼其早占勿药，回京销假”云云。当时的“官方”消息，一向如此，不值得奇怪，奇怪的是美方和蒋介石这样“卿卿我我”难分难解，怎么为了几万美金，竟不惜撒蒋介石这样一个“烂污”呢！

蒋介石身边的三个文人

蒋介石身边有三个文人，他们的学问文章当属一流，他们都积极参与政治，他们在国民党里起的作用也各有千秋。

吴稚晖年纪最大，他曾在“苏报案”中出卖过章太炎；太炎先生出狱后，曾公开揭斥他的丑行，说他是一个伪善的小人，“善补尔裤，毋使后穿”。在陈炯明叛变孙中山后，国人对陈，无不切齿。他却向孙先生下跪为陈求情。这是人所共知的他的“光荣”历史。

自从蒋当权以后，他一直为蒋开锣喝道，保镖帮腔。“中山舰事件”发生后，他首先站出来为蒋辩护，说杀了他的头也不相信蒋介石会变成新军阀。宁汉分裂，他坚决站在蒋的立场，痛骂汪精卫，并帮助蒋拉拢冯玉祥，当时他给冯的电报中，有“一柱擎天，惟公有焉”的肉麻话。后来冯公开反蒋，他又痛骂冯为叛逆。冯当然气极了，也打电报骂他为“苍髯老贼，皓首匹夫”。九一八事变后，广州的非常会议坚决要蒋下台，他站出来痛骂粤方代表。总之，在蒋当权的二十多年中，他一直先意承志，从一而终；蒋要做总统，他出来授印，蒋要铸九鼎，他就写铭文；把蒋捧为“不世的明君”。蒋要绑架李济深，他就把李骗到南京。二十多年中，他始终跟着蒋打转，谁要对蒋有所不利，他必定跳起来。

戴季陶扮的角色和吴有所不同，他是穿着八卦道袍的牛鼻子道人，在蒋的幕府中，他起的作用很大。他和蒋的历史渊源最深，他们同在张静江商号里当清客，同在上海做交易所。抗战时期，我到东南战区去采访新闻，有一天经过淳安时，正逢合城官员列队恭迎戴太太。有人告诉我，这位太太就是戴“院长”的如夫人，又是某“皇子”的生母。我起先弄不清这本账，后来才恍然大悟了。

他自从担任考试院长以后，就长斋礼佛，仿佛超然物外，与世无争的样子，实则蒋所有“党国大计”，他无不积极参与，献谋划策。抗战胜利后，听说在一次“中央”的会议上，蒋分析形势，权衡国共力量，认为挑起全面内战，时机尚未成熟，主张继续“和谈”。戴偷偷地递给蒋一张纸条，蒋打开一看，只有简单的一句话：“自古未有江淮未定而建都金陵者。”蒋若有所悟，立即改变主意，向两淮苏北调兵遣将，大规模燃起了战火。

在这三个文人中，陈布雷的地位最底，也最“勤劳王事”。他从一九二七年到南昌进入蒋的幕府以后，一直以蒋的喜怒哀乐为自己的喜怒哀乐。他参与了两篇蒋的重要文章，一是蒋介石在西安事变后回到南京后发表的《西安半月记》；另一是抗战期间，蒋介石发表的，后来产生很大影响的《中国之命运》，据说这是他和陶希圣合写的。

三个文人中的两个，都在蒋离开大陆的前夕，悄悄地自杀了。另一个也在台湾赋闲多年，于前年身故。

从南京到上海

一九四九年五月初，我从北平（那时还未改称北京）到了解放不久的南京，人民政府正在努力建立正常秩序，医治战争创伤，这座被国民党占据了二十多年的古金陵，正在阳光下苏醒过来。

我曾到雨花台凭吊。我有两个中学同学，久不通信，不料在雨花台的烈士名册中，看到他们光辉的名字。为了争取光明，战胜邪恶，中华民族的好儿女，前仆后继，经过多么英勇顽强的奋斗，又有多少艰苦卓绝的付出！

我也曾参观蒋介石的“总统府”和他的官邸，在那里，日历还保留着他逃亡的日期。为了他和宋美龄做礼拜，官邸里有特造的教堂。孙科在中山陵园所修的别墅，除冷热气设备外，屋顶有特殊装置，可以存放一尺多深的水，自动抽换，为的是不让夏天的酷热传进去。看到这些，我那时曾不禁低吟《桃花扇》的警句：

“俺曾见金陵玉殿莺啼晓，秦淮水榭花开早，谁知道容易冰消。眼看他起朱楼，眼看他宴宾客，眼看他楼塌了。这青苔碧瓦堆，俺曾睡风流觉，将五十年兴亡看饱。”

五月中，我们一行人到丹阳等待上海的解放。五月廿四日，陈毅司令员接见我们，他精辟地分析上海的战局，说美国的兵舰还赖在黄浦江不走，想最后掩护国民党军挣扎，我们的大军已从浦江两岸分头疾进，不久可以胜利会师，把出海口封起来了。我们已最后警告美方，如果它挑衅，我们一定还击。陈司令员最后判断说：“据我看来，美国人是很可能跑掉的。”第二天，前线消息传来，我军已进入市区，美国的军舰果然已走了。

我琐琐碎碎记述在蒋介石统治时期的见闻，浪费了“大公园”不少宝贵的园地。这些往事，在今天的青年朋友看来，可能以为我是在说“山海经”。其实，抚今思昔，不难想到，一个新时代的到来是多么地不容易。

辑二

蒋介石、陈其美和陶成章

民国初年发生的第一次政治暗杀案，是陶成章的被刺殒命。陶是光复会的主要首领之一，辛亥革命后任光复军总司令，上海和浙江的光复会，主要是由于他的策划和指挥。

他是被当时的沪军都督陈其美暗杀的凶手之一，就是陈的副官蒋介石。马叙伦的《石屋续渖》曾有所记述，而语言不详。近翻阅旧报，发现此案的始末，脉络极为分明。

民国元年正月十五日的《申报》有陶成章被刺经过的记载："会稽陶焕卿先生成章，尽瘁革命事业，十多年来，无或稍懈。此次各省光复，先生又组织光复军，功绩在人耳目，最近浙都督汤蛰仙先生（寿潜）改任交通部长，浙任颇有推举先生继任者，而先生推让不遑，其让德尤可钦佩。近因撄疾，先生在法租界金神路广慈医院养病。讵于元月十三日（农历十二月十五夜间二时半），忽有二人身穿洋服，口操浙音，言有要事相访，侍者引导入室。二人见先生已卧，面向内，遂呼‘陶先生’，先生转身视之，二人即出手枪，击中先生之太阳穴及腹部，复以手枪威胁侍者，禁勿声张，从容而去，先生因而殒命。又闻二人逃走时，邻人闻警往逐，二人出手枪，声言若来追逐，当以子弹奉赠，逐者遂散。”

这条记载，反映出两个线索，一是陶的被刺，和浙省都督更易有关；二是凶手为浙江人。是年一月廿日的《申报》，对于后者又提供了新的线索。“据广慈医院护侍者传述，当晚有西式大衣之两少年进院，称有秘密要事和陶先生晤商，惟声音低脆，颇似妇女，且灯下难辨其面目云。”

这个“口操浙音，发音颇似妇女”的凶手之一是谁呢？现在看来，也许是十分明显的。当时的大青帮黄金荣的徒弟，“杨梅都督”陈其美的心腹爪牙蒋介石。后来虽贵为主席、委员长，讲起话来还是一口宁波腔，尖声尖气，颇似妇啼的。

陈其美为什么要暗杀陶成章？当时不少人推测，是由于陶成章经常面斥陈其美滥用公款，狂嫖滥赌（陈常常在妓院里大宴宾客，甚至在那里举行了会议，发布命令，故有“杨梅都督”之称），因此怀恨在心，下此毒手。

其实，这仅是一个次要的原因，主要的原因是争夺浙江的地盘。浙江当时是革命力量，主要是由光复会组织和领导的。特别是陶成章，曾经长期在浙省各县和边荒山区联络会党，组织武装，受到各地人民的爱戴。所以，当汤寿潜被任为临时政府的交通部长后，浙人都推戴陶继任浙省都督，而陈其美在上海搞得千疮百孔，也想谋占浙督的位置。他知道明争是争不到的，于是搞出这个无耻的暗杀勾当。就在陶被刺的前两天，章太炎曾从南京发出一个通电。

章太炎的通电原文曰："杭州蒋参谋长（尊簋）……暨临时议会诸君鉴：萓公举炳麟及陶焕卿、陈英士代理浙事，英士志在北伐，炳麟愿作民党，焕卿奔走国事，险阻艰难，十年如一日。此次下江光复，微李燮和上海不举（李为光复军副司令，当时，陈其美首攻制造局，结果被清军俘获，李闻讯率队赶到，将制造局攻下，救出陈，当李正在清扫战场时，陈即率黄郛、李平书等匆促集会，自封为沪军都督，李闻讯怒甚，乃率军攻据吴淞，自称吴淞军政府都督），微朱介人（即朱瑞，为浙江总司令，是攻南京的主力）南京不下，而我浙之得力于敢死队者甚多，是皆焕卿平日经营联合之力；且浙省会党潜力，尤非焕卿不能附慰，鄙意若令代理浙事，得诸公全力以助，必为吾浙之福。"他还另电汤寿潜，全力推荐陶，电中有："代理浙事，微斯人谁易归。"当时，浙江各地的实力派，也都发电表示拥陶，如衢州军界代表章明新的联名电中有"浙事非陶公代理，则全局解体矣"。可见当时陶的继任浙督，已经十拿九稳，陈其美万难举之匹敌。陶被刺殒命后，上海绍兴同乡会曾开徐伯荪（锡麟）陶焕卿等四烈士追悼大会，有一个名叫沈剑侯的当场演说曰："陶君之死，非死于满奴，非死于私仇，而死于挟私争权之职贤，吾同胞当代为雪耻。"另一个叫孙铁丹的，还当场拿出手枪，高声演说道："陶君之死，是死于争竞权利之徒如此挟私害公之人，吾人只有以手枪饷之。"可见当时一般人对此事的内幕是雪亮的，他们都不啻是明点着陈其美的鼻子痛骂的。

陶成章之死，使光复会中人大为震动，是不必说的。虽然孙中山于陶死之翌日即发电沪军都督查缉凶手，并通电表彰陶对革命的功绩，但章太炎等从此对同盟会大为不满，从上引的电文中，可见章还是“愿为民党”的，在陶死不久以后，就和黎元洪、张謇等合组共和党，和同盟会唱对台戏，这虽然有其历史原因（光复会参加同盟会后，和兴中会本有些貌合神离，各搞各的），但也由于陶案所刺激促成的，是陈其美等逼着这个“书生”走上这条路的。在临时政府举行北伐阵亡将士追悼会时，章写的挽联中有“此地空余社鼠城狐”之语，显然就是指陈其美之流的。

至于蒋介石，因为孙中山发令缉捕凶手，在上海混不下去，由陈其美资送他到日本躲了一段时期，以后又回到他的故乡奉化，在雪窦山蛰伏蓄势；到孙中山去粤护法后，他才回到上海，和张静江、戴季陶等合伙做买卖，逐渐在交易所里露出头角。

蒋介石究竟姓什么

蒋介石就是郑三发子，这似乎已成定论了。但解放前我曾亲耳听包达三先生（他是蒋的总角交，后来还和蒋一起搞交易所的）谈及此事，说蒋确是王氏“拖来的油瓶”，但并不姓郑，原籍也不是河南，因为蒋的父亲一直在溪口原籍开油盐店，兼做土郎中，并没有如传说中所说的到河南去做过知县，至于蒋原来姓什么，包先生说也不大清楚。

最近，无意中遇到一位姓毛的老先生，他不仅也是奉化人，而且是蒋的近亲，这才打破了我这个闷葫芦。

据这位毛先生说，蒋的母亲王氏也是奉化人，初嫁一个姓江的乡邻，姓江的是一个造土纸作坊的雇工，结婚不久，就生下了一个男孩，在孩子三岁时，江即病死，王氏贫困无以为守，经她的表兄说合，改嫁了溪口蒋家，那时蒋郎中的夫人也死了不久，遗下一子（介卿）和二女，王氏带来的“油瓶”就改名蒋志清，小名瑞元，这就是以后的蒋介石了。

毛老先生还谈起蒋的一段“光荣历史”，也是以前很少人知道的。原来，蒋在陶成章被刺后逃往日本，后来又曾协助陈其美夺取肇和兵舰失败，陈被袁世凯派人刺死以后，蒋在上海无法容身，曾一度在四明山区“落草为寇、聚啸山林”云云，还说他们的据点就在雪窦山附近，后来因为官府追捕甚急，才又回到上海。再和张静江、戴季陶、陈果夫一起，搞交易所，交易所失败后才到广州去的。

抗战期间，蒋的御用文人董显光曾写了一本英文的《蒋委员长传》，把蒋写成幼年如何聪慧，壮年如何立志，简直把他说成是什么“天纵圣明”似的，还说蒋初生时如何受蒋父的宠爱等等。董也是奉化人，曾在奉化小学教过书，他对蒋的历史可能是比较清楚的，但他的说法有“此地无银三百两”之嫌，反而更增加人们的怀疑而去寻根究底，变成欲盖弥彰了。

蒋介石的姓氏之谜，究竟都是未经考证的传闻。其实，蒋介石固然是人民公敌，但他的反共反人民行为和他的父母没有关系，和他年幼时是否随母改嫁也并无必然关联。何况蒋母出身劳动人民，在新时代以妇女解放的观点看，夫亡再嫁，无可厚非。诚如《三国志》中曹操对陈琳所说：“恶恶止其身，何乃上及父祖邪？”

蒋介石的婚事

在一九二七年九月廿八日到三十日这三天的上海《申报》《新闻报》和《时事新报》上，登载着约一寸宽，七八寸长的一条广告，题目是木刻的“蒋中正启事”五个大字，下面的文字是用三号字排的。文曰：“各同志对于中正家事，多有来求质疑者，因未及遍复，特奉告如下：民国十年，原配毛氏与中正正式离婚。其他二氏，本无婚约，现已与中正脱离关系。现在除家有二子外，并无妻女。惟传闻失实，易滋淆惑，特此奉复。”这篇不到一百字的“绝妙好文”，实在是和“此地无银三百两，隔壁王二没有偷”这一“告白”有异曲同工之妙。首先，究竟有哪些国民党的“同志”吃饱了饭没有事做，关心起你“中正”家里有二“氏”还是若干“氏”呢？其次，他说“其他二氏”和他本无婚约，那末，为什么又要“脱离关系”，脱离的是什么关系呢？最后“惟传闻失实，易滋淆惑”，这岂不是明明告诉别人，外间所“传闻”

的事实，远比他所坦白承认的为复杂得多么？

为了说明这些“传闻”，不妨先义务地代为做些注释工作。“其他二氏”姓甚名谁？这谜底容易说明，一个就是他早年在上海搞交易所时经戴季陶介绍的姚氏，在他去广东办黄埔军校时，就把她抛在苏州，抚养他的二儿子蒋纬国了。另一个是陈氏洁如，听说是张静江“介绍”给他的。一直到他“贵”为总司令进军到南昌时，还同在身边，报上还不断登出他们的“戎马俪影”的。

家中别无妻妾，还像一句话，为什么要说“并无妻女”呢？要解释这个谜，须要把登载这个广告的背景事实，从头细说。

蒋介石于一九二七年春移驻牯岭，当时，他的总司令部的经理处长是刘纪文，刘原是古应芬家里的书童，大概从小生得相当伶俐吧，被古的小姐看中了，逼着老头子要“下嫁”给刘，古无可奈何，就把刘升为私人秘书，订了婚约。想不到婚事还未办成，这位古小姐就一命呜呼了。古对于这位名义上的“令坦”，不免有所歉然，就送他入学读书，后来还资送赴美留学。刘回国不久，正值北伐开始，古就联络邓泽如、萧佛成等联名向蒋保荐刘“才堪重用”，于是，蒋就委派他当了总司令部的经理处长。

正当蒋在庐山等待北伐军攻下南京上海的消息的时候，有一天傍晚，他在牯岭散步，忽然看见刘纪文挽着一个时髦洋派女子在“拍拖”，经过介绍，才知道这是刘的未婚妻，刚从美国回来的。以后的事情，野史、轶事中早有记载，不必重复了。

以后，自然免不了要讲条件，而女方的条件，向例第一条总是进门以前，要“空室清野”，进门以后，不得再拈花惹草，其余，无非是掌握经济大权，等等。

如何“空室清野”，说说简单，实行起来可不那么容易。奉化的毛氏夫人因为早就只剩下夫妻的名义了，儿子还小，而且远在苏联留学，没有别人可以帮同做主；于是，就是蒋的哥哥出面，定出一个“藕断丝连”的办法，婚算是离了，但还是蒋家的主妇，家产还归她掌握，儿子还是她的儿子，这样蒋介石就取得了一纸离婚书，而且倒填了年月，说是六七年前早就办过手续了。姚氏也比较简单，仍由原“介绍人”戴传贤出面，一次给了二十万元，把他们之间“本无婚约”关系的关系算是解决了。陈洁如的事是比较麻烦的，张静江这个原“介绍”人不仅不肯出面“调处”，而且坚决反对蒋的停妻再娶（在此以前，蒋对张一直很推重，还推他当了国府的代理主席，每次照相，总在中间放一张藤椅子，请患有腿疾的张静江坐在上面。后来，蒋在南京成立了国府，张静江连浙江省政府主席的椅子也坐不牢了，前后寒燠如此不同，据说原因就在于这档子事）。而且那时陈洁如还住在总司令的公馆里，要她乖乖地让出来，搬出去，谈何容易。后来，由张群、黄郛出面，再三劝说，最后说好以五十万元的代价解决了。

这样，毛氏和“其他二氏”的室都“空”了，但对方犹以为未足，仍要蒋做出进一步的保证，除了有名义的毛氏和“本无婚约”的“其他二氏”外，安知没有其他“本无任何关系”的女性存在？又安知没有以养女、干女等等名义潜伏在公馆内外？为了根绝“祸根”，一定要扫清四野；于是，就有了“别无妻女”的誓言，那就是说，从此以后，除这位新夫人外，连雌苍蝇也没有一只了。

当蒋介石决心抛弃陈洁如和宋美龄结婚的时候，张静江等深恐蒋从此一心一意走美英路线，重用宋子文等“皇亲国戚”，他们要失宠而投致闲散了，因此出面拼命反对。而亲日派的张群和黄郛，毕竟老谋深算；他们当此“变局”，不动声色，而且表面上还赞助这桩婚事；他们知道蒋介石要“坐稳江山”，单靠美英而不亲日是坐不住的。果然，当北伐军进入南京之际，日本军舰在下关开了几炮，于是，张、黄就向蒋进言必须既“远交”美英而又“近交”紧邻日本，才能在国际上得到支持，“消弭”国内的反对力量。蒋深以为然。不久，蒋虽凭借美英的支持及上海帮会势力的配合，发动了“四一二”政变，又在是年七月实现了宁汉合流，但亲日将领何应钦却和桂系联合，实际控制了南京政府的军事指挥权，蒋不得不于是年八月八日宣告“下野”，退归奉化。经过一番酝酿，一番安排，于九月廿八日东渡日本，和他同去的，有张群、黄郛、殷汝耕、陈立夫、孙鹤皋等。他这次赴日的目的，是去向正在日本休养的宋老太太征求对于他们婚事的同意，同时也是和日本军界、财界疏通关系。他是十月一日到东京，二日去有马温泉访问宋母，到了五日，这出新《甘露寺》就唱完了。据是年十月五日日本电通社东京电：“蒋介石赴有马温泉，出席于宋子文氏之亲属会议，与宋美龄女士结婚之事，业已得其家属许可。蒋氏即将入东京，暂住青山，或在东京举行婚礼，亦未可知。”上面所说的“蒋中正启事”，正是在他离沪赴日的同天登出的，可见这是《甘露寺》的前奏曲，不是为了什么“同志”们的“质疑”的。

新《甘露寺》前后只唱了几天，蒋于十月九日就到了东京，直到十一月十日才回国，这一个月中，他干了些什么呢？电通社于十月五日的另一电中，就露了些端倪，电文说：“随同蒋介石来日本之张群氏，昨日抵东京，据云蒋不日将来东京，由宫崎龙介之斡旋，暂在青山租屋居住。”原来，当蒋去有马的时候，就把他随员中的“日本通”殷汝耕（也就是后来当了冀东伪组织首领的汉奸）留在东京，先为他向日本朝野搭线，当时他们联络的日本对象，在“朝”的是日本政友会、宪政党等的首脑如田中义一、犬养毅、币原喜重郎、床次竹二郎等，在“野”的就是黑龙会的头领头山满，以及在乡军人头领，三井、三菱财阀等，而宫崎龙介的所谓“斡旋”决不在于青山赁屋，主要就是代蒋联络上述各方的关系。蒋在东京的一个月中，就秘密和这些人接触，黄郛、张群当然从中起了很大的作用。

他回国后，就于十一月底和宋美龄结了婚，还公开发表了另一篇妙文，说什么“中正深信人生若无美满婚姻，一切皆无意味，今者，中正与美龄女士结婚后，革命工作必有进步”。

对此，张季鸾曾在天津《大公报》上撰文指斥：“然吾人所万不能缄默者，则蒋谓有美满姻缘始能为革命工作。夫何谓革命？牺牲一己以救社会之谓也。……常忆蒋氏演说有云：‘出兵以来，死伤者不下五万人。’为问蒋氏，此辈所谓武装同志，皆有美满姻缘乎？抑无之乎？其有之耶，何以拆散其姻缘？其无之耶，岂不虚生了一世？累累河边之骨，凄凄梦里之人！兵士殉生，将帅谈爱，人生不平，至此极矣。呜呼，革命者，悲剧也。”

他结婚后，即于十二月底赴南京，一月九日通电“复职”，二月初开始重新“北伐”。他所直属的第一集团军，参加北伐的主要是陈调元、方振武等杂牌军（陈是第二军团司令，方是第四军团司令），他的嫡系部队都没有调上去。发生“济南惨案”后，蒋就立即向日方妥协，命令部队绕开济南北上，日本也就不再继续干涉。张作霖失败后，蒋命令为日方所接受的阎锡山接收平津和河北、察哈尔的地盘。

早年的孔祥熙

孔祥熙是孙中山和蒋介石的连襟，曾煊赫一时；现在算来他已有八十四岁，他在美洲的“白华”生活也已到了最后阶段了。

世之谈孔的过去的，多半只谈他当了“皇亲国戚”以后那一段“辉煌”历程，顶多谈到他在东京当青年会总干事和在青岛当鲁案委员会专员（在王正廷手下）这些简略的经历，再以前，就很少有人谈过。

前几年，笔者偶然遇着一位老人，他是孔幼年的同学好友，后来还跟孔在财政界做过一段事，他谈起孔的家史和早年生活，如数家珍。

据这位老先生说：孔是山西太谷人，一八八〇年生于太谷城内北街孔的老家中。在前清年代，山西人在华北、西北、四川一带经营票号的人很多，这种票号，是银行兴起以前流通金融的主要机构。太谷是晋南出名的大县，干这种买卖因而致富的更多。

孔的祖父，是太谷有名的富商，太谷的两家大票号“至诚信”和“协成谦”，他都是大股东。他有五个儿子，长子和亭，是前妻所生，后妻生了四个儿子，最小的叫泗坛。

在他生前，听信了后妻的话，给儿子析产，把现款、田产、票据分给了小儿子们，分给和亭的只有不多的田产和一本不易讨回的账本。不久，这位老富商就去世了。

和亭就是孔祥熙的父亲。他父亲一死，眼看分到的账款收不回，愤而把账簿烧掉了。他又没有别的本领谋生，父亲给他的有限的现款，很快用光。他的夫人也已过世，留下一子一女，子即祥熙，女名祥祯，他带着这一双儿女，寄居在太谷西关的一座破庙里，他自己过着半饥半饱的生活，把儿女送入附近的耶稣教公理会寄养。

他的五弟泗坛是后母最宠爱的，是个纨绔子弟，他母亲花钱给他捐了官，做过一任直隶清苑县（今保定）知县不到三年，就卸任回家，俨然成为亦官亦商的绅士，后来还担任过山西裕华银行的总经理。这位和亭先生，困居在破庙里，有时从门缝中看到他的兄弟坐轿鸣锣而过，更燃起心中不平之气，就更加借酒浇愁，生活更加潦倒。

孔祥熙从小就受到了教育，一九〇二年，在太谷的教会学校毕了业，被送到通州的协和书院（后改称协和大学，为以后的燕京大学的前身之一）读书。在协和毕业后，又被送到美国去留学，他进的欧柏林大学，学的是采矿，他以后并没有从事采矿，却一辈子从事淘金，也算是用其所学吧！

庚子时，山西人民的斗争是相当激烈的，太谷教会的传教士有几个被杀死，这几个人都是美国人，大都是欧柏林大学的毕业生。孔祥熙向欧柏林大学同学会建议，在太谷筹设一个学校，以纪念这些死去的教士，同学会同意他的建议，拨了五万美金作为基金，委他主持其事。这所学校就是后来的太谷铭贤学校，所谓“铭贤”就是“铭”记这几个被杀死的“贤”人的意思。

孔回国后，经协和大学的女教师麦姆汤的介绍，和韩淑梅结了婚，韩也是教会学校出身，是麦的干女儿，孔是麦的干儿子，他们结婚后，同回太谷筹设铭贤学校。

辛亥革命后，孔受到阎锡山的排挤，不能在山西立足，那时韩淑梅已因肺病过世，孔孑然一身，无儿无女，跑到日本，担任了东京中国青年会的总干事。

一九一三年讨袁之役失败后，孙中山流亡日本，那时，孙中山有两位女秘书，一位是吴弱男，是章士钊的夫人；另一个就是宋霭龄，宋也是美国教会一手培养出来的“人才”，她和孔在东京一见钟情，不久就结了婚，并由于她的介绍，孔也参加了中华革命党，成为孙中山的追随者。

汪精卫与袁世凯

偶翻旧报，看到一九一二年（民国元年）一月十六日的上海《新闻报》上载有如下一则消息：“上海日报公会于昨日假老靶子路赵家花园开会，欢迎孙大总统，事前曾专函孙大总统邀请。孙大总统适以组织政府赴宁，特电派新举粤军都督汪精卫代表参加。开会后，先由日报公会席子佩君致欢迎辞，次由汪都督致辞，汪都督对上海报界近年致力宣传革命，表示赞佩，继谓：‘鄙人年事尚轻，阅历甚浅，然夙当追随大总统左右，稔知大总统生平有两大特点，即其所以图事者，着重责任心与退让心，二者相辅而行，于义务则用责任心，于权利则用退让心。此次承国人推举为总统，本存退让心，只以时局未静，暂勉为其难。’云云。”

从这则旧闻，可见在临时政府初成立时，曾推举过汪当广东都督；大概因为当时胡汉民虽已担任临时政府秘书长，但对广东还不肯放手，并没有给汪以实权，从此以后，有一段时期他一直和吴稚晖、李石曾等共同标榜“不做官、不纳妾、不赌钱”的“三不主义”，以示清高，其根源就在于此。

更重要的，从这旧闻中，已暴露出汪那时的某些心态，不过当时还没有人加以察觉而已。他这一段所谓“责任心”和“退让心”的谈话，现在看来，似乎为他以后的一些行为做出了注解。

那时，孙中山就任临时政府大总统还只有半个月，已备受外国列强、袁世凯和立宪党人这三方面的压力。列强以不承认为要挟，袁世凯听到孙中山就任大总统，就宣布撤销唐绍仪的北方总代表的资格，中断南北和议。而立宪党魁首张謇、汤寿潜、程德全等则拒不就任临时政府的总长职，一面把持江浙财赋，从经济上封锁临时政府，和袁世凯内外呼应，企图迫孙中山去职。同盟会内部也意见纷纭，主要首领如黄兴、宋教仁以及汪精卫等，也主张孙中山应让位给袁世凯，以便“早日统一”。在这重重的压力下，孙中山不得不向参议会辞职，推荐袁继任临时总统，南京的临时政府只维持了一个多月，从此袁世凯窃据国柄。

事后证明，黄兴、宋教仁等的主张向袁世凯退让，是由于他们政治认识的幼稚，他们以为只要“中华民国”的招牌挂牢，南北统一，就万事大吉了；认为袁世凯即使想为非作歹，可以通过国会去限制他、束缚他，通过合法手续和他斗争。这些幻想，后来一一破灭了，宋教仁还在“合法斗争”中送了命。这是辛亥革命的重要教训之一。

至于汪精卫的主张让位给袁，却是另一回事。原来，在袁世凯被清廷“起用”，到北京任内阁总理大臣后，就秘密叫内务大臣赵秉钧把汪精卫从“天牢”中接到袁的家里，袁亲自和汪“坦率纵谈国家大事”，恭维汪是“英年万才，国家栋梁”，并叫他的大儿子袁克定和汪结拜了兄弟。从此，汪对袁“感激知遇”。

辛亥革命的风声传到北方后，在京津、保定一带潜伏的同盟会会员们曾急图在北方响应，他们在天津成立了同盟会北方总支部，组织了行动队，筹集了军火炸药，准备在北京、天津同时发动，威胁清廷退位，摧毁北洋的老巢。袁世凯得到风声，忙叫汪精卫到天津活动；汪摆出老同盟会的资格，掌握了同盟会北方总支部的领导权，交给了和他意见相投的李石曾等，一面下令制止在天津发动的举动计划，一面把在北京活动的同盟会机关、人员等机密暗中通知了赵秉钧；结果北京的同盟会员，几乎被一网打尽。

当时，江浙的立宪党人是以张謇为首脑，而实际操纵的则是赵凤昌（竹君），张本来是袁世凯的老朋友，赵则原来是端方、张之洞派在上海的坐探，后来被袁世凯收为己用。他们和程德全幕下的应德闳（季中）结成了一个核心，以赵的上海南阳路住所“息楼”为中心，开展活动，表面参加辛亥革命，实际是结纳各方参议会中的立宪派如汤寿潜、汤化龙等，控制独立后的各省权力。袁那时派他的心腹杨士琦在上海秘密活动，通过赵凤昌联络这些立宪党人。据后来陈其美在东京发表的回忆录中说：当袁世凯以破坏南北议和威胁临时政府的时候，汪曾一再劝孙中山让位，甚至对孙中山说：“您如果不辞职，世人一定要说您恋栈权位，置生灵涂炭于不顾了。”汪还和黄兴、宋教仁等一起劝孙中山让位；

这样，孙中山才不得不放弃和袁斗争到底的原定计划。上面所引述的汪在上海日报公会欢迎会上的讲话，正是在他劝孙中山辞职以前所谈的，因此不能不说是弦外有音的。

孙中山为了约束袁的个人野心，曾由参议院决定修改临时约法，并在推荐袁为继任临时总统时附带一条件，即袁必须亲到南京宣誓就职；当时决定派蔡元培为北上迎接代表，汪精卫要求和宋教仁、魏宸组一起作为代表团大员参加北上。当蔡等到了北京的次日，袁就暗中策动了曹锟的第三师“兵变”，火烧大栅栏，到处抢劫，吓得蔡元培等从迎宾馆越墙而走，面无人色。于是汪就劝说蔡等联名电南京参议院，说北方秩序非袁在北京坐镇无法维持，主张改由袁派代表到南京宣誓，让袁在北京就职。由于参议院中的立宪派和妥协派的附和，孙中山约束袁世凯的想法没有实现。

袁世凯就任总统大位后，汪精卫标榜自己不做官，到欧洲去学习，住了一段时间。翌年即一九一三年，袁世凯暗杀了宋教仁，向五国银团借了五千万元的大借款。这些行为激起了同盟会的反抗，江西都督李烈钧在湖口宣布独立，隶籍同盟会的安徽都督柏文蔚、广东副都督陈炯明等相继宣布脱离北京政府。孙中山发出声讨袁世凯的通电，黄兴到南京亲自主持讨袁的军事。当时称为第二次革命。汪精卫得到消息，连忙从国外赶回到上海，以“奔走和平”为名，劝说和解，并且到广州进行所谓“和平”活动。

谭人凤在《石叟牌词》叙录中回忆当时的情况说：“方予由沪启程时（谭赴湘策动湖南反袁），克强颇已心冷，及李烈钧卸任（被袁免去赣督职）来沪，孙黄招饮，席间意气自豪，谓各省如能响应，赣事尚可为，中山极力怂恿，并以南京情形告之，李遂告奋勇，潜返湖口，于七月十二日宣言独立。十四日，克强入南京，十五日宣言独立，一时意气相感，闻风尚义。十七日，谭延闿与湖南应之。十八日，陈其美、钮永建占领吴淞炮台，谋上海独立应之。廿一日，陈炯明、许崇智以广东、福建应之。八月五日，熊克武以重庆应之，使南京不遽动摇，成败之数固未可知也。”说明当时国民党方面的力量是足以和袁抗衡的，但何以不到一个月，反袁阵线就土崩瓦解了呢？这虽然有许多原因，如黄兴对讨袁本无信心，到南京后，他的基本部队第八师又呈动摇状态（第八师师长陈之骥是冯国璋的女婿，那时候冯奉袁命统兵攻宁，陈已暗中和冯通款），而立宪党的程德全又暗中捣鬼，宣告辞职，不与黄协作，使黄无法在宁组织有力的抗击。再如湖南督军谭延闿也是立宪党人，他迫于黄兴、谭人凤等胁迫，不得不宣布独立，但他暗中却通过黎元洪和袁联系，等到黄兴离开南京，他立即于八月十三日通电取消湖南独立，他的通电中有：“湖南宣布独立，水到渠成，延闿不任其咎；湖南取消独立，瓜熟蒂落，延闿不居其功。”

而反袁阵营内部起到瓦解作用的，是汪精卫。汪于讨袁战役未爆发之前，就竭力从各方面主张“和平”。他于是年六月十日致赵凤昌的信说：“竹君先生大鉴：顷晤经武兄（即胡瑛，后为洪宪筹安会‘六君子’之一）知陶怡兄（陈陶怡，是同盟会员而投身于张謇的立宪党的）已启程，慰甚。此数日内专候回音。在沪无所事事，拟与诸人分赴各处，谋党见之一致，庶易于进行及易于归束。日内兆铭当赴粤一行，十日内返沪，如有要紧消息，乞告孑民（蔡元培）经武二公为祷，此上，敬请大安。后学汪兆铭谨启。”我所以一字不遗抄录这封原信，是因为这可以说明汪当时确实和赵竹君关系密切。他的所谓“分赴各处，谋党见之一致”，就是要阻止各省独立，破坏讨袁；谁都知道，他和陈炯明的关系很深（后来陈炯明背叛孙中山，炮轰总统府，汪还为陈辩解），所以他要亲自到广东进行瓦解工作。

当时，汪精卫和胡瑛等在国民党报纸《民权报》上发表所谓调解纷争的方案，一是国会照原定计划选举，并选袁世凯为正式大总统，不以宋教仁的被刺案而改变；二是赣督既已撤换，暂置不论，其他都督不再更换，由袁声明不轻于更换都督，并“告诫”各省都督不得轻于发言，不得干预政治；三是对于宋教仁案，追究罪名至洪述祖为止，也就是说不再追查赵秉钧和袁世凯的责任。这样的条件，当然完全是有利于袁的，袁那时已调集冯国璋、张勋、段芝贵等部队分由津浦、京汉两路南下，直扑南京、安庆、九江等地，汪的提议，就是要国民党所控制的各省不加抵抗而听受宰割。

至于选大总统和不再票传赵秉钧，更是袁所求之不得的。所以，袁在南方的代理人张謇在看到汪等的提议后，立即致电袁世凯，大意说：“昨（六月十一日）陈君陶怡、刘君厚生来通，示以汪所拟说凡三：一、选举总统实不成问题；二、四省都督除赣督外在临时总统期内暂不撤换；三、宋案问题根于法律已成一名词，将来罪至洪（述祖）应（夔丞）为止，传赵到案之主张自然消灭。謇意总统问题既不成问题，则枝节之问题解决较易。公宜予以采纳，藉示宽大。……謇于其党（指国民党）二年以来，独见汪之可敬可爱而已。公宜诚礼待之，处贤人君子，尤当如是也。”他主张袁立即根据汪的方案，和国民党妥协。大概，那时候张謇还不清楚汪早已和袁十分默契，所以还在袁面前竭力说汪的好话，他在另一封致袁的电中，有“蔡（元培，那时汪劝诱蔡和他一起参加‘调处’）固明通，汪尤纯白，拟请电约即日赴京详询一切，必能解释双方，裨益大局”。袁的复电，也说：“精卫达者，已托燕孙（梁士诒）转约北上。”因为他不便对张说明他和汪的关系，故意这样敷衍张的。

到了是年七月中，江西、南京一带已打了起来，袁世凯企图彻底消灭革命力量的阴谋已全部暴露，汪精卫还于是月十九日致书张謇，大意说：“兆铭此次还乡（指到港粤制止陈炯明等反袁），滞留过久，事非得已。摒档初毕，匆匆北行，不图甫抵沪滨，即闻江西战争（湖口之役），崩析之祸，一发而不可收。今日在惜阴先生（赵竹君）处读先生所示电文，且读且惭，先生苦心，如此辜负，何敢再信。……望为苍生计，勉来上海一行，不胜祈祷之至。兆铭仓皇回国，沦胥坐视，言之伤心，余生可厌，死所未获。”上款写着“季直先生执事”，下款写着“后学汪兆铭敬启”，可见他对这位老官僚，老立宪党，是多么诚惶诚恐，必恭必敬！

张謇这个人，本来前清状元，他因为没有得到清廷的重用，就退居南通兴办实业，后来控制了苏北的交通、贸易和沙田，并和端方、张之洞等联络，进而操纵东南各省的参议会，成为立宪派的首脑。辛亥革命爆发后，他特地跑到彰德，和袁世凯联络，回到南通后，就和赵凤昌等到处活动，支持袁世凯。他首先怂恿程德全来一个假独立，然后由程派他为盐垦督办。这样，他把东南财赋的主要来源之一控制在手里；他和程德全等都挂名为南京临时政府的总长，但拒不到任，由他和程德全、汤寿潜抓紧了江浙的赋税，不放一个钱给临时政府。同时，他和外国势力及上海的金融业联合，不给临时政府任何借款贷款，企图在经济上窒息临时政府。据有些参加过临时政府的老先生回忆，当时临时政府财政的确很困难，有时连四五百元也筹借不到，黄兴当时把大批革命军队解散，固然由于他对革命对袁世凯的认识都不足，而军费无法筹措也是一个原因。此外，张謇又控制了当时的部分舆论，上海的《申报》，原来是同治初年由英国人美查办的。在端方任两江总督时，拿出五万元公款收买了《申报》的股权。移接手续还未办妥，端方就调任直隶总督，不久，又因光绪的棺材"奉安"时他在旁边照了一张相，隆裕太后赫然震怒，把他革了职，转年，他"孝敬"了奕劻（庆亲王）五十万两银子，"起用"为川汉铁路督办大臣，旋又在四川争路风潮起后，以"钦差大员"入川查办，被护送的湖北新军在资中杀死。关于端方收买《申报》的事，是他在上海的"坐探"赵凤昌一手经办的。端死后，赵就和张謇以及在两江总督衙门经办这个案件的应德闳（季中）串通一起，化公为私，朋分了这笔股款，而由赵的密友史量才出面接收了《申报》。辛亥革命后，《申报》在张、赵等的操纵下，成为立宪党的喉舌。另外，《时报》的负责人狄楚青（平子）原是保皇党人，那时也成为赵竹君"息楼"的座上客，《时报》也在张、赵等的控制下给立宪党摇旗呐喊。

在癸丑讨袁之役前后，张謇等的反对孙中山等人的态度已经十分明确。他在给他的儿子张孝若的信中（见“张季子九录”），一则曰：“国民党现在南中已天怒人怨，外人出示查禁，民间至于巷口标明不看《民权》《民强》报，轮船汽车中怨而詈之者尤多，势大杀矣。……黎（元洪）已为黄（兴）出脱；余答孙少侯（洪宪六君子之一的孙毓筠）王铁珊（芝祥）书，亦为黄出脱（实际上他是在极力挑拨黄和孙中山的关系，企图孤立孙中山），他无法想也。此亦国民党自作自受也。”（民二，五月十九日家书）再则曰：“少年血气盛，脑筋虚，阅历浅，一受刺激即动，骗子即利用之。黄花岗七十余人皆少年，又大半世家子，未知江湖流派者也。今骗子已破露矣，强暴者亦无所逞矣，故一落千丈。溯其始事至今不足两年，已从天与人归堕落到天怒人怨。……可惧哉！可惧哉！”

张謇在家书（六月十日）把革命党比作骗子，说是天怒人怨，这充分说明张謇和孙中山等人的对立态度。但那时汪精卫却对他如此恭而敬之。这或许也从另一个角度说明了问题。

二次革命流产后，国民党中的有些国会议员们丧失了信心，有的从国民党中分化出去，另组“相友会”“政友会”等小政党；有的虽然还挂名留在国民党内，暗中和袁联络，接受袁的贿赂，于是年十月，他们在国会投票选举袁为正式大总统。等到总统选出后，袁立即翻脸，宣布国民党为非法，撤销包括“相友会”等在内的原国民党员的议员资格，第二年春，他索性宣布解散国会，另外，设立了临时参议会以代行国会的职权，这就连一直积极支持袁的进步党首领梁启超、汤化龙等也成了见捐的秋扇了；而帮助袁收拾国民党的黎元洪，也被袁从武汉押送到了北京，被软禁在瀛台。

从旧报中，可以看到当时许多头面人物的真实面目，早就暴露过。比如，五四时代被称为卖国贼的曹汝霖、陆宗舆、章宗祥，在清末就和日本有密切联系，曹当了外交部侍郎后不久就和章、陆（当时的法部、外部主事）一起接受过日方的巨额津贴，出卖国家主权，当时京沪报纸一再抨击“某侍郎卖国案”，主角就是曹汝霖。再如洪宪宠臣的顾鳌，在清末就坚决反对立宪，并起草过所谓《报律》，以压制当时的进步新闻界。诸如此类，不一而足。

汪精卫是更突出的一个例子。他早年确有一腔热血的冲动，暗杀载沣不成而被捕不屈，这不应否定。常有人提及，汪早在北京被袁世凯从“天牢”中提出后，就被袁收买，卖身投靠成为袁世凯派到革命阵营中的特务，不断破坏孙中山领导的革命，千方百计为袁效力。依我所见的资料，尚不能出此定论。但汪在以后的政治活动中为一己之名利，不断投机取巧；在革命的重要关头，在大是大非面前，常首鼠两端，走所谓“中间道路”，却是不争的事实。后来，在抗战进入困难之际，他幻想“和平”，走上所谓“曲线”救国的不归之路，终于成了一个不折不扣的汉奸。

张宗昌与蒋介石

张宗昌和蒋介石，一个是北洋军阀，一个是北伐军首领，好像是风马牛不相及。其实，他们都曾参与青帮，而且是同辈“弟兄”，而且也曾同在陈其美部下当过军官，作风上也颇有相似之处。

一九〇八年左右，蒋介石从浙江奉化到保定进军官学校，读了半年书，又到日本进了振武学堂，从此，结识了陈其美。辛亥革命时，陈其美成为沪军都督，他的一些嫖赌酒肉朋友，都在都督府当了官，蒋介石成了陈的随从副官。

张宗昌的出道比蒋介石迟了一步，他也在一九〇八年左右从山东掖县原籍跑到东北（因为行为不检点，为他的继父所不容），先在绥芬河一带当土匪（东北称红胡子），一九一〇年流亡到俄属海参崴，在华商总会当看门警卫的头目，他利用这个职位，结交当地流氓，贩毒运土，做赌台和妓院的保镖，成为当地一个流氓头子。

陈其美当了沪军都督后，派他的同门（青帮）师兄李徵五（浙江慈溪人）到海参崴去招募东北的绿林“好汉”，到上海编组骑兵，准备攻打南京。他到海参崴后，就由人介绍和张宗昌见面，张即拜李为师，正式加入了青帮，张并为李拉拢了中俄边境的一股土匪，分头化装乘轮到了上海。于是，陈其美就任李徵五为第二十四师师长，张宗昌任该师的骑兵团团长；那时，陈其美自兼第二十三师师长，辖两个团，第八团团长为张群，第九团团长为蒋介石，黄郛任都督副参谋长兼该师的参谋长，该师的下级军官差不多全是青帮中人，和张宗昌一团全是“绿林好汉”一样，都是清一色的。从此，张宗昌和蒋介石不仅认识了，而且在杨梅都督部下“一殿为臣”，同为中校团长，而且和陈其美、李徵五一起厮混，深受陈的赏识。

陈其美的都督下台后，李徵五的师长也当不成了，依然在上海租界当流氓头子，张宗昌的一团人被编入冷御秋的江苏陆军第三师里，张仍任团长，驻淮阴、宿迁一带。癸丑讨袁之役，第三师奉黄兴之命，开津浦线抗击袁军，在徐州以南和南下的袁军一经接触，张宗昌即率所部投降了冯国璋，原来，事先冯通过他的女婿陈之骥（当时任南军主力的第八师师长）把张宗昌收买了。

张投冯后，深得冯的信任，不久，便被派充卫队营营长，一九一八年，因为他暗杀陈其美“有功”（张利用过去和陈其美的关系，和陈的左右暗中交往，最后派他的死党程国瑞刺杀陈于其法租界寓所），被任为陆军第十一师师长。是年冬，段祺瑞发动南北战争，派张怀芝为左路军总司令，从江西向湖南进攻，十一师为主力，结果，在奉新一带遭到包围痛击，十一师全师溃散，张宗昌只身逃到北京。那时，冯国璋已任总统，张把失败的责任归之张怀芝，向陆军部索到几十万元欠饷，作为另谋出路的资本。他打听到当时任直隶督军的曹锟正在准备大做其寿，就定打了十二尊金佛带到保定去送礼。曹锟“笑纳”了这份厚礼，想委他为师长，因吴佩孚反对而搁置，张一怒出关投奔了张作霖。当时，奉军以旅为单位，共编有二十五个步兵旅，五个骑兵旅，张宗昌被派为第三步兵旅旅长（张学良任第二旅长，郭松龄、汤玉麟等也是旅长），驻吉林省中东路沿线。因为他曾说几句俄语，又在海参崴和白党军官厮混过，当时白俄军队被赶出滨海地区，走投无路，张就大举收容，于是，他这一旅，连土匪带白俄，一共扩充了两三万人，成为奉军中的庞大队伍，而且还有铁甲车队等（白俄带来的）。一九二四年爆发第二次直奉战争，张被派为奉军改称的镇威军第一路总司令，由于冯玉祥的回师北京，吴佩孚部溃不成军，张宗昌率部由冷口直下泺州，大举收编溃散的直军，他这一路军，扩充至三十万人，以后他被派到江苏去打齐燮元，不久，就被任为山东军务督办，将所部改称直鲁联军，一直到一九二八年才失败离开山东，全军在泺东瓦解。

张宗昌任山东督办时，请他的老师李徵五为高级顾问，蒋介石在南京组织国民政府后，李徵五曾在上海见蒋，和蒋密谈蒋张“合作”问题，因为张宗昌开价太高（要直、鲁、豫三省的地盘，并不挂青天白日旗），交易没有谈成。从此，他们就再没有合作的机会。

韩复榘与蒋伯诚

在旧中国的军阀中，有两个人是属于同一类型的。一个是北洋时代的张宗昌，一个是国民党统治时期的韩复榘。他们先后在山东当过土皇帝，他们都像其他军阀一样，残民以逞，做尽了坏事；但他们两人却也有一个共同的特点，既不像袁世凯、蒋介石、阎锡山那样奸诈，也不像段祺瑞、吴佩孚那样固执，那样酸溜溜。他们多少还有一点“天真”，也就是说粗暴之中还带有几分“妩媚”。如果说袁世凯像是豪门恶霸，蒋介石是洋场恶少，那末，这两位却是田野里的生长出来的土拨鼠，一言一动总带有一点泥土气，给人们的印象是，于可恶以外还有可嘘可笑的一面。

谁都知道，张宗昌以“长腿将军”“狗肉将军”出名，韩复榘则被称为“韩青天”，都像是“彭公案”“施公案”中的人物。关于这位青天大老爷，长期以来有不少传说。比如说，在蒋介石提倡“新生活运动”的时候，他在山东省府纪念周上公开说："新生活我是赞成的，可是有一条我反对，为什么规定车马行人都要靠右边？大家都靠右边走，马路左边谁走呢？"再比如说，他有一天坐堂问案，问的是一桩盗匪案，结果，把一个站在旁边听审的小当差也一起拉出去枪决了。这个小当差是省府某委员派去送信给韩的，他看到卫兵来绑他，连忙喊道："小的是送信的。"这位青天大老爷把堂木一拍说："给土匪送信，有什么好东西，一起正法！"说毕就退堂了。诸如此类的传说，很多，很引人发噱。

在咱们的历史特别是民间传说中，列朝列代，总有一些人物是被夸张被典型化了的；有关包公的故事，未必都是包孝肃的真实经验，有些是经过民间创造、加工，附会到他身上去的，还有些是把别人的事算到包公账上去的。关于徐文长的故事，也是如此。我们这位韩青天，也是一个被典型化了的人物，他的一生，固然做了不少令人发指和令人发笑的事。但是，咱们的古圣先贤早就说过："纣之不善，不如其甚也。"又说："下流之人，众毁所归。"由此可见，不少关于这位青天的传说，是经过天才们创造出来或加工了的，或者也有从别人身上移植过来的。关于这些，我不想重加传播了。

去年，看到一本日本新出版的历史大辞典，说韩复榘还活着，还在中国大陆上。这真是白昼见鬼了。这位青天大老爷，早在一九三八年就被蒋介石枪决了。关于他的生平，早就可以盖棺定论了。

他是怎样一个人呢？他出生于河北省霸县，表字向方。是一八九一年即前清光绪十七年生的。他父亲是一个半瓶醋的私塾老师，他幼年也跟着在私塾里念过几年书，虽然文章一直不能成篇，但也算是当时农村中的一个半知识分子。

宣统年间，他已近二十岁，在家乡实在混不下去，跑到泺州去投军，在第二十镇入了伍，当时这一镇的镇统是张绍会，他这一营的管带（即后来的营长）就是以后赫赫有名的基督将军冯玉祥。

当时，军队中识字的人很少，士兵除了上操下操以外，只是赌钱、喝酒、闲耍，谈不到有什么文化娱乐生活。有一天，这位冯管带巡查营房，看到士兵们都逛街去了，只有韩复榘一个人埋头在看《彭公案》，冯见了大为惊奇，想不到他营里居然有这样的人才，于是就提拔韩当了营里的司书生，每月多给了一两银子的饷银；从此之后，韩除了照常出差值勤以外，常在冯的左右抄抄写写，深得冯的欢心。

第二十镇的官兵在辛亥革命时曾发动过反清和反袁的泺州起义，结果是失败了，二十镇被袁世凯收编，冯玉祥到北京投靠他的远亲陆建章，陆当时任袁的北京军警督察署署长，是袁手下的大特务，出名的“陆屠户”，在陆的扶持下，冯重新当了军官，而且从中级军官逐步升为第十六混成旅旅长，在段祺瑞等秉政期间，他已是不大不小的军阀了。他虽被列为直系，实际和直系首脑冯国璋、曹锟等都无渊源，因此，一直受到吴佩孚、萧耀南的排斥压制。直到一九二四年第二次直奉战争，他回戈北京，驱逐曹锟吴佩孚，才显露了头角。

冯当第十六混成旅旅长时，手下的三个团长张之江、李鸣钟、鹿钟麟都是他在二十镇的老部下，但冯对他们并不信任，他常常要越过团长直接掌握营连，当时的营连长中有十三个人受到冯的信任，被称为十三太保。这十三人包括韩复榘、石友三、刘汝明、孙连仲、孙良诚在内，后来都成为西北军的高级将领。其中，韩复榘和孙良诚更是冯的爱将，加意提拔，处处袒护；后来，冯在和蒋介石的战斗中，内部被分化以至西北军土崩瓦解，问题却大半出在这两个人的身上。

韩复榘第一次拆西北军的台是一九二六年。那时，韩是国民一军第二十师师长，这一师是十六混成旅的老底子，装备最好，是西北军的精锐。一九二六年初西北军退出北京，准备向甘肃陕西一带集中，冯正出国赴苏联游历，张之江代理总司令。张和鹿钟麟在张家口指挥宋哲元、孙良诚等师在南口阻击奉军的追击，一面派韩复榘、石友三等部以及孙岳、方振武的国民三军和五军打通京绥路，阻击阎锡山。韩部曾深入到雁北的左云、右玉等地，把阎部的商震部队打得落花流水。京绥路打通后，西北军即放弃南口，急急向包头方面撤退，想不到就在这时，阎锡山暗中派商震和韩联络，结果，韩和石友三、程希贤三师人宣布投降了阎锡山，这三个师，都是西北军的精锐，他们还把宋哲元等部的一些团营长也勾了过去。可以说，西北军的基干都被他们带过去了，张之江等只剩了一些残兵，狼狈退到五原。

是年九月，冯玉祥由苏联回到五原，举行了五原誓师，他单枪匹马，到了包头，把韩、石等部拉了回来。他所以能拉得动，一则是西北军的士兵和下级军官对冯有感情，不愿跟别人走，韩、石等无可奈何。再则，阎锡山那时的晋军实力很小，韩、石等部人数既多，力量也强，他拿了这个大骨头，啃不动，拆不散，每月要花费他几十万元军饷，反而被韩、石占了晋绥一大块地方，冯既然要来“收军”，乐得做个人情，开门送客，韩、石等因此只好乖乖地跟着冯走。从此以后，冯虽表示不咎既往，而且声言他们过去是反对张之江，不是背叛他自己，以安韩、石的心，但毕竟他们心中有鬼，对冯总时存疑惧，这就伏下了以后再度叛冯的根。

韩的第二次拆冯的台是一九二九年，正当蒋冯战争剑拔弩张的时候，韩和石友三、马鸿逵分别接受蒋介石的收买，接受蒋的改编，使冯一败涂地，退居华山。不久，韩就被蒋任为山东省政府主席，一直到抗战军兴被蒋杀死为止，他在山东做了七年的土皇帝。韩这一次叛冯经过，各方记述很多，我这里不多谈了。

在旧中国，浙江有三“蒋”，而蒋介石不与焉。所谓三蒋，就是蒋伯器、蒋百里、蒋伯诚，这三蒋看来像兄弟，其实风马牛不相及。蒋伯器在辛亥革命后先后当过浙江都督和广东都督，是浙军的老前辈。蒋百里毕业于日本陆军大学，并曾赴德国学军事，是旧中国从未带过兵的军事家，做过保定军官学校的教育长，蒋介石、唐生智等都是他的学生。与其说他是军人，毋宁说他是政客，他先后做过孙传芳和吴佩孚的总参议、参谋长，北洋军阀失败，他来个一百八十度的大转变，投奔蒋介石，蒋对他是尊而不亲，一直处于帮闲的地位，直到抗战初期，才聘他任陆军大学校长，可是，刚刚走马上任，他就死于贵州的湄潭。三蒋之中，蒋伯诚出“道”最迟，直到蒋介石上台，他才成为新闻人物，但他从来没有担任过什么头面的职务，只是代蒋干些“合纵连横”的事情而已。

原来，蒋介石身边一直有着这样一批干着“合纵连横”的人。在这些人中，武的有何成濬、方本仁等，文的有张群、李石曾、吴忠信等，他们有时也担任什么院长、部长、主席、绥靖主任等等，但蒋介石既不要他们去打仗，也不要他们真去做官，这些公开的职务，实际只是他们的副业，他们的正业是代蒋勾引、分化、监视杂牌军人。比如，蒋介石要联阎反冯，这些人就先后到了太原，对阎封官许爵，对阎的部下送钱送礼，把阎勾住了。后来，蒋要联络张学良反对阎、冯，这些人又仆仆于沈阳、北戴河，整天和张及其部下将领吃喝玩乐，把张搞得昏天黑地，然后在谈笑中把张勾引过来。

蒋伯诚也是为蒋“合纵连横”的队伍中的一员，蒋把他派到济南，钻进韩复榘的内部，和韩一起吃喝玩乐，处处投韩之所好，暗地里把韩的一举一动向蒋报告，以便于蒋决定应付韩的办法。

蒋伯诚这个人，在感情方面却是个“性情中人”。三四十年前，有一个在北平、上海红过一阵的京剧女艺人杜丽云，后来成为蒋伯诚的夫人。提起此事，有一段故事值得谈谈。杜曾拜王瑶卿为师，艺术上是有些成就的。她有一个养母，把她当作摇钱树，蒋伯诚看中了杜丽云，在养母身上花了一笔钱，想逼杜为妾，杜丽云曾吞烟自杀反抗，使蒋一时无从下手。

也是事有凑巧，有一天，杜丽云正在上海四马路天蟾舞台挂头牌演出，那天正演全本《十三妹》，正当演到十三妹到能仁寺去搭救安公子的时候，忽然从空中掉下来一个人，而且当场在舞台上跌死了。原来天蟾舞台上面有一个大圆顶，有一个人偷偷爬到圆顶上去看白戏，没想到这圆顶年久失修，玻璃窗折断，人就从三四层高处摔了下来，一时血肉与玻璃齐飞，戏院里顿时大乱，看客也挤伤了好几个人。这样一来，不仅那天的戏唱不下去，从此以后，大家对天蟾舞台存有戒心，不敢再来问津了。天蟾的老板是顾竹轩，他不怪自己房屋失修，反而说杜连累了他，扣住戏箱行头，要杜赔偿损失。于是，蒋伯诚就利用机会，找出杜月笙、黄金荣来"调处"，把这事平息，另外给了杜的养母几千块钱，从此，杜丽云就成了他的夫人。

从这件事，就可见蒋伯诚是怎样一个人了。蒋介石就挑选他去做韩复榘的工作。

韩复榘这个"乡巴佬"，遇着蒋伯诚这样一个"拆白党"，就一步步被拉进了蒋介石所安排的牢笼。

韩从一九〇九年入伍起，一直跟着冯玉祥从华北的小城市到荒芜的西北地区行军打仗，从士兵一直升到师长、总指挥，直到一九二七年西北军东出潼关改称第二集团军为止，他从来没有接触过中原的"花花世界"。一九二八年，蒋介石和冯玉祥、阎锡山商定，发动第二次北伐，韩当时是冯部的第四方面军总指挥（第一方面军总指挥是宋哲元，第二方面军是孙良诚，第三方面军原是方振武，那时方已投蒋被编入第一集团军；第五方面军是孙连仲，第六方面军是石友三），他率领西北军的精锐，从河南渡河穿越冀中平原一直打到北京、通州一带，使张作霖的北洋军阀末代政府不得不收场退往关外（张就在退出关时在皇姑屯车站被日本关东军炸死）。

韩满以为立下这汗马功劳，当上河北省政府主席或北平警备司令是不成问题的了，哪里知道，蒋介石已决心联阎压冯，把河北和平津的地盘给了阎锡山，只给韩一个空头的河北省府委员，冯一气之下，逼着韩辞去这空头委员，并把韩部调到河南，把自己的河南省主席的名义，让给了韩。韩看自己抢到的北方地盘拱手让人，心中已是不忿；回到河南后，河南省府的各厅长如邓哲熙等都是冯的旧班底，他只顶了个主席的空名，冯反而把他所兼的第二十师师长名义让给了石敬亭，令他更加感到本钱搞光，双手空空。他原是一个有野心的人，加上在平津和蒋介石部下军人政客接触过一段时期，受到他们的影响，自己感到处处“委屈”，处处低人一等。他到河南就任主席后，冯玉祥正“隐居”在河南辉县的百泉村，他上面没有了严厉的上级监督着，就自由行动起来，先是在开封偷偷摸摸玩玩暗娼，打个小牌，鸦片也抽上了，接着，便以视察各县为名，到郑州、洛阳、漯河、驻马店等处闲逛，并且把当时有名的豫剧女伶纪甘青占为姬妾，带回开封，暗中布置了一个小公馆。冯玉祥对部下一向是很严厉的，官兵一律不准抽烟，不准饮酒，其他更不必说了，韩复榘等是他从士兵一手提拔出来的，平时召见，总是直呼其名，韩等只有站立听训的份儿。韩偷偷摸摸干这些事，不久就有人报告了冯，冯赶到开封，在一次纪念周上大骂部下的腐化，虽然没有提名道姓，韩当时的难受是可想而知的。

一九二九年春蒋桂战争前，蒋介石、李宗仁都派代表到百泉去见冯，希望冯出兵相助，蒋并答应冯如肯出兵共同打桂系，事成之后，决定把武汉和两湖的地盘给冯，并任冯为行政院院长。冯当时举足轻重，他两面都敷衍，都开下空头支票，暗中却派石友三率重兵进扎南阳和老河口一带，派韩复榘驻扎驻马店武胜关一带，决心坐山观虎斗，等两虎相争必有一伤时，就以调停为名，出兵抢占武汉，问鼎南京。没想到蒋收买了一部分桂系将领，瓦解了桂系的内部，使他很快结束了对桂系的战争，接着，就着着暗中准备收拾冯玉祥。他派何成濬和蒋伯诚到驻马店，邀请韩复榘到武汉，名义上是参加军事善后会议，实际则暗下金钩，钓这个蟛蟹。韩到武汉后，蒋包了汉口最阔绰的旅馆德明饭店让他住，还由他和宋美龄出面宴请韩和纪甘青，蒋介石开口一个“向方兄是党国支柱”，闭口一个“向方兄前途无量”，把这个乡巴佬捧入了五里雾中；宋美龄也殷勤招待，亲热地称纪甘青为韩夫人。这次宴会后，蒋还送了韩三百万元。所有韩在汉口的费用，统由蒋伯诚出面招待开销。从此，韩复榘就搭上了蒋的关系，蒋伯诚成为从中穿针引线的人。就在那年五月，冯看到蒋对他着着进逼，于是，就把山东及豫东一带的孙良诚等部队主动撤到平汉路以西，准备先把力量集中起来，然后一拳头打出去，不料正当冯在华阴举行军事会议的时候，韩在洛阳发出了“养电”（五月二十二日），表示“维护和平”，把部队脱离冯部，向东移动，并于廿四日再发通电，宣布拥蒋，石友三、马鸿逵也同时叛冯投蒋，冯的精锐尽失，多年来积聚的政治资本，几乎完全被搞光了！

韩投蒋后，被任为河南省政府主席，翌年，蒋冯阎爆发中原大战，韩又被调任山东省主席兼方面军总指挥，从此，韩做了七年的山东土皇帝。

蒋介石对于杂牌将领，从来是采取利用、分割、分化、消灭或抛弃的手段的，当这个人的利用价值失去以后，他就多方分割其力量，分化他的部下，最后给以一个参议、咨议的闲职，如不听命，干脆加以消灭。他对韩复榘这个人，如何会放心重用？那末，他如何让韩占据南北要冲的山东达七年之久呢？主要是韩任山东主席后不久，即发生九一八事变，蒋忙于处理对日事务妥协，一时不能匆忙对韩下手，加上韩和宋哲元等都是西北军系统，彼此深相结纳，和阎锡山也有勾结，蒋为了投鼠忌器，只能隐忍。他对付韩的办法之一，就是派蒋伯诚钻进韩的心脏里去，一旦时机成熟，加以消灭。

蒋伯诚派到山东去的名义，先是省府委员，后来又当韩的总指挥部总参议，总之，表面上看来不过是一个闲职。而且他对韩表面很尊重，既不揽权，也不向韩要这要那，只是陪韩谈谈笑笑，玩玩乐乐而已，韩对应付CC、孔宋和军统特务有为难时，他也往往做出很关心的样子为韩出出主意，甚至打电报到南京去为韩说话，因此深得韩的欢心，韩经常对人说：“伯诚先生是一个热心人，是一个好朋友。”对于韩的部下如孙桐萱、谷良民、展书堂、程希贤等，蒋也极意交欢，他们有什么为难，蒋伯诚总肯从旁为他们说话，花钱更爽快，因此，这些人没有一个不在韩的面前说蒋的好话。比如，有一次，韩的师长展寿堂在沂水一带纵兵抢劫农民，激起了民变，展竟谎报土匪作乱，调动军队，打死了许多人。当地有些团体准备派人找韩拦舆告状。那时，这位韩青天正在临沂一带“巡查”，准备经莒县到沂水去，展深恐韩去后看出破绽，便急忙电蒋求助，蒋就串通青岛市长沈鸿烈、胶济路局长葛光庭，半路上在潍县迎接韩复榘，把韩“接”到青岛去玩了一个多星期，沂水之行作罢，展的困难也就解决了。

沈鸿烈、葛光庭都是奉系的政客，他们在山东占一席地，是蒋介石勾引张学良入关搞垮阎冯扩大会议所答应的条件之一。同时，蒋安排这两个人，也是作为对付韩的两着棋子，和蒋伯诚配合，以“软功”收拾韩复榘。韩在山东七年，每年要去青岛住几个月，不是为了什么避暑，也不是开会，原来他在一九三一年第一次由蒋伯诚陪到青岛去“视察”时，沈、葛等就天天陪着他花天酒地地玩，并介绍给他一个青岛有名的交际花马翠琪，当然，马是生长在大都市的，不像纪甘青还带几分土气，韩一见之下，神魂俱失，蒋沈等一力怂恿，劝韩收为侧室，并且在青岛代韩布置了一个美轮美奂的金屋，作为韩在青岛的“行馆”，这样，韩每到青岛就流连忘返，他的一举一动就更加逃不出蒋介石的遥远控制了。

蒋介石决心杀韩，当然也是韩的抗战不力、弃地潜逃。但抗战中有不少国民党将领闻风远逃甚至通敌降敌的，蒋并没有全部杀掉。蒋之立意杀韩，可能是因为西安事变时韩曾打给张学良一个电报（马电）响应张杨“兵谏”，认为这是英明的爱国壮举。他并派他的心腹韩多峰去西安和张联系。蒋被释回到南京后，蒋伯诚把这一幕内情都向蒋密报，蒋因之恨韩。

“八一三抗战”爆发后，李宗仁被任为第五战区司令长官，在徐州召开军事会议，要韩负责守住黄河，韩说他缺少大炮，至少要三十门重炮配备，才能守住河防，李当时满口答应，但蒋介石却始终不发给韩以任何武器补给。到十一月日军大举南下侵鲁时，蒋反把原驻在泰安的一个重炮旅也调走了。韩闻讯破口大骂蒋介石，说蒋不是抗日，而是借此消灭异己。他对部下说：“他这王八蛋不干，老子也不干了！”他一怒之下，就于十二月底把部队撤出济南，向鲁豫边境撤退，原来，他早和刘湘密商好，准备韩部逐步西开，与川军接防，互为犄角，以防止蒋的借刀杀人。所以，翌年韩在武汉被蒋枪决，不久，刘湘也在汉口某医院“病”死了，有人说这是“杀死韩复榘，吓死刘甫澄”。当时有传闻说，刘也是蒋谋死的，是蒋派戴笠买通一看护把他毒死的。这是后话。

韩从济南撤退，一路从泰安到兖州，再退到济宁、曹县，蒋伯诚都寸步不离左右。一九三八年一月七日，李宗仁在徐州召开军事会议，通知韩去参加（韩当时的名义是第三集团军总司令），韩对李没有什么怀疑，就带着一营卫队和蒋伯诚以及他的参谋处长张钺等专车赴徐州。徐州的会议只开到第二天，李宗仁就宣布，说蒋介石从汉口发来密电决定十一日在开封召开重要会议，要与会将领都立即动身去参加，韩当时很迟疑，恐怕去了有所不利。蒋伯诚从旁一再宽慰他说：“委座对你没有什么，而且这样大的会议，决不会出什么岔子，你放心去好了。”于是，韩就带了他的心腹大将孙桐萱和一营卫队一起到了开封，借住在黄河水利委员会主任委员孔祥榕的家中，蒋伯诚依然寸步不离左右，陪着他拜客酬应，免不了还陪着他吃喝玩乐一阵。

就在十一日蒋召开的军事会议上，蒋安排了一个大圈套，先解除了韩卫队的武装，会后就叫戴笠把韩扣押起来，解到武汉，不久就把他秘密枪决。此中经过，别人已有详尽记述，这里不多谈了。有传闻说，蒋在那天军事会议上当众说："抗敌是军人的天职，守土奋战，义不容辞，现在竟有一个高级将领不战而放弃山东，你们说这还成话吗？"当时，韩竟站起来说："山东丢失是我的责任，请问，把首都南京也丢失给敌人，是哪个人要负责呢？"蒋几乎下不了台，只能强词夺理地说："今天，我问的是山东不问南京，南京的事自有人负责。"韩还要站起来驳复，被坐在旁边的刘峙拦住了。即此一点，可见韩到临死前还带几分粗鲁倔强，我说他有几分"妩媚"的泥土气，也就是指的这些。

蒋伯诚把韩复榘送入鬼门关后，蒋介石又派他去担任新的工作，就是到上海去做地下工作。抗战期间，他在上海与敌周旋，经历了许多艰辛。一九四九年，他未去台湾。几年后在上海病逝。

黄郛与蒋介石

黄郛是蒋介石亲密朋友，但他尽管为蒋出了不少力，却只做过一任外交部长和北平整理委员会的主任委员，没有像张群那样“出将入相”。

黄郛，字膺白，浙江杭州人，他的祖父在绍兴百官镇开百货店，他就出生在那里。

他先在绍兴府中学读书，一九〇四年考入浙江武备学校，二年毕业，被选派留学日本，他进的是日本参谋本部主办的振武学校，和蒋介石、张群同学，他们气味相投，结拜了兄弟。

一九〇六年他毕业回国，那时清廷亲贵为了排斥袁世凯北洋军的力量，极意延纳从东西洋留学回国的所谓新进人才，黄被派在载涛主持的军咨府（相当于后来的参谋部）工作，任第四厅主事。辛亥武昌起义后，清廷极为恐慌，军咨府派黄到上海去了解情况，黄临行前，在军咨府任厅长的陈其采给了他一封信，介绍他和陈的兄弟陈其美联系。因为这个关系，黄到沪后，就投入陈其美的部下，陈自封为沪军都督，黄任参谋长，张群和蒋介石分别任参谋和侍卫副官。当时，黄和蒋介石是陈其美最得力的帮手，陈、黄、蒋当时又互换兰谱，张群不与焉。这三位的“三结义”中陈排行老大，黄老二，蒋老三，以后，陈其美的后辈如陈果夫、陈立夫都称蒋介石为三叔，渊源就在于此。

二次革命失败，陈其美亡命日本，蒋介石流落上海。老二黄郛到北京加入北洋政府，当过外交部长，并一度靠冯玉祥的力量，任摄政内阁的总理（在冯推翻了曹锟政府以后、段祺瑞执政府上台以前）。

北洋政府垮台，黄郛又南下投靠他的“三弟”，一度任国民党政府的外交部长，张群则早于蒋任北伐军总司令后就由上海跑到韶关，进了蒋的幕府，担任了总参议。

北伐时，蒋介石从广州出发到南昌，一路上一直带着陈洁如在身边，陈与蒋在上海相识，和戴季陶、张静江、黄郛等都有关系。蒋和她很有感情，在北伐之初，报纸上就登过不少“蒋总司令及其夫人陈洁如女士”的“俪影”。好像这位“夫人”，早已正名定分的了。哪里知道，蒋到了南昌，把陈安顿在百花行馆，却无意中遇见了宋美龄，一见倾心，百般进攻，宋家也由于利害关系，要与蒋结合。

蒋到南京上海后，继续向宋美龄追求。当时，孔祥熙等竭力居间撮合，而张静江等则竭力维护陈洁如而反对这个新的婚姻。当时，对蒋一再“劝告”，但态度最为激烈的是张静江和黄郛。从此，张静江被蒋抛在一边，黄郛也被投置闲散。直到日寇步步深入华北时，才请出这位“二哥”去挡了一阵。至于张群，则在“宋、陈”之争中始终没有进一言、置一词，没有引起蒋宋的任何反感，所以一直到今天还在台湾做高官。

吴稚晖的一封信

在友人处看到一封吴稚晖的亲笔信，真使我愕然吃了一惊。原来，这个毕生为蒋帮腔的“苍髯老贼”，在他的心灵深处，对蒋介石并不是那么敬重的。

吴稚晖这个人，和他在当年“宁国府”所扮演的角色，鲁迅先生一九三二年所写的杂文《大观园的人才》中，早已如实地加以刻画：“早些年，大观园里的压轴戏是刘姥姥的骂山门。那是要老旦出场的，老气横秋地大‘放’一通，直到裤子后穿而后止（笔者按：这里自然是鲁迅先生用了章太炎骂吴稚晖‘善补尔裤，毋使后穿’的典故），当时指着手无寸铁或者已被缴械的人大喊‘杀，杀，杀！’那呼声是多么雄壮，所以他——男角扮的老婆子，也可以算得一个人才。”

这个“老婆子”，从蒋介石在政治舞台登场起，直到他自己老死在台湾之日止，一直力竭声嘶地为蒋开锣喝道，宜乎是蒋的忠诚不贰之臣，奉蒋如神明的人了。然而不然，从下面这封信里就可以看出他并不是这样的。

这封信是他写给实业家荣德生的秘书薛明剑的。时间大约就在鲁迅先生写《大观园的人才》这篇文章的前后，那时汪精卫当行政院长，陈公博当实业部长，他们想借贷款之名，攫取荣氏的申新等厂。荣氏向各方呼吁，并求救于他的同乡吴稚晖，吴为此向汪、陈写了几封信，但未得要领；于是，荣氏想请吴直接写信给蒋介石。吴不以为然，就给荣的秘书薛明剑写了这样一封信，全文恕我不重抄，其中有一段妙文不能不代为介绍："先生迷信蒋如此，迷信弟服蒋如此，必有道理，何不将此道理下告？弟所欲先生等注意者，蒋虽亦交易所之流氓，然其地位到现在，必要装腔；况目前算佩服曾左，提倡礼义廉耻，弟与彼又属道义之交，并非走狗（笔者按：太谦虚了！），故向之开口，只能讲道理，……否则，我说了，必反被老蒋看不起，于事亦无济。"请看，这个一向开口"蒋公圣明"，闭口"总裁万岁"的人，在私下里却骂老蒋是"流氓"，讥笑他的装腔作势，提倡"新生活运动"和"算佩服曾左"。把他骨子里对蒋的轻视鄙视，和盘托出了。

写到这里，不能不想起鲁迅先生的知人论世的深刻和正确。他在《二丑艺术》这篇杂文中写道："浙东的有一处的戏班中，有一种脚色叫作'二花脸'，译得雅一点，那么'二丑'就是。他和小丑的不同，是不扮横行无忌的花花公子，也不扮一味仗势欺人的宰相家丁，他们扮演的是保护公子的拳师，或是趋奉公子的清客。总之身份比小丑高，而性格却比小丑坏……不过他的态度又并不常常如此的，大抵一面又回过脸来，向台下的看客指出他公子的缺点，摇着头装起鬼脸道：你看这家伙，这回可要倒楣哩！”

我看，鲁迅先生这一段描写，大可以作为吴稚晖的墓志铭。我们试闭目一想，他不就是这副嘴脸么？

方振武谈抗日同盟军

一九三九年，方振武从桂林逃到香港，住在九龙。我和他是北平的旧相识，他知道我也在香港，函约我会晤。从此以后，我们经常见面；他不大出门，总是我到他家里去看他，每星期至少有一两次。他好客而又健谈，特别是谈到他的往事，总是滔滔不绝地给我倾谈，我也乐于听他这类的谈话，以便对过去的政治内幕有较深的了解。

他客厅里挂着不少照片，从早年参加辛亥革命（辛亥革命时，他在冷御秋的第三师当连长，参加过攻打南京天宝城之役）到前两年游历欧洲在巴黎、伦敦时照的相片都有，其中有两张最引起我的注意，一张是他和胡汉民、李济深等人合照的，一张是他的单身照，穿着一件旧棉袍，头发蓬松，满面拉碴胡子，像个农村老头一样。我问他这两张照片是什么时候照的？他说："说来话长，你坐下，让我从头谈起。"于是，我们坐回到沙发上，他点起一支烟，然后对我说："那一张，我一讲你就清楚了，中间站的几个人，胡展堂、李任潮和我，还有那个高个子是居觉生，那个细瘦条子是蒋百里，我们都是'汤山难友'；蒋百里是在唐生智第二次反蒋时被蒋诱捕，也监禁在汤山的，百里是孟潇的老师，反蒋时曾参与唐的机要。我们这些人，先后被蒋关禁，我先被关禁在陆军监狱，后移禁汤山，直到九一八事变后，宁粤和谈，粤方提出以释放胡汉民等为先决条件，这样，蒋才被迫释放我们，由铁道部挂一辆花车把我们送到上海。这是我们在南京车站登车前照的，旁边站的都是护送人员，其中有陈铭枢等。你看，这里面还有'苍髯老贼'吴稚晖呢。

"另一张，就要详细说明一下了，那是我从察哈尔逃出蒋介石、何应钦布置的罗网，到了天津，照这张相留着作为死里逃生的纪念的。讲起来，这一幕真够惊险，仿佛像惊险小说一样，现在想来，当时能逃出虎口，真是万幸啊万幸！时间是在一九三三年十月，我和吉鸿昌率领的抗日同盟军被包围在冀北密云、怀柔一带，西北方面有关麟征、庞炳勋等部向我们猛攻，南面是商震等部堵击，东北方面则有敌军日夜向我们进逼。那时，我们已陷于四面受敌、弹尽援绝的境地，最痛苦的是没有医药，伤兵得不到治疗，眼看着他们一个个死去，我们心如刀割；后来，商震派人来找我，劝我们放下武器，保证我们愿改编的改编，愿回家的给川资，并保证所有人员生命的安全。我们在无可奈何的情况下，只得答应了。第二天，我和吉鸿昌徒步到了怀柔以南商的司令部，商装着笑脸迎接我们，并留我们吃了一顿午饭。

"同座的还有商部师长李杏村，李是我的老朋友，他漫不经意地对我说：‘叔平兄，这几天早晚很冷，你又没有穿大衣，我看你还是换件棉衣穿着上路舒服些。’我意识到他的话别有深意，就说：‘好啊，你借一套我换上吧。’饭后，我就穿上李的棉袍及棉裤。商震说：‘今天我就派车送你们到天津去，你们的部队，我一定照约定妥为你安排，你们放心好了。’他还说了些‘前途珍重’这类的话。接着，我们就走出司令部，坐上预备好的卡车，一共是五辆车子，装着我们和我们的秘书、副官、卫队和简单的行李；我坐在第一辆车的司机座旁，吉鸿昌乘的是第二辆。当车子正要开动时，李杏村忽然跑来，送给我一条围巾，说：‘你围着暖和些。’接着，他低声对我说：‘路上当心，今天，蒋来电务必要抓你，启予不好意思下手。’说罢，他扬手高声说：‘再见，再见。’于是，我们的车子便鱼贯开动了。车上，除司机外，全是我们的人，商并没有派押送的人。商的司令部设在怀柔境内的牛栏山，再向南不远，就是黄杰的防区。车子开了不到一小时，太阳快要下山了，到了一个叫孙河镇的小镇，车子正要从镇的西面开上一个斜坡，我忽然看到坡上有一二十个兵持枪飞奔过来。我连忙叫司机停车，并立即跳下车来。说时迟，那时快，车刚停住，已有五六个人冲到车前，高声问我：‘方振武在哪辆车上？’我把手向后一指说：‘在后面。’他们听了就跑到后面去了，接着，其他的人也赶到了，喝令所有的人不准下车，听候检查。他们不知道我也是车中人，同时，孙河镇里的老百姓闻声围上来看热闹，我把帽子压低，围巾紧紧围好，转身钻出了老百姓的圈子，沿着孙河，急急向西落荒而走。那时，天已昏黑，我冒着寒风，如丧家之犬，如漏网之鱼，高一脚、低一脚，一口气奔了两小时，大约在八时左右，到了通州境内，看到前面有一个大镇，还依稀有些灯火，我就奔进了镇，看到有一家大门开着，一个老大爷靠着门在吸旱烟袋。我连忙走上前去，向老人说：‘老人家还没睡，请您救我一救。’这老人抬起头来定神地看了我一眼，放下烟袋说：‘你是什么人？为什么要我救你？’我连忙说：‘我是抗日的方总指挥，叫方振武，前几年我的队伍曾在这里驻扎过一个时期，自问没有扰害过老乡们。这次，我因为坚决要打日本鬼子，蒋介石不许我们打，还要抓我杀我，追兵就要从密云怀柔方面赶来了，我如果被抓去，一定没有命。’老人听罢，跷起大拇指说：‘你是方将军，好样的！蒋介石这班狗东西要杀你们抗日的军队，我们一定要搭救你。’

“‘我们这里叫张家屯，有七百多户人家，全姓张，我老汉是这里的族长，能做三分主。您放心罢，逃到我这里，您算是得救了！’说罢，他连忙招我进屋，把门关紧，取出了几块冷馍馍，一盘咸菜，让我塞饱了肚，引我到屋后院子角里的一个草堆上，掀开了草，下面有一个小土坑，他叫我坐在里面，外面罩上一块草帘子，再把一些乱七八糟的东西堆上。刚刚搞好，只听得远处人声鼎沸，不久，满屯子鸡飞狗叫，灯火通明，搜查我的队伍已经到了。老人一再嘱我放心，他自己连忙开了门出去应付。约莫半顿饭的工夫，只听得几个人到了屋里，有一个人高声喊道：‘你真没有见一个人闯到这屯子里来？’只听那位老人说：‘我老汉有几个脑袋，敢向老总们撒谎？我一直在场子里吸烟，就没有见什么闲人进屯；我也问过老乡们，他们也没有看到什么生人。’‘要搜出来你可不要懊悔。’‘老汉不敢。’‘好，给我搜。’只听得他们乒乒乓乓一阵，大概没有注意院子角里的那堆杂草，悻悻地走了。他们到了门外，还在高声说：‘这就怪了，难道方振武这小子插翅飞上了天，怎么把这几十里方圆的地方都搜遍了，还找不到他？’另一个声音说：‘我们再向西南方面搜索去吧，不要让他跑到通县城内，躲进外国教堂，那就麻烦了。’接着，他们就鼓噪而去，屯内也就慢慢安静下来。老人关上门，把我放了出来。老人这一夜没有睡，他从窖里取出了一大堆白菜，装满一大车，叫我躺在两个篓子中间。天没有亮，他就套上车，向南出发。这一带，哪里有国民党军，哪里有日本便衣队，哪里有盘查关口，他是很熟悉的，他赶着车子，避开了交通要道，绕过关口，专从偏僻的小道走。第一天，我们赶到宝坻以南的一个小村子里，寄居在老人的一个亲戚家里；第二天也是天不亮就动身，直到傍晚时分，到了天津，他把我送到租界口上，殷勤道别。我那时身上只有几毛钱，我就把带的金表脱下，送给老人，我不好意思地说：‘老人家，你救了我一命，我一辈子忘不了您，这个，请你收下做个纪念吧！’老人连忙摇手说：‘你这是为了国家，为了老百姓遭难，救你是应该的，但愿你有朝一日，重新带兵把这些卖国的家伙除掉，把鬼子赶走，那就好了，我们后会有期！’说罢，他跳上车子，头也不回地走了。我进了租界，先到安徽会馆去找一位朋友，没有找着，后来，坐车到法租界去找另一位朋友，这位朋友招待我住了几天，给我买了一张外国船票，我这才到了香港。在香港住了一年多，我就动身到欧洲去游历。这张照片，就是我到天津的第二天，秘密到照相馆去照的。你听，这一段的经历，不很像一幕惊险小说么？”

我听了他这段叙述，的确有些入神，忙问：“那次，吉鸿昌被搜出来没有？同车的人后来怎么了？”他说：“我后来在重庆遇着李杏村，才知道当时蒋介石给商震、黄杰等的命令，是只要抓我，抓到‘就地正法’，没有提到吉鸿昌，所以，当天就把吉放了。后来吉在天津继续和各方联络，坚决反蒋抗日，被蒋在天津国民饭店绑架去，不久就被何应钦在北平杀害。至于我的秘书、副官、卫队，都被何应钦投入监狱，非刑拷打，要他们供出我的下落，他们都宁死不屈。后来，由我的老朋友阮玄武多方托人力保，才把这些人救了出来，有些人已成残废了。”

这次谈话后几天，我又问方叔平：“关于你们在察北组织同盟军和抗日的经过，我只知道一个梗概。因为当时蒋介石封锁新闻，报上登的既不详细，也可能有些是谣言，究竟你们是怎么组织起来的？打了多少硬仗？后来，怎么冯焕章半途歇手不干了？蒋介石是怎样破坏你们的？你能够给我谈个大概么？”他微笑地说：“你倒像个新闻记者，喜欢打破砂锅问到底。这件事，真正从头到尾清楚的人不多，为了存历史的真实，我是想把它原原本本记下来的，可惜总抽不出工夫写。你知道，像我这样一辈子耍枪杆子的人是怕动笔杆子的。你既有兴趣，我不妨简单给你谈谈，最好你能帮助我把这段史实整理出来。”接着，他就滔滔不绝地谈起来了。

他说：“九一八事变后，蒋介石决定不抵抗，提出了所谓‘攘外必先安内’的口号，他第一怕共产党反对；第二怕舆论的谴责；其次，怕国民党中像冯焕章和我这些主张抗日的人出来揭他的底，所以，他除了坚决打反共的内战和用特务恐怖及金钱收买，双管齐下禁压舆论外，对我们这些人，时刻加以注意，他先把冯诱骗到南京，给以军委会副委员长的名义。‘淞沪停战协定’签订后，冯焕章看清楚了蒋的面目，拂袖而去，重新上了泰山，他就多方威胁韩复榘，要他把冯赶走，韩是一再反叛过冯的，但当着冯的面，还表示得十分恭顺的样子，甚至亲自给冯倒茶、添饭、铺床、叠被。他对人说：‘冯先生是一手提拔我的大恩人，我把他当成爸爸一样孝顺他。但是，我不能把他当成上司，我今天的上司是蒋委员长。’这个混蛋，听了蒋的指示，就把冯的一营卫队缴了械，派他自己的卫队去‘保护’冯。冯焕章当然受不了，和韩吵了一顿，也没有其他办法，正好这时宋哲元当了察哈尔主席，宋平时对冯比较敬重，派人来迎冯，于是冯就下山移居到张家口去了。至于我，从‘九一八’后被释放到了上海后，经常有蒋的亲信来看我，表面是关心，实际是窥察我的动静，我的住所附近，经常有特务监视，那就更不用说了。我为了避免麻烦，于一九三二年夏，索性搬到南京去住，表示我没有什么活动。这一来，果然深中蒋的下怀，不仅对我放松了监视，而且叫何应钦、陈诚等经常和我周旋，有些会议也叫我参加，仿佛很重视我，准备要重用我的样子。

“我表面和他们极事敷衍，对于蒋介石‘封’我的国府委员之类的名义，装出很感兴趣的样子；而暗中却时刻在盘算如何团结一些同志，如何掌握一些部队，以便一旦时机成熟，可以和蒋介石对抗，实现抗日救国的愿望。我的部队，于一九二九年我被蒋在南京扣押时起，就被改编的改编，解散的解散了；想另外招募训练部队，在蒋的严密控制下，当然很困难，但我没有死这条心。当时我唯一的希望，寄托在晋南，那里有我的旧部鲍刚统率着三千多人，还有和他一起的张人杰部，也有三千多人，这两部分队伍，我是可以抓起运用的。”

我插问一句：“哪一个张人杰？他是甚等样人？”

他笑着说：“他可不是那个半身疯痴的张人杰，他和这个张静江同姓同名，却是个魁梧大汉，原是西北军孙良诚部下的旅长。一九三一年蒋冯阎中原大战时，鲍刚也去投效冯焕章，被委为新编师的师长。后来，张学良出兵关内，冯阎失败，蒋又使用收买阴谋，把梁冠英、孙连仲等都收买过去，冯的精锐丧失殆尽，只剩下宋哲元、张自忠、冯治安等带了几师残缺不全的部队，撤到了晋南。那时，鲍刚部和张人杰部都驻在新乡附近，他们没有跟着在新乡一带的冯军指挥官孙连仲一起投蒋，历经艰难，翻过太行山，到晋城找到了冯焕章；冯把他们拨交宋哲元指挥，但他们一直保持独立状态，占领着介休、孝义一带，不服宋的调度。前年宋率二十九军由晋开往冀察，他们两部分依然驻在晋南，阎老西也奈何他们不得。他们给养、补给有困难，我会不断筹款暗中接济他们；他们也派人来和我接头，希望我去领导他们北上抗日。

“一九三二年底，日军侵占热河，步步向华北深入，我看到时机紧迫，就决定立即行动。我在南京是蓄了大胡子的，大家说我有些像于胡子和柏文蔚。临走的晚上，我把胡子都剃光了，家眷也借故送到上海租界里安顿起来，我把家中所有的现款，都带在身旁，同行只有我的老部下孟芸生，我们化装成一对北方老乡，像是做买卖的，彼此以宾东相称，我算是掌柜，他是我的伙计；我们黑夜过江，搭上津浦路的三等车，一路绕行夜宿，经过一星期，终于到了介休。我和鲍刚、张人杰商量的结果，决定发出通电，宣布成立抗日救国军，我任总指挥，鲍、张分任师长。接着，我们就决定立即北上抗日。那时，长城抗战失败，'塘沽协定'已签订，华北的大门敞开了。冯焕章在张家口竖起了抗日的大旗，号召团结一切爱国力量，抗击日寇，他听到我已到了晋南，组织了抗日救国军，特派张允荣来晋欢迎我早日北上。

"从张家口和介休发出的抗日呼声，震动了南京；蒋介石眼看他对冯和我的软禁手段失败了，笼络收买的政策也破产了，于是，就使出了新的花招，他一面派商震、冯钦哉等部队在山西、河北边境堵截我们，一面由北平军分会主任何应钦出面，和我们谈判，他表示愿意把鲍、张两部扩编为正式的两个师，并补给弹药和给养，只要我们答应不北开和南调'组训'，另一条件是要我离开军队，可以在南京担任一个部长或副院长；很显然，他想骗我交出部队，把部队调到江西去参加他对红军的'围剿'。我们当然不上他的当，坚决走上抗日的道路，我们尽量避开交通要道，从晋南穿过山区进入河北南部，然后绕过平汉线，穿过冀中平原到了石家庄附近的行唐县，再折入晋北，沿着内长城到了涞源、深井堡开到绥远境内，蒋介石、何应钦虽步步调遣军队堵击我们，无奈我们是北上抗日的，那些杂牌部队的士兵，都同情我们，总是避免和我们接触，有时被迫追赶我们，一经我们对他们解释我们出师的目的，他们就让开道路放我们走了。这样，蒋介石的欺骗和堵截我们的两套花招，又一一失败了。

“但是，他们也实现了一部分的阴谋，他派早经投蒋的鲍刚的原任参谋长盛士恒秘密到了鲍的司令部，花了三十万块钱，把鲍收买过去，当我们开到蔚县时，鲍就在涞源宣布脱离抗日救国军，接受蒋的收编；幸而鲍部下的一个团，还是坚决不愿跟鲍一起投降，而愿追随我开赴前线。

“我们的部队于一九三三年五月初开到了张家口，受到了冯焕章的热烈欢迎。冯选了五月九日这个国耻纪念日召集在张家口的各将领会议，决定成立中国民众抗日同盟军，会上公推冯为同盟军总司令，并向全国发出通电，表示坚决抗击日寇，保卫国土。过了几天，冯又委任我为前敌总司令，吉鸿昌为同盟军第二军军长兼前敌总指挥，佟麟阁为第一军军长，高树勋为第三军军长，孙良诚为第四军军长，我的同事阮玄武为第五军军长，张凌云为第六军军长。

“为什么叫同盟军？因为是各种抗日的军队联合起来的。主要是有这样的几部分力量，一是冯的卫队和重新组集起来的原西北军；二是宋哲元部，宋的二十九军主力已开往河北，察哈尔主席的名义还是宋，而由佟以民政厅长代理。因此，佟的一师人还留在察境，参加了同盟军；三是我们的抗日救国军；四是从热河退到察北的东北义勇军冯占海、邓文、富春、汲汉东等部；五是在察哈尔的汉蒙进步力量组织的抗敌民众队伍。这五部分力量，合起来有二十多万人，其中东北义勇军就有十多万人，他们流落在热察边境无衣无食，更无弹药接济，蒋介石不仅不管他们，反而说他们是‘土匪’，要和敌军配合一起消灭他们。因此，他们决定参加我们的同盟军，表示愿意接受冯总司令的指挥。

“同盟军成立不久，我和吉鸿昌就亲自到前线指挥作战，那时，日本侵略军已深入察省东北部，侵占了康保、宝昌。我们不顾种种困难，坚决发起反攻。朋友们知道我打仗一向是猛的，吉鸿昌外号吉大胆，更是赤膊上阵，猛冲猛打。部队个个奋不顾身，前仆后继。结果，我们在一星期内收复了康保、宝昌，并光复了陷敌已久的多伦。捷报传出，举国欢腾，因为这还是九一八事变后第一次收复失地，全国人民在蒋介石不抵抗政策下积攒着的怨气，至此得到稍稍伸吐了。所以，当我们收复多伦的消息传出后，全国各地打来的祝捷、致敬、慰问电报，真如雪片飞来，虽然蒋方多方阻隔封锁，还有不少献金和慰劳品寄到张垣，发往前线，人民对我们如此拥护，使我们深受感动。

“当然，蒋介石、何应钦之流是不会高兴的，我们愈胜利，他们愈难受，因为我们的抗敌获胜，不仅破坏了他们对敌的妥协，而且揭穿了他们制造的恐日谰言，粉碎了他们的所谓抗敌必须长期准备的投降理论。因此，他们更加恼火，更加费尽心机来破坏我们，企图消灭我们。”

讲到这里，他似乎有些疲倦，也可能是不愿再揭这一块心底的创伤，所以就停下来不讲了。正好这时，方太太来叫我们吃饭，我急于想知道下文。饭吃好后，我又把话慢慢引上去，我说：“蒋这个人，我是清楚的，他什么手段都使得出来的；但是，他如何拆散抗日同盟军，因为当时封锁新闻，外面还不知其详。”

方叔平叹了一口气，说："好，谈就谈个痛快吧！当时，南京不仅封锁新闻，而且多方造谣污蔑我们，说我们是土匪部队，说我们借抗日之名，割据地方，总之，是把他们所有的污水都向我们头上倒。最可恨的，他一面从我们内部进行分化破坏，一面竟联合日寇夹攻我们，一心想把我们这点抗日火种扑灭为止。他的分化勾当，首先是叫鲍刚勾引张人杰，结果，张竟上了钩，带着队伍跑到晋北去和鲍刚合流了。其次，他通过张作相勾引冯占海，冯是张作相的外甥，蒋许给冯一笔钱，并收编他为骑兵师长，冯也带着队伍跑到蔚县去了。那时，我和吉鸿昌带着主力部队在前方打仗，冯焕章手边没有强的队伍，只能眼看着他们叛离而去。最后，蒋企图把冯玉祥从我们这里拉出去，他用尽了各种手段，最后，冯终于退出了同盟军，重新回到了泰山。这就给了我们严重的打击。"

我问："冯焕章对组织同盟军这么坚决，为什么后来撒手了呢？这问题对我来说一直是一个谜。您是个中人，必定了解其真实的原因。"

他说："归根到底，是由于蒋介石的分化。上面我已说到，同盟军内部有些动摇分子已被分化、叛离出去了，这使冯感到伤心和失望。他之所以终于不愿再和我们一起干下去，干到底，更重要的原因，据我的观察，主要在于宋哲元。蒋最初想以'毒'攻'毒'，要宋哲元率部回察哈尔，赶走冯玉祥，蒋并以华北的整个地盘诱宋，答应宋如把同盟军拆散，可以担任北平军分会主任兼河北省政府主席，察哈尔主席由张自忠继任。宋不敢上这个钩，宋的部下如冯治安等也不愿打冯玉祥。于是蒋介石、何应钦就策划庞炳勋和商震，要他们向察哈尔进攻，许以事成之后，商任河北省主席，庞任察哈尔主席。商本来一直不忘情于他一度当过的河北省主席，庞虽然也是西北军中人，但他原是吴佩孚的旧部，是由孙岳收编为国民三军的，和冯的渊源不深；在重赏之下，这两人都跃跃欲试，连忙调兵遣将，庞由平绥路进兵，商由密云、怀柔一带向察东前进。听说，宋哲元曾把蒋介石、何应钦的这些阴谋、布置托人转告了冯焕章，冯可能从宋的利害考察，认为自己如坚持下去，宋的地盘、地位将都不保，因此，他才决定辞去同盟军总司令，重返泰山。

“冯撒手以前，曾在张家口召开了军长以上的会议，在会上，他谈到蒋介石的种种阴谋，声泪俱下，又分析同盟军内部种种困难，认为无法再坚持下去。当时我和吉鸿昌坚决主张抗敌到底，我说，蒋的破坏和抗战的困难，我们是早就估计到了的，如果怕这些，我们就不该来抗日，我们既然上了马，就应该坚持到底。吉鸿昌还大声说，我们没有别的路走，我们做孬种，对不起国家，对不起人民！但是在座的其他将领，有的沉默，有的表示一切听总司令决定。于是轰轰烈烈的察北抗日同盟军，就这样解散了。当时，张家口民间流传开这样两句民谣，‘抗日同盟一百天，轰轰烈烈化灰烟’，可见人民群众对此的失望和悲愤。

“那次军事会议后，我和吉鸿昌就重新回到宝昌前线，我们决定单独抗战下去，不管冯的态度如何。

“我们离开张家口的第三天，宋哲元就率部到了，一切同盟军的机关被撤销了，部队的番号也改变了，不久，在蒋的催促下，冯坐上火车，回到泰山去做寓公。

“蒋把冯赶走后，就大举对我们动手，我们还在察东北艰苦地抗击日本侵略军，他却在后面调集了他的中央军关麟征、黄杰两个整编师，加上商震、庞炳勋、孙楚等十几师杂牌军包围我们，向我们开火，而且，他并和日寇合作，配合夹攻我们。这不是我冤枉他，我有充分的证据。有一天，我的司令部忽然抓来一个敌探，他说是奉命来见我的。我把他带进来审讯，他说，他叫佐佐木，是少佐，奉柴山司令的命令，来劝我们早日撤退的；他说，他们已和蒋介石约定，两天后就要四面围攻我们。我把这个敌探赶走了。吉鸿昌听到这消息也很气愤，他说：‘现在看来，非先打垮蒋介石，就没法有效地抗击日寇，我们先回头打这些卖国的军队吧！’于是，我们就集中力量向南进攻，一直攻到密云、怀柔境内，把蒋军打得落花流水，但是，我们既无补充，又无医疗，人越打越少，最后，能作战的不到几百人，到了这样山穷水尽的地步，才不得不接受商震的劝告，放下武器，结果，我还是几乎落入了蒋的罗网，经过情况，前次已谈过了。你从这里，可以看到，蒋介石是如何勾结日寇、迫害爱国军民，他的手段是如何卑鄙无耻。今天，他虽然表面上挂着抗日的招牌，骨子里还在干反共、反民主、反对进步的勾当。我对这个人是看透了，要靠这个人抗御外侮，那就无异缘木求鱼，把伥鬼当成好人了！”说完，他长长地舒了一口气。

在我和方振武在港九一年多的聚晤中，除了上述关于抗日同盟军的经过外，他还和我谈起他在北伐过程中，如何遭到蒋的歧视；一九二九年如何在安徽省政府主席任内被蒋诱骗到南京加以监禁的详情，以及抗战爆发后，他如何从欧洲赶回国要求参加抗战，而蒋则坚决不让他奔赴前方。他说："我在无可奈何中，到桂林办一个农场，以收容一些安徽流落内地的青年，结果，蒋还是不放过我，不断派特务对我威胁，使我不得不投奔海外，正如'林冲夜奔'中所唱的，这贼子害得我有家难奔，有国难投。"说到这里，他眼瞠里已含满了热泪。

一九四〇年十二月七日晚上，我正好在他家里吃饭，为了赶末班渡海轮渡，我于十一时许和他告别，约好过天请他谈谈当年在汤山被囚的生活。第二天清晨，我在蒙眬中听到炮声，日军进攻香港，太平洋大战爆发了！从此，我们就没有再见过面，当时，九龙处在前线，我担心他的安全，几次打电话都没法接通。港九沦陷后，一位和他住在相近的朋友对我说，方在战争初起时，就急着要离开港九，他说："港九是守不长久的，我是坚决抗日的，决不可落在敌寇的手中，无论如何要回到内地去，打游击也要跟敌人拼到底。"他打听到那时重庆派飞机来接运陷港的人士，于是，他带了一个小皮箱，赶到启德机场，正好重庆派来的最后一架飞机还没有起飞，而且座位空得很，他向机上的人员说明自己的身份，要求搭载，但回答却说："我们只运送重庆所开名单中的客人，你不在名单之中，不能通融。"方再三要求，都遭拒绝。这位朋友说，方从启德机场回家的第二天，有一个桂系军官的眷属来约他结伴乘渔船偷渡到内地去，他们就这样走了，想必已安抵内地了。

半个月后，我也化装为"烂仔"，混在难民中经广州到了韶关，到处打听，打听不着方已到内地的消息。后来到了重庆，却听到谣传，说方振武从九龙渡海到香港时，被日兵枪杀，尸首也有人看到过了。我不相信这个谣言，因为我知道方是急于到内地来，不会渡海到香港去的。我开始怀疑这谣言有烟幕作用，担心方是凶多吉少了！

抗战胜利后，我回到上海，遇着方的一位老朋友，谈起方的下落，他说："方和桂系的那位军官眷属同乘一条渔船，在半夜开始偷渡，当船离开香港海面后，就有两条驳艇忽前忽后跟着，天明时，渔船到了一个港口，方先跳上船，刚走了几步，驳艇上跳下几个彪形大汉，对着方后脑开了几枪，方就倒地气绝了。这位'眷属'看到这个情况，没有敢下船，连忙叫渔船重新开回香港，后来港沪交通恢复，才回到上海。这段经过，就是她亲口对我讲的。"

屈指算来，方振武被杀害已二十四年了！二十四年来的变化，他若九原有知，当可瞑目了！

记三个张人杰

中国人的名字，大概也颇有时代性的。从有些人的名字上，可以看出这个人是在什么年代出生，大约有多少岁了。比如，叫“振华”“涤欧”“兴亚”“振寰”的，一定是在甲午中日战争到辛亥革命这一段时期出世的，那时，所谓“欧风美雨”纷纷沥在中国人民身上变睡狮为醒狮，振华涤欧，是每一个爱国人民的愿望。“独鹤”“瘦鹄”“病鸥”“寄尘”等等，大概是辛亥以后，“五四”以前这段时期所起的名字，反映着当时风靡一时的鸳鸯蝴蝶派的意识形态。

但是，也有例外。比如，像“人杰”“人骏”“天骥”“茂生”“财发”这类的名字，是几千年来长期经常出现的，因为望子成龙，望子致富，是千年来的普遍现象。这类名字，只有在今天的中国，才会逐步消失。

说这一段话，是为了说明为什么三个年龄悬殊、地位不同的人，都叫张人杰。

第一个张人杰，今天上了年纪的人都会记得，他是有名的张亦子，字静江，做过国民政府的代理主席，浙江省政府主席和建设委员会主席等紧要官儿，是当时所谓“党国要人”之一。

他所以在政坛上驰骋一时（虽然他有腿疾），不仅因为他和蒋介石是同乡，是蒋早年在上海结交的朋友，而且因为他和孙中山有过一段关系。大约在一九〇五年以后，孙中山由日本乘轮到欧洲去建立同盟会的分支机构，在船上，有一个衣服丽都的少年投刺晋谒，据他说，家中颇有资财（是吴兴的豪绅），在巴黎设有买卖（开古董店和豆腐制品公司），愿意为革命捐输一部分款项。孙中山当时很加以鼓励，并说明了以后相互通信的办法。后来，孙中山由法到美，果然收到此人寄来的钱，大约有几万法郎。此人就是张人杰，当时还是翩翩少年。

从此，孙中山和他结为知己，凡是成立募捐革命款项的财务机关，都把张的名字列入。这就使张后来成为国民党的元老。

他和蒋介石的关系，最初是由戴传贤介绍的。那时，张氏兄弟在上海开设盐号，戴是他家门下的食客，蒋还在黄金荣的门下。一九二〇年，张、戴奉孙中山之命在沪筹款，他们决定仿日本“取引所”的办法，开设交易所，戴乃引蒋加入，叫蒋当经纪人。从此，这三个人有了密切关系。蒋的侧室姚氏和陈洁如，就是在那几年娶的，蒋纬国也就在那段时间出世的。

几年以后，蒋介石被任为黄埔军校校长。张积极拥戴蒋介石，后来在广州被推举为国民政府的代理主席。

蒋在南京建立国民政府后，和张静江有些疏远，加上蒋要和陈洁如等办“脱离关系”的手续，和宋美龄结婚，张不肯帮助。不久，蒋先免去他的浙江省政府主席职，以后，又在国民政府中成立经济委员会、经济部等机关，把张所主持的建设委员会变成了名存实亡的冷衙门。张所保持的，只剩下一个江南汽车公司和首都电灯厂（抗战胜利后，被孔宋接管）。张除偶尔参加一些无关重要的会议外，在南京政治舞台上已无立足之地。抗日战争爆发后，他先避居汉口，后经香港赴瑞士、美国。一九五〇年在纽约病逝。

第二个张人杰是河北人，是西北军的一个军官，早年在冯玉祥部下当连排长，一九三〇年蒋冯阎中原大战时，在孙良诚部下当旅长。这次大战，由于东北军进关夺取平津，阎锡山在山东大败，使冯军陷于进退维谷的困境，蒋介石乘机运用收买政策，把孙连仲、石友三等都收买过去，孙良诚部下的张印相、梁冠英等师也被蒋通过李鸣钟的联络而加以改编，冯玉祥逃入山西晋城，鹿钟麟、孙良诚都只身逃往天津。当时，只有张人杰和原在方振武部下当师长的鲍刚等率残部退至山西，受冯的指挥。后来，冯离晋到泰山，张和鲍留在晋西南，占据着介休、孝义一带。一九三三年，冯玉祥在察北树起抗日的旗帜，方振武化装从南京逃至晋南，带领鲍刚和张人杰两部间关赴察北随冯抗日，但行至半途，蒋介石和何应钦派人潜入鲍刚司令部，把鲍收买了过去。所以，方到察北抗日，实际只凭借张人杰所部二三千人。抗日同盟军只维持了九十多天，由于蒋介石的分化和威胁，冯被迫离开张家口回到泰安，方振武和吉鸿昌继续在察东前线抗击日寇，张人杰却接受了何应钦的收编，和方振武分开了。

这个张人杰在投蒋以后，也和鲍刚一样，参加了抗战中的多次会战，后来都被暗杀。

第三个张人杰是一个大学生，做过清华学生会的主席，在国民党军占领北京以后，他曾做过两件事，都被京津报纸哄传一时。一件是张继（当时北平政分会主席）等“党国要人”到清华参观，清华师生在大礼堂开会欢迎。张继在演说中大骂清华，说有这样好的环境、设备，却没有培养出什么人才来。张刚刚讲完这番话，张人杰就登台说：不知张“委员”所说的人才以何为标准，如果指的是专家，清华毕业生中在各方面有不少人才，连你们总理陵寝的设计人也是清华学生。如果指的政客、党棍，的确清华学生很少。这一席话，当时很使张继难堪。第二件事是国民党派去清华当校长的是CC政客吴南轩，他当了几个月，就因受内外夹攻，不辞而去。张人杰曾以清华学生会的名义，在平津各报刊登广告，“请”吴南轩立即回校办理清结手续，其中有一段最为精彩，说吴在校时，借了图书馆不少珍本藏书，其中有一部古本《金瓶梅》尚未归还。看到这广告的人，无不掩口失笑。

在我的记忆中，张人杰有这样三个出过“名”的。当然，张王李赵是最普遍的姓，而人杰、人骏一类的名字，又极为普通，其他张人杰想必不少，但以我的孤陋，是难以一一介绍的。

官僚化的军阀商震

不论在北洋时期，还是在国民党统治时期，统治集团的上层分子，大概可以分为军阀、政客和官僚三大类。军阀是靠武力抢踞中央或地方政权的；政客和官僚都是军阀的工具；他们之间很难划出明确的界线，粗略的分野是：政客以一定的“政治主张”为标榜，游泳于政海之中；官僚则唯一的目的在于做官。“有奶便是娘”“好官我自为之，笑骂由他笑骂”，这些，就是官僚的哲学。如果政客和官僚也属于三百六十行，也应有他们的祖师的话，那末，政客应该供苏秦、张仪的牌位。

虽然分为三大类，但从具体的人来说，却有不少是“一身而二在焉”的，有的是军阀兼政客，有的是军阀兼官僚，也有官僚型的政客或政客式的官僚。具体分析，要看他主要成分是什么。比如，蒋方震（百里）虽一辈子谈军事，实际却是一个政客；张绍曾、靳云鹏等，虽然也是大政客，但主要是割据为雄的军阀，至多只能算是政客式的军阀。至于徐世昌、林森等，虽然也口头上谈什么政治主张，实际上却是十足的大官僚。

政客这一类中，到了国民党统治时期，派生出一个小流派，那就是“党棍”，——其代表人物就是陈果夫兄弟和潘公展之流。

也许有人要问：根据你这样分析，商震明明是阎锡山手下的一员大将，是不折不扣的军阀，为什么又说他是官僚化的军阀，有些什么根据呢？答曰：根据不少，请您慢慢地看下去。

我说他是官僚化的军阀，而不说他是官僚式的军阀，是因为他不仅一般地带一点官僚味道——这是不少军阀都有的，特别是国民党的“新军阀”们，而是彻头彻尾官僚“化”了的。更具体地说，他可以说是军阀官僚化的一个典型。

官僚最主要的特征之一是适应性很强，只要能做官，能升官发财，什么都可以做得出来。商震就是如此。

首先，他的籍贯可以随时改变。在投靠袁世凯的大将陆建章时，他说他是河北保定人。后来，当了阎锡山部下的大将，又说他久居山西，要落籍山西了。最后，他叛阎投蒋，就特地派他的军医处长到浙江绍兴去寻觅商氏族谱，和当地的商姓联系，从此，他宣布他自己原是绍兴人，和他的“委员长”是大同乡。记得徐世昌在做袁世凯的国务卿时，也说自己不是天津本地人，而是袁的大同乡河南人。可见，攀同乡，改籍贯，是官僚们惯用的手法。

其次，服装、“仪表”、谈吐，也随时“因地制宜”“因时制宜”地改变着。他在山西时，处处模仿阎锡山那套土头土脑的外表，也着布袜子、土布鞋，说话时，也学着躬腰曲背一口酸溜溜的味道。当吴佩孚在洛阳“八方风雨会中州”的时候，他被阎锡山派去联络工作，从此以后，他就学做打油诗，学起这位蓬莱秀才的“儒将风度”来。后来，冯玉祥五原誓师，从甘、陕打出潼关，竖起“国民革命军”的旗帜，各方代表，云集郑州，商震也脱去呢军装，穿布衣，打绑腿，学习西北军的气派。以后，他又一度学着奉军小袖窄腰的装束。当他投靠蒋介石以后，尽管蒋始终看待他如一般杂牌军将领，他却把全军的军服一律改成“中央军”的式样，他自己也挂上“军人魂”的短刀，俨然像黄埔出身的十三太保一样。他在抗战以前，拼命学日本话，结交日本军人；抗战胜利后，又大力交往美国人，还跟他的夫人（原来搞女青年会的）大学英文。总之，他就像变色龙，什么时候换上什么颜色，看风使舵，顺腔唱歌，而万变不离其宗的，是维持地位，升官发财。

他的善变的能耐，更出色的是表现在善于“因时制宜”地寻找新的靠山、取得新“主子”的欢心方面。他的几十年军人生涯，这方面是很突出的。

他于一八八八年出生于一个小商贩的家庭，一九〇五年入保定军官学校速成科，两年毕业，被派在驻扎滦州的北洋第六镇任下级军官。当时，他受到该镇镇统吴禄贞的影响，参加一些民族革命的活动。武昌起义后不久，吴被袁世凯暗杀，部下星散，商震一度到胶东活动，任烟台民军司令。一九一三年，袁世凯派靳云鹏为山东都督，加紧镇压民间武装。商在山东站不住，辗转跑到北京，千方百计走了陆建章的门路，由陆介绍入陆军部当顾问。这是商震生平第一次的“色变”。

一九一四年，陆建章被任为陕西都督，商震也跟着去了。陆建章有一旅“亲兵”，由他的儿子陆承武当旅长，商被委为营长（他这个营上面的团长是葛光庭，后来曾任胶济铁路局长）。一九一六年，陕南镇守使陈树藩和国靖军的郭坚等部联合，用计把陆承武俘虏，然后以之为人质，把陆建章赶出陕西，商震带着一团人逃过黄河，投奔阎锡山，从此，变成为山西“土皇帝”的部下，这是他的第二次“色变。”

商初到山西，被任为团长。由于他善于揣摩阎的心理，处处曲意承旨，深得阎的信任。当时，段祺瑞控制北洋政府，在日本的支持下，大举扩充自己的武力，企图对南方用兵，实现所谓武力统一。阎锡山对段表示恭顺，获得了大批军械，把晋军扩编为三个混成旅，任商为第一混成旅旅长，马开崧为第二混成旅长，孔繁蔚为第三混成旅长。一九一八年，段祺瑞派兵进攻湖南，阎锡山派商震带一旅人开到湖南助战，结果，这一旅人全部被打垮，商只身逃到汉口。后来，阎又把商找回太原，向段重新讨到一批枪械，仍叫商当混成旅长。

有人编了一句山西梆子叫“阎王登殿”，第一场四员大将起霸登场，第一员“大将”的登场引子是“大将南征胆气豪”，就是讽刺商震这幕全军覆没的故事。

一九二六年冯玉祥部国民军退出北京，固守南口，张作霖与吴佩孚联合进攻，阎锡山依附张、吴，出兵雁北，截击国民军。当时，商震任晋军第一师师长兼北路军总指挥。国民军退往五原一带后，奉军并未西进，吴佩孚部也开往湖北企图阻击北伐军。晋军遂乘机占领绥远，商震担任了绥远都统，这是商由将领走向军阀的第一步。

一九二八年蒋、冯、阎联合北伐，占领了北京，北洋政府从此“寿终正寝”。商震被任为河北省政府主席。

当时，阎锡山部下的两员大将是商震和徐永昌；但他们都不是阎的亲信，商是一员降将，徐永昌原是国民三军孙岳的部下，也是一员降将，他们虽被任为晋军的师长、军长、总指挥，乃至成为方面大员（徐当时被任绥远省政府主席），但军事实权，都操在阎的亲信“五台系”师长孙楚、王靖国、杨爱源等手中。徐表面上处处“谦退”，商则在任河北省主席后，开始准备自成一个“气候”，他一面倾心向蒋介石输诚，一面在南苑成立了一个教导团，又在黄寺组织了一个河北军事政治学校，培养亲信，另编自己的嫡系部队，他的主要助手是后来当绥远、河南主席的李培基，军队方面的骨干是黄光华和高鸿文。他在占领保定时，接收了奉军留下的大批军火和一个小型修械厂，他隐匿不向阎锡山报告，留充他扩充自己部队的本钱。

阎锡山嗅觉很灵，又有着一批搜罗情报的人员，对商震这样“闹独立”的做法，岂有不知？岂能容忍？于是，就借“编遣会议”之名，宣布取消总指挥等名义，解除了商的兵权。商震看到“苗头”不好，马上表示“韬光养晦”，挂着河北省主席的空头衔，在北平成天学英文、穿西装，参加北京饭店外国人举行的跳舞会，还热心于打高尔夫球等等，总之，表示他只图逸乐，不再留心政治。其实，他那时正暗中和蒋介石和张学良多方联络，准备一旦时机成熟，即正式脱离阎老西。

一九三〇年，阎锡山和冯玉祥、汪精卫等联合反蒋，在北平举行扩大会议，另外成立所谓“国民政府”。阎把徐永昌调任河北省主席，名义上调商震为山西省政府主席，实际是把商监视在太原。山西的一切省政，仍由阎直接掌握，商丝毫也不能过问。

扩大会议失败后，阎被迫离开太原，并一度逃往大连，和日本暗中联系。一九三一年六月，石友三在顺德一带起兵反蒋，而以矛头指向北平，企图把张学良赶跑。这一幕，阎锡山是在幕后策划的，他在大连暗中派他的秘书长贾景德到天津和太原，同石的代表以及山西将领商定了行动步骤，准备石友三打到石家庄后，山西即出兵协助，共同北进，威胁平津。蒋介石了解了这情况，马上派人和商震联络，商就拉拢了他的旧部高鸿文、黄光华，带着一旅人离开太原，到井陉、石家庄一带，宣布参加“讨逆”。石友三的事平后，蒋任命商为三十二军军长，驻扎在大名、邢台一带。从此，商震正式脱离了阎锡山，归蒋直接指挥，实现了他的又一次“色变”。

商投蒋后，对蒋极力拥护。当冯玉祥等在察哈尔组织抗日同盟军时，蒋调他北上，对同盟军实行包围进攻。“何梅协定”后，商的部队被迫退出华北，驻扎河南。

尽管商震对蒋表示“矢信矢忠”，但蒋始终还把他当成杂牌将领。而蒋对杂牌军，向来有一套一成不变的成规；能利用时则充分利用之，能消灭时则尽量消灭之。在抗战期间，商的名义越来越大，由总指挥而集团军总司令而战区副官长，兵却越带越少。后来，商看到自己的“名”“实”实在太不相称了，索性辞去官职，蒋就派他当了他的参军长，直到蒋介石离开大陆，商震到日本去了。

杂牌“司令”何成濬

在国民党的将领中，有所谓“三雪”，一个是刘镇华“雪亚”，一个是陈调元“雪暄”，另一个就是何成濬“雪竹”。刘镇华和陈调元都是北洋旧军阀，一生中不知经过多少次翻云覆雨，最后投靠上蒋介石，成为杂牌军的将领，还都挂过总指挥、总司令、省主席等头衔。何成濬则一辈子在国民党里做事，实际上是一个穿着军装的官僚，他在蒋介石左右起的作用是专门拉拢、收编、安抚、分化各式各样的杂牌军。蒋介石原来只有第一军是他的嫡系部队，他一直是靠收编杂牌部队起家的，但他对于杂牌部队并不信任，一面利用，一面千方百计加以缩减和消灭；对于那些杂牌将领，则让他们“官越做越大；兵越带越少”，一旦兵消灭完了，官也就打入冷宫了，有不少还被他加一个什么罪名杀害了。这是蒋介石利用和驾驭杂牌部队万变不离其宗的办法，他主要就通过何成濬去贯彻这一套办法。在一九三〇年前后，何成濬当武汉“行营主任”和“绥靖主任”，各地军队在武汉设立办事处的不下七八十处，这里面，不仅有川、湘、鄂、赣的驻军，还有远在华北西北的杂牌军队，他们都要通过何成濬要军饷、要弹械、争地位、争地盘。何成濬也就成天和这些杂牌将领周旋。有人说，何成濬是蒋介石的旧货摊，专门代蒋清理废品；也有人说何是一个弄蛇叫花子，他代蒋豢养和盘弄这些大小的毒蛇，必要的时候，还要把它们杀死。他的号叫雪竹，大概也和弄蛇有关系吧！

一、从副官长出身

偶然在旧书堆中翻到一本一九四六年出版的《现代中国名人外史》，其中有记何成濬的一篇，看了不禁哑然失笑。不妨摘引两段，以见一斑。它对何的批断是：“综合何之为人，有胆识，无习气，一举一动，悉合规律。对于国家，对于社会，绝以开诚心，布公道为标的。对于党，对于总理，又始终忠实，历尽险阻而不变节……盖今日之人杰也。”真可谓善颂善捧。特别使人看了发笑的，是称述何的生活作风的一段，说何“生平律己谨严，律部属尤认真。每次远游，或行军，所携行李衣箧，必亲手检点，务求简单，决不假手于人。而处理公牍，必逐日结束，不任搁置。人有馈物品者，必璧谢之。部属如有人受馈遗，被发觉后，以受贿论”。这些描述，恰恰是和何的实际情况截然相反的。现在总还有不少三十年代曾在武汉生活过的人，他们都会记得当时的武汉是如何乌烟瘴气，有许多赌场、妓院、烟馆，到处是灾民，还有饿死的“路倒尸”。何成濬那时还兼湖北省政府主席，至于他的生活作风，那时的武汉人民也全知道，这位何“主席”在汉口有四个大小“公馆”，另外，还在“西商跑马场”附近有一幢别墅，美其名为“军政俱乐部”，实际是交结各方军阀政客的场所，也正是他盘弄毒蛇的场所。

何成濬是湖北随县人，生于一八八二年，他比蒋介石大五岁，他们都是当副官出身的，蒋介石当陈其美副官的时候，何成濬已当了南京留守黄兴的副官长，论地位，何还高出一筹。当时，黄克强和陈其美在同盟会中是两派的主将，到癸丑讨袁失败，流亡东京以后，彼此更相水火。黄的思想比较保守（不理解孙中山的民生主义，人称“二民主义”者），对革命前途信心不足，但人较正派，陈其美虽拥护孙中山先生同盟会为中华革命党的主张，暗中却借此打击异己，排斥黄兴等人，因此黄愤而离日去美。那时，蒋何同在东京，而各为其“主”相见时，经常是怒目挥拳的。

何成濬早年就学于武昌的两湖书院，毕业后被张之洞派到日本留学，入日本士官学校肄业，为该校步兵科第五期学生，同学有李书城，韩麟春、范熙绩等。辛亥革命后，他和李书城同在黄克强部下任职，李任参谋长，何任副官长。黄克强逝世后，他投靠“小孙派”政客集团的首领孙洪伊，孙一度任黎元洪政府内务总长，何被任为次长，因此渊源和北洋派军阀又有许多联系。旋孙因黎、段相争而去职，何的次长也被免职，于是，他又到广州，入大元帅府任咨询职。一九二二年第一次直奉战争后，孙中山与张作霖、段祺瑞暗中缔结反直系三角联盟，皖系政客徐树铮曾到桂林活动，劝说孙中山共同驱逐福建的李厚基，作为反直系的基础之一，因为当时驻闽的北洋军王永泉是徐的旧部，徐认为有把握使他“反水”的。于是，孙中山就派何成濬随徐去闽活动。不久，陈炯明叛变，许崇智部粤军由韶关退集赣闽边境，徐即策动王永泉部与粤军联合赶走李厚基，许部旋即回粤联合滇桂军击败陈炯明，规复广州，孙中山重回广州任大元帅。何那时留在闽粤边境，任总指挥职，蒋介石也被派在许崇智部任参谋长，从此，他们彼此相知，后来，何就成为蒋的得力干将。因为蒋看到当时何在交结闽省土著杂牌军张毅、卢兴邦等有一套“办法”，认为何这种“天才”，大可利用。后来，蒋出任黄埔军校校长，编组教导师，任第一军长，就派何为总参议，实际就叫他做收编、安抚杂牌军的勾当。

二、一路搜集“旧货”

一九二六年北伐时，蒋介石担任总司令，他把第四、第六、第七三个军编为西路军由粤入湘，而以第四军为主力，进攻湖南的赵恒惕、叶开鑫等部。湖南底定后，移师北指，向武汉进攻，与吴佩孚的主力相搏。这一路，打的全是硬仗，特别是平江、贺胜桥、汀泗桥三个大战役，战况空前激烈，终于在叶挺独立团的冲锋陷阵下，接连取得胜利，规复了武汉，把吴佩孚的实力消灭殆尽。中路由第二、第三军及第七军的一部分编成，从粤北湘南进攻江西。这一路，也打了不少硬仗。蒋介石把他自己嫡系的第一军编为东路军，由潮汕入闽，然后由闽而浙江、江苏。这一路，在作战同时，蒋对于地方军阀部队一直采取收买、收编的办法，一路收罗，把那些土著杂牌和北洋残部收编为国民革命军，何成濬就是以总参议的名义，一路担负起这项工作。他在何应钦的东路军还未开动以前，就秘密到鼓浪屿，利用他过去在福建时期的老关系，和福建的土著军阀张贞、卢兴邦等联络，经过一度讨价还价，交易谈成，这些部队都挂起"国民革命军"新编、暂编第几军、第几师的牌子，周荫人出走，福建就算规复了。接着，他便到了上海。

当时，吴佩孚的主力已被消灭，北伐军的主要矛头指向另一北洋军阀头子孙传芳，孙把他的重兵调集江西的南昌九江一带，而把后方的江西、江苏、安徽一带让非嫡系的陈仪、陈调元、周凤岐等部驻守，这些杂牌将领看到孙的大势已去，纷纷自谋出路。陈仪、周凤岐暗中派葛敬恩到武穴一带去联络蒋介石投靠；陈调元则在上海找到了何成濬。那时，何和他的助手张群正在上海向安徽苏北的土著军人头子马联甲、马玉仁联络。陈调元本来是看风使舵的好手，他先托人把法租界的一幢房子送给了何，并派他的如夫人去结交何身边的人，从这条"内线"开始，这一双"雪竹""雪暄"也换了兰谱。于是，何就代蒋委陈为军长，并答应他继续保持安徽的地盘（当时陈是孙传芳五省联军总司令所委的安徽军务善后督办）。

一九二七年五月，蒋介石在南京成立国民政府，何因"弄蛇"有功，被任为军委会委员、高等顾问。不久，蒋又派他秘密到了北京。那时张作霖已在北京就任中华民国临时政府陆海军大元帅，将所部奉军改称安国军；他的部下韩麟春、张学良等看出这个残局难以持久，暗中想和南京联络。正在这时候，何到了北京，他和韩麟春以及奉方的政客危道丰、雷寿荣原是日本士官同期同学，他就利用这点关系，和张学良等交结。何那时在北京的活动，还不是什么“地下工作”，而是公然以“何顾问”的名义公开活动，在什么“撷英香菜馆”大排酒筵，甚至在报上也公然登出“何成濬先生大请军政要人”的消息，这就激起了“安国军”内部有些人的不安，特别是孙传芳，他一心想借奉方的力量“规复”他的东南五省的地盘，深恐蒋奉妥协，葬送他的迷梦，于是，他就怂恿张宗昌、褚玉璞出头反对，张宗昌就在他的御用报纸《东方时报》上发表谈话，说“当此讨赤军事紧张时期，竟有赤宪分子来京活动，公然迷惑人心，本军团长决严加缉捕，就地正法，以安人心”。张学良、韩麟春连忙出来一面“辟谣”，一面制止张长腿的鲁莽行动。何就乘机去了太原。

何成濬在北京这段时期，除掉联络张学良等以外，还顺手捞了一批“旧货”，其中有张宗昌的部下徐源泉，徐是湖北黄冈人，张部直鲁联军的军长，那时任直隶军务帮办，何利用湖北同乡的关系，暗中把徐买通了，这个人后来在奉系政府垮台时及早投降了，以后就成为蒋部下主要的杂牌将领之一，成为何成濬在湖北“开府”的重要支柱。

何去太原而不回到南京，是为着去收罗更大的一批“旧货”，并为蒋布置一着更重要的棋子。那时，阎锡山虽然已经接受了“国民革命军北方总司令”的名义，但这旗号还没有公开打出来，还在蒋介石和张作霖之间看风使舵。何成濬到太原后，在阎的左右赵戴文、贾景德、商震、徐永昌等身上下了功夫，多方周旋，他最打动阎老西心弦的一套，就是答应于“北伐”成功以后，把北方几省的地盘全交给阎，由阎在北京成立政治分会，直接掌握，南京不加过问。对于这份厚礼，在阎锡山是喜出望外的，他原来认为不论从历史关系，或者从军事实力来衡量，北方的冀、鲁、京、津及察绥地区总要落入冯玉祥之手，他是难以抗衡的，他之所以徘徊观望者，原因就在于此。所以，何到太原不久，阎就挂起了“国民革命”的旗帜，分遣商震、徐永昌从京绥、正太两路出兵，并派傅作义出紫荆关突袭涿州，三路向奉军进攻。所以，到一九二八年张作霖下台出关（后被日方在皇姑屯车站炸死），国民党军占领京津后，阎就以平津卫戍总司令的名义接收在北方几个省市的地盘，何成濬担任了北平行营主任，成为蒋阎之间的桥梁。当时，白崇禧曾企图控制冀东，攫取北平的军事实权，方振武曾图抢夺察哈尔，都被何成濬以蒋的名义加以制止。

三、在新军阀火并中“弄蛇”

蒋介石为什么要把北方地盘交给阎锡山，他何所爱于阎老西呢？原来，蒋成立南京政权后，就决定了一套逐步消灭地方派系，把军队“统一于国家”的计划，先从桂系开刀。对北方，他估计自己的力量，一时无法把北方诸省控制在己手，而当时北方的最大两股力量，一是冯玉祥的西北军，一是阎锡山的晋绥军。这两股力量，都是蒋的眼中钉，都要加以消灭，但他认为“当务之急”是先消灭冯玉祥，当冯军东出潼关就任二集团总司令后，兵分六路，占据郑洛，把原吴佩孚、靳云鹏的旧部全部收编，连同原国民二、三、五军，合计不下五十万人，实力比蒋的嫡系第一集团军大了一倍以上，而且冯的基干部队（原国民一军）素质也比何应钦、刘峙等的队伍为强。如果让冯放手在北方发展，不仅北方诸省都将成为冯的囊中物，蒋将无法“问鼎中原”，而且他的嫡系部队和政府机构也将处于尾大不掉之势。所以，他宁可暂时放松阎锡山，而且决定利用阎来对付冯玉祥。后来，不让冯插手平津的接收，并以“编遣会议”来削弱第二集团军（会议决定各集团军各编十个师，蒋则以中央编遣区的名义多编十个师，结果是冯军裁遣最多，桂系的第四集团军次之，至于蒋阎军则不仅编而不遣，还要多编些军队才能编足规定的军队），所有这些，都为一九二九年的蒋冯战争，一九三〇年的蒋冯阎中原大战以及其他连年累月的混战留下了伏笔。

何成濬于一九二八年初由北京到太原，为蒋的联阎反冯的策略打下基础。以后，他又几度赴太原，加强蒋阎之间的联系，瓦解冯阎之间的关系；但还在冯的内部拉拢了韩复榘、石友三、马鸿逵等。一九二九年蒋冯战争前夕，何由太原经河南回南京，冯玉祥邀他在郑州停留商谈，准备把他扣留，一切都布置好了，是当时的河南省政府主席韩复榘暗中通知了何，何才逃出虎口，于此也可见冯对何的积恨之深。

一九三〇年中原大战时，何成濬被蒋任为“南路讨逆军总司令”，所指挥的部队有蒋鼎文、王金钰、徐源泉、上官云相、萧之楚、郝梦龄、容景芳、刘培绪、夏斗寅等部，除蒋鼎文部外，全是杂牌军，其中如徐源泉、萧之楚等人，早就暗中派人到太原与冯阎联络，其余则都在静观风色。当时战局的重点在陇海路沿线，蒋亲自在徐州、兰封间指挥，冯的主力也全部布置在考城、兰封、睢县一带，山东是辅战场，至于京汉路南段只是牵制性质，冯阎方面，也只由宋哲元指挥阮玄武等杂色军队布防，双方相持于许昌、郾城之间。何成濬那时的总部设在漯河车站，他从汉口调来一列最华丽的花车，每个车厢里都布置的好鸦片铺，每节车上都选派好几个“妙龄女郎”作为招待，这些女人都是他的总部从汉口的妓院、舞场中选来的，他还从汉口的普海春西餐馆及蜀腴川菜馆等选派名厨，真是山珍海味，色色俱全，洋酒雪茄，应有尽有，他就在这样的“总部”里，把所指挥的各军师长集中在一起，卜昼卜夜，昏天黑地，把那些将领全部泡在这“温柔”乡中。中原大战前后进行了五个月，这列花车就停了五个月。

也就是说，他为此盘弄了这些毒蛇达五个月之久。后来张学良率军进关，中原大战以冯、阎失败而告终，何也以盘蛇有“功”，被蒋任为武汉行营主任兼湖北省政府主席。当时，蒋政府的主要财源之一是“特税”（即公开卖鸦片的税，美其名曰“寓禁于征”），在汉口的两湖特税处是最大最阔的税收机关，何成濬近水楼台先得月，油水之多，不言而喻；一手弄蛇，一手贩毒，左右逢源，其“陶陶之乐”可以想见。除了“特税”外，向人民征收的堤防捐也是当时湖北的重要收入之一；可是，钱都滚滚流入何等的私囊，而沿江防堤却根本不加修补，江汉工程局形同虚设，结果，招致了一九三一年的大水灾，武汉变成水城，湖北尽成泽国，人民被淹死者二百多万，财产损失更无法估计，蒋介石不得不把何的湖北省主席免职，并裁去武汉行营，改任何为武汉“绥靖公署”主任，换汤不换药，实际上依然叫他当统驭杂牌军的“司令”，让他依然弄蛇。

一九三五年，何还奉蒋命入川晤刘湘，为蒋的图川打开道路。

抗战爆发，蒋把他调到南京，担任军法执行总监，像韩复榘等被枪杀，事前都由何做了军法审判。当时有人论及，何已从养“蛇”和弄“蛇”的司令，变成杀“蛇”的屠手了。抗战胜利后，他又担任湖北省议长，后来去了台湾。

从弄“蛇”到杀“蛇”，似可概括何的一生，也可以从中看到蒋介石利用杂牌部队起家，兼并异己，直到建立独裁统治的一段长长的过程。

阎锡山和梁化之

阎锡山也和蒋介石一样，大搞特务组织。阎锡山出身于晋北的商人家庭，当蒋介石还在上海搞交易所的时候，他已是山西督军，受过袁世凯一等候的“封爵”；他一直在山西做土皇帝，本来就有一套“土法”的特务系统，排除异己，建立和巩固他的统治。他正式搞特务组织，是在抗战开始以后，先搞“铁军组织”“文人组织”，后来又组织“民族革命同志会”；这些组织的实际负责人叫梁化之，他是梁绖武的堂侄。梁绖武是阎锡山的同乡，也是他的妹夫。当年山西督署里有名的“五妹子”阎慧卿，她的丈夫就是梁绖武。梁化之先曾有梁绖武介绍，担任阎锡山的侍从秘书，后来就被任为这些组织的骨干。

一九四〇年前后，阎曾派梁化之到重庆去向戴笠拜师学习，在重庆学了近两年，回到阎当时的老巢克难坡。阎锡山出任“民族革命同志会”的会长，通过这个组织，把他所有的文武官员，分批用歃血盟誓的方式，要大家“志会长之志，言会长之言，行会长之行”；而且发动所谓“突击密报、循环检举”，凡是“不志、不言、不行”的，就要勒令“自裁”。他们用什么“洪炉训练”“肃清伪装”来清洗部下。什么叫伪装呢？凡是有进步倾向或者接近蒋方的，都叫“伪装”，都要在“烘炉训练”中坦白自首，否则就要处死。最严酷的，是对所有阎锡山统治区域内的人民进行所谓“三自传训”。所谓“三自”就是“自清、自治、自卫”。阎锡山所实行的“三自传训”，第一项“自清”，名为“自白转生”，就是把每一乡每一村的人民分别集中起来，由梁化之所统率的“同志会”在当地的牙爪指出其中有“伪”的嫌疑人当众“自白”，四周布置着大批特务打手，如果被认为“自白”彻底了，就集中“训练”，算是“转生”了，否则，就是被当场乱棍打死。据后来有人约略统计，从抗战后期到一九四九年阎锡山离开山西为止，这几年间，山西人民在这种“自白”中被迫害的，就有二百多万人。至于“三自”中的“自治、自卫”，也就是在这种“自清”的基础上，要人民相互诬陷检举，并在“同志会”特务们的控制下，组织反共武装，听受阎锡山的宰割。

一九四五年抗战胜利，阎锡山回到太原后，一面大举收编伪军，重新掌握他统治三十多年的“铁打江山”。另一方面，大力发展特务组织，安排梁化之兼任“特种警察指挥处处长”，大批逮捕和屠杀反对他的人。

但形势的发展，并不如他的意。到一九四八年冬，太原已成了孤城，革命力量从四面八方把这个孤城团团围困起来。那时的阎锡山，嘴里还口口声声说要死守太原，并且向他的部下说：他决不离开太原，要和这孤城共存亡，如果城破，他一定和他们一起集体自杀。但他暗中却把财物秘密空运到上海，然后调往海外，同时，他叫他的南京办事处四处活动；一九四九年三月，南京的代总统李宗仁给他一个电报，请他到南京商量“要公”，他就借此乘飞机离开了这个孤城，临行还煞有介事的声言，去京公干，一定重回太原。但他到南京的几天后，就到上海全力布置他自己的后路。他派他的四儿子阎志敏到美国去，布置了公馆；又派他的二儿媳带着他的继母到台湾去，在台北成立了“阎公馆”；另外，还叫他的亲信徐士珙到日本去买房建巢；真是狡兔三窟，设想得十分周到。他自己在这一切都安置妥当后，飞到广州，利用蒋介石和李宗仁的矛盾，取代孙科而当上国民政府的末代行政院长。到是年十月初，他就到台湾去了。

当他初离太原到南京时，还念念不忘他的“五妹子”阎慧卿，打电报给梁化之，叫他把“五妹子”送到南京，但梁却回电说：“慧卿是妇女会的理事，又是组织的基干，如果离开，影响人心太大”，软软地拒绝了阎的要求。太原城破的时候，梁化之、阎慧卿以及一些“组织骨干”都服毒自焚，阎锡山到台湾后，给他们冠上了“太原五百完人”之称。

龙云事件补略

上文[1]所记事发时龙云离家情形，与事实略有出入。龙云方面人士所述，龙氏由其家走出后，实未经过蒋军之喝问。盖当时枪声之起，首在东门。其时在东门城楼上的宪兵，只有十多人。而蒋军则多在城厢之外。杜聿明“动手”的命令发下之后，城外执行命令的军队，即拟进城，而东门城门已开，城上的宪兵亦立加抵抗，故蒋兵不能进入。龙氏住宅本离五华山不远，枪声发出后，龙即出奔。那时龙绳祖住在翠湖旁边，他手下的一团人，由外县来昆后，则驻于北校场。当东门宪兵发枪之时，北校场上的龙家兵，亦已遭到蒋军的突袭，乃用电话向龙绳祖报告。龙当时对一切仍在梦中，以为不过是兵与兵之间冲突。岂料往外一看，已有蒋军包围，又复听说蒋兵坦克亦已出动，始知局面严重，乃下令北校场

[1] 上文，指本文之后的附录《蒋介石如何吃掉龙云》，作者钱履霜。

的部队实行自卫。一面又急速打电话到五华山去，问他的老太爷到了没有，回报说“没有”，他即叫在山上的警卫营立刻派一连人前往“接驾”，到了半途，即与龙云相遇，乃护送他上山。

一、无备之兵有备之袭

当杜聿明下令“吃龙”的时候，龙云手下的军事干部，多不在部队之中，乃属事实，龙云方面人士所述，龙云手下的部队，均属云南子弟，每年多有“假期”，任兵士回乡探亲。此一做法，发生了另一“妙用”，即因而逃兵甚少。当“事件”发生之时，正当抗战胜利不久，在兴奋心情之下，可说是“时当胜利好还乡”，故请假者不在少数。龙绳祖当时为独立旅长，手下有三团人，本来都驻在外县，这时因抗战胜利，他即率领了一团人到了昆明，准备接受美式装备（此事以后再说），亦乘便省亲，故可以说毫无戒备。以毫无戒备之兵，当早有预谋之囊，其狼狈可想而知。

当龙绳祖意识到大局顿变之时，城中已全入戒严状态。他的住宅离五华山有一段路程，于是，“怎样上五华山？”立即成了一件紧急待决的事。正当此时，却发生了一件“意外”的事，他在外面的一个妹妹，突然回到了他的家。他问她怎样回得了家？他妹妹告诉他，是乘卫立煌的汽车回来的。原来那时的卫立煌，是远征军司令，抗战胜利后，正从印度返昆，就住在龙绳祖的附近，卫的汽车，因有特别通行证，是故得以畅行。

龙绳祖灵机一动，经过设法，弄得了卫立煌的汽车，和妹妹坐了上去，即叫那汽车司机向外开，但到了半路，即被杜聿明手下的军队拦住。检查的兵士查问车上何人？此事何往？龙绳祖只嘱司机把臂上的特别通行证相示，其余一概不答。兵士仍欲再问，龙则嘱司机开车，因他估计：司机既有通行证，而兵士又不知车中的人究是何方神圣，汽车开驶后，料亦不敢开枪。且此时事发紧急，一纵即逝，即有万一的危险，也只好置之度外。此关一过，龙即指示司机驶向五华山下，就此登山。至此父子均在山上，乃靠着警卫营的武力，实行抵抗。

上文称当时云南有保安团队数万人，与事实略有距离。龙云方面人士所述，照当时省级编制，省有保安司令，各专区及县例有保安团队之设，但云南在“事件”发生的时候，保安团并未组成。只有几个独立营，散驻于沿边各地，归省府直接指挥。“事件”发生之时，龙云即欲调动，亦觉鞭长莫及。故事起之后，除五华山地区情形特殊外，抵抗最激烈、时间最持久者，只有北校场上的一团人。至于首先抵抗的东门城楼上的宪兵，不过只有十多人，经过枪战后，几乎全被蒋军打死。

龙绳祖既上了五华山，即打电话找杜聿明，他不知道这时候杜聿明早已不在防守司令部，自然无法联络得上。到了城内与城外的部分电话复通后，他才接到杜聿明的电话，叫他下令北校场的部下停止抵抗，避免牺牲。商量结果，双方各派参谋二人，于指定地点碰头后，最后决定停火。当时北校场上的龙云部队，每天给养靠外边供应，自被包围之后，粮食断绝，且弹药储备本来不多，亦已濒于有枪无弹之境，即欲持久抵抗，其势亦不可能了。

当何应钦碰钉之后，王振芳之飞昆，乃作为宋子文之代表，盖蒋其时正以武力相迫，只好由宋去另作周旋。宋、龙平日私交不错。王振芳到达五华山后，即向龙道达宋子文之意，谓如龙氏同意，宋愿来昆陪他赴渝，并负责保证他的安全。宋子文到达机场之后，先由军方与山上之龙绳祖商询沿途警戒情形，再由龙绳祖到山下接宋。龙云与宋见面后，乃决定随送赴渝，“事件”乃告一段落。

二、先施怀柔后予消灭

龙云赴渝后，蒋升龙绳祖为师长，固然是意在怀柔，以图略泄云南人的气愤。实则是要龙绳祖替他改编原属云南的零散武力，以收“聚而羁縻之”之效。龙家在受创之余，对于蒋介石之居心，岂有不知？故龙绳祖对于如此之升官，甚不愿就。乃表示：目下云南的一切，均已交与中央。而云南部队均属地方子弟，经过八年抗战，服役期亦早已逾限，今抗战既已胜利，应让他们还乡。彼个人亦已意冷心灰，请求从此解甲归田。此种表示，等于消极抵抗，蒋介石自然明白。他何尝怕龙绳祖一人强不就范，他怕的是龙云的武力，散到各处，造成种种不利，故非得抓住龙绳祖做个工具不可。因此又要出了两面手段，一方面不批准龙绳祖的所请，一面又电召他去重庆，“慰勉有加”。蒋介石在重庆时，曾拍着龙绳祖的肩头说：“公子哥儿肯吃苦的不多呀，像你这样的很少很少，你回去要好好地干。”这是蒋介石惯用的手法，一面吃你，一面还喂你以甜言。同时，蒋的左右又对龙绳祖说：“你是全国最受委员长重视的师长呀”，“你是第一师长呀”！等等，总之，希望用这些迷汤，把龙绳祖灌醉。

龙绳祖返昆明后，只好当那个师长去了。当时他的三个团，原有八千多人，又收编了其他的地方武力，扩充到一万多人。等到他收拾完成，集中了起来，蒋家兵对他们的监视也就更为省事了。

“事件”发生之次年，蒋介石已决定发动全面内战，蒋也认为时机已经成熟，乃对龙家兵做进一步的压迫。

龙绳祖那几团人，本来有一定的实力，在日寇投降之前，经美方检阅，亦认为有接受美式装备的条件。抗战胜利后，他把一团人带到昆明，即与此事有关。此时又经过收编工作，人数扩充，由旅改师，力量亦因而长大。蒋介石要进行全面内战，乃将后方兵力纷纷调往前线，自然不会放过龙绳祖那个师。不过更重要的原因，恐怕还是在于：(一)其时在滇的第五军等部队已决定调往前线，他们一走，若留着龙绳祖那个师，蒋介石不放心；(二)把龙绳祖那个师调离云南，则龙系的武力即全部离开了云南，有斩草除根之用。蒋的另的另一个措施，是不但要调龙离滇替他打内战，还把他们拨归第五军指挥，第五军与云南部队是死对头，更易收监视之效。可是，蒋只顾到以势迫人，以石击卵，却没有考虑到受之者的反感益深。

龙绳祖及其部下，一接到这个命令，心里都极不痛快。他们认为，第五军刚吃过他们，且把龙云也吃掉了，而今蒋介石又要把他们交到死对头的手里去，显然是要与他们为难。其次依开拔次序，前头有伞兵大队，后头有第五军，显然有意把他们押在中间，必定不怀好意。而且也知道开出去打共产党，结果不会好。且无论结果如何，也只是替蒋介石打天下，打死了固然冤枉，若是打伤打散了，不免要流落他乡，前途亦惨。因此都不愿奉调。其中有些人也想过，开到了前线之后，有机会可以逃到共产党那边去；有些人又想到，与其被调到外面去被消减，不如就在云南与蒋家军干一场。但后来顾虑到：恐怕被蒋介石弄到前线后，来一个分散使用，把你拆开，那时人微力薄，就是想造反，也再没有可能。如果就地干他一场，可是可以，但难免地方受累，吃亏的仍然是云南人，亦不上算。最初，龙绳祖向当时的昆明警卫司令霍揆彰表示，既将他的师拨归第五军指挥，又要他们夹在伞兵大队及第五军的中间出发，时间又正当“事件”之后不久，怕人人都会说：“‘老滇票’给中央军押着走了。这样子非出乱子不可。因此霍揆彰亦曾电告南京，说是‘人事不宜’。蒋介石知道后，又对龙绳祖慰勉一番，并说已令贵州省主席杨森，在他们奉调经黔时‘妥为招待’，叫他‘安心’。”

三、光棍师长妙计开拔

如此一来一往，拖延了一阵，龙绳祖等人观察形势，要想不被调出省外，绝无可能，因此就想到让士兵逃亡。后来又想，如果让他们携械逃亡，万一被“中央军”发觉，不免会被格杀，且罪名也大。因此龙绳祖又去找霍揆彰商量，说如果一定要开拔，最好是徒手开拔，这样就不会出事。而且目前缺的又不是军火，开到前线再重新装备，也并无困难。

霍揆彰一想，觉他也言之有理，终于表示同意。龙绳祖本来已预备好“报告”，便拿出来请霍揆彰在上边亲批。

龙绳祖得到霍揆彰的批准后，一方面电报南京奉准徒手开拔，先备了一个案。另一方面即在部队中收集武器，用卡车向警备司令部缴交。每连人只留步枪两支，子弹四百发，作为守卫之用。“缴械”之后，官兵随机开始暗放明逃，一天逃几千,三天之内，差不多已经逃光。逃一批，龙绳祖就将数目造报警备司令部一次，待到霍揆彰下令“格杀勿论”时，已经所剩不多。后来霍揆彰把龙绳祖找去，说是捉到了逃兵，据逃兵说，是师长叫他们逃的，龙绳祖辩道：“逃兵怎会自认他自己要逃？他们这样说，不过是想减轻自己的罪罢了。”霍揆彰又说：“他们还说你给他们路费。”龙绳祖又辩道：“哪里是什么路费，其实是他们的公积金，因为抗战已经结束，所以发还给他们。”霍揆彰很气愤，但也拿他没有办法。到得开拔之日，士兵已全数逃光，只剩下龙绳祖和几个高级人员，带了一杆旗子去报到。这一来，霍揆彰知道上当，大为光火。问龙绳祖“怎么办？”，龙说兹事体大，霍负不了这个责任，不如让他自己赴京请罪，于是在第二天，就乘飞机飞去南京。他到了南京之后，又引出了紧张的一幕。

四、下榻宪兵部

龙绳祖到南京以后，便住在他父亲的地方。龙云当时住的地方，是日寇侵占时期冈村宁次所住的房子，很大也很讲究。龙绳祖一连几天都没有外出，却不知道蒋介石已向宪兵司令部下了手令，要捉拿他。有一天，他带了手下的几个人，到下关去，突然间，宪兵把他包围起来了，说要请他到宪兵司令部去。跟龙绳祖一起去的人，咽不下这口气，都要拔枪抵抗，弄得很紧张。对方迫得拿出手令来，说明是奉命而行的，龙绳祖一看，才知道是蒋介石要拿他，罪名乃“擅离职守”。手令最后还加了个附注，说明逮捕他的地方，必得在龙云公馆以外，是故在前几天都没有出事。

龙绳祖看了手令，只好叫手下的人回家，他则随着宪兵而去。他手下的人回到龙云公馆，适逢南京《新民报》的女记者浦熙修刚在那里，浦便将消息带回报馆，后来在《新民报》上便有了龙绳祖的新闻，记得那天的标题颇妙，写的是“龙师长下榻宪兵司令部”。新闻一刊出来，社会上才知道龙绳祖被扣押了。

龙绳祖在宪兵司令部被扣了许多天，然后由陈诚和白崇禧做保人，保了出来。

龙绳祖被保出以后，蒋介石又怕他会到别处去闹事，于是要他进陆军大学。当初他表示，他早就在法国读过陆军，还读什么陆军大学！所以不肯。后来迫到没有办法，只好入了“将官班”。

龙绳祖在“将官班”读了两年，算是结业。俞济时便来试探他的意向，问他愿意到“参军处”去，还是愿意回云南去练兵？其实老蒋哪会放心他回云南去练兵，俞济时如此的一问，不过意在试探，龙绳祖也不是笨伯，焉有不明之理？他也就顺水行舟，说愿意到“参军处”去。他心想：做参军很省事，只有当外国大使呈递国书时，在旁边站一站，平日简直没什么事情好干。因此便被发表为中将参军。又因此，他在陆军大学的同学都传为美谈，说是读书也可以升官，因为龙绳祖当师长时的军衔只是少将。这位中将参军就这样做下去，直到李宗仁逃到广州，他也随这位“代总统”到了广州，然后从广州到香港来。

五、龙云妙计逃出南京

且说龙云被迫由昆明飞到重庆之后，逢人便骂蒋没有领袖风度，一直到迁往南京，仍然时时骂蒋。蒋介石这人本有他的一套，他反正解决了你，知道你空口骂他，实际上伤不了他的脾胃，是以在表面上也就充作不闻。暗中则指使宋美龄、宋子文、戴传贤、陈诚等人，三天两头去过访龙云一次，体察他的意向，一面又用了特务，监视他的行动。到了南京以后，在龙云的住所外面，就住着特务，对于他的一出一归，以及有什么人到龙家去，都登记得清清楚楚。所以到了一九四八年十二月上旬，龙氏由南京逃抵香港后，关于他如何逃出的传说，就带着很大的神秘性。

实则龙云当时既没有像有些传说所渲染的化装成老太婆，亦非单身出走。他那时坐的是陈纳德民航大队的飞机，随行者还有很多人。他离开南京住所时，坐的也是陈纳德他们的汽车，就这样一直到了机场，上了飞机。监视他的特务，平时虽然留意着龙云汽车的进出，可没料到他坐的是陈纳德的汽车，机场上的检查人员，见了美国人就怕，同样也没有注意到。当时他们由南京起飞的专机，先飞上海，再转飞广州，然后由广州转乘早已备好的船来港。龙氏于十二月十日早上安抵香港，然后打电话给在南京的龙绳祖，叫他将预留的信，分送给蒋介石、何应钦等人，说是“宿疾未痊，易地疗养”。到这时候，蒋介石才知道蛰龙已经赴海，大发雷霆。因龙宅内所有警卫人员，均由龙云亲信所担任，故登车之际，蒋的特务无从知道也。

龙云到港后，即居于浅水湾的私邸。直到次年（一九四九）四月，亦即全国解放前半年，那时蒋介石“下野”，而由李宗仁代“总统”，何应钦做“行政院长”。他们还幻想利用龙云回云南去，替他们准备一个后方，于是函电交驰，想诱龙云回南京去。同时，由蒋介石派去代替龙云的云南省政府主席卢汉，也派了代表杨文清来促驾。其时，龙云的立场已经明朗，哪会再去上李宗仁等人的当？

说道龙云与卢汉之关系，一向非常密切。正因为关系如此，故蒋在“吃龙”之前，便从各方面先向卢汉做功夫。在抗战后期，蒋曾有意任卢汉为贵州省主席，其意不外两者：一为向卢示恩，一为欲借此削去卢之兵权。当时龙曾劝卢不要丢下兵柄去当主席，卢虽终于受劝，而心中未免耿耿。闻龙被迫赴渝之后，曾托人致密函于卢，谓蒋介石独夫不足与言义，劝其由越率兵回滇，做一番事业。其后不久，卢即有飞渝谒蒋之举。龙云的亲信，于提及当年“滇变”之时，每每牵及此事，彼等认为，卢之实际态度，对于蒋介石之吃龙云，颇关重要，故顺述之。

附录

蒋介石如何吃掉龙云

钱履霜

一、龙云成了失云龙

一九四五年十月四日的下午，昆明机场上出现了不平常的一幕。当时，机场上摆着早就从重庆派来的专机，这专机所等待的乘客，就是当时被人称为“云南王”的龙云。

从这时起，龙云的“王”冠，绝对是要被剥夺了。“龙”而失掉了“云”，再也不能成其为“龙”了。

这时候，与龙云一同到达机场的，还有他的太太顾映秋，与他的亲友和旧属，都是来与龙云黯然惜别的。与他同时到机场的，还有当时国民党的行政院院长宋子文。而当时作为第五集团军总司令兼昆明防守司令官的杜聿明，也到了机场。

这真是一个滑稽而又尴尬的场面！就在前一天，杜聿明的军队还把龙云围困在五华山上，可是现在，杜聿明却对他笑脸相迎。

不用说，龙云满肚子都是愤恨，可是这满肚子的愤恨却发泄不出来。他想起了四天之前——就在九月三十日拂晚时分，他忽然被枪声从梦中惊醒，还不知道发生了什么事，他的便衣警卫已前来报告，说是外边戒严，街上的警察都被缴械了。龙云问："谁干的？"他的警卫答道："第五军。"那时候云南人把蒋介石派到昆明嫡系军队，都叫作"第五军"。

龙云一听大惊，真所谓如梦初醒，始知情势不妙，立刻吩咐他的"顾夫人"（龙云对顾映秋的称呼）端来一盆水，随便的抹一抹脸，穿上一件长衫，又戴上一顶呢帽，作了个老百姓的打扮，手上还带了一个小提包，在两个便衣警卫的陪伴下，立即从后门出走。

龙云的住宅就在五华山（省府所在地）南面，前门是威远街，后门是财盛巷。他出了财盛巷之后，不敢走大路，再转入柿花巷。穿过柿花巷，终于上了五华山。当他们经过柿花巷时，曾碰到过杜聿明的军队，对方的远处喝道："什么人？戒严了还在街上走！"龙云不敢作声。大概对方以为他们只是普通的老百姓，再没有细加理会，幸而如此，龙云才终于上了山。当龙云看见杜聿明时，当夜的那些情景，还深深地印在脑海。心中的滋味如何，真是不言而喻了。

在杜聿明的心中，不用说，又是另一种滋味，蒋介石交给他的一件重大任务——解决龙云，在几天之内便胜利地完成了。他立了一番大功，自然是十分高兴。只要龙云一登上飞机，向重庆飞去，他的任务便可告终。他久驻昆明，在私人间与龙云常有来往，有时也真到了"无所不谈"的程度，可是在神不知鬼不觉之中，却突然以兵戎相见，把这位“云南王”围困在五华山上，迫他放弃武力，交出政权，这可不能不算是狠心辣手了。可是，这种翻云覆雨的事情，在那个争权夺利的社会中，又有什么出奇呢？特别是，在反复无常、笑里藏刀的蒋介石的历史中，更不知玩弄过多少次。

前后不过四天工夫，或倨或恭，台面上的戏已经换了完全不同的两套了。前者枪口相向，铁弹横飞。而今天，在机场上，不但一片“和平”，而且，杜聿明还准备了仪仗队，供龙云在登机飞渝前亲行检阅。杜聿明还立正举手，向龙云恭行军礼。而且对龙云说：“对不起，院长！”

龙云听了道：“你是奉命行事，不怪你。从今以后，我把云南交给你了。你要对得起云南，对得起云南的老百姓！”这样的吩咐，杂着无可奈何，杂着辛酸，也杂着深藏的愤恨。

杜聿明却十分恭顺地答道：“是，院长。”尽管在心里觉得可笑。

这“院长”两字，在龙云的政治生命上，划出了一线鲜明的界线。在这以前，云南的政海人物，都管龙云叫“老主席”，而从现在起，这位“老主席”已经再不是主席了，云南再不是他的王国了。从今天起，无论他愿不愿意，也只得接受蒋介石加给他的头衔：“军事委员会军事参议院院长”。老实说，一个空头的“院长”罢了。

检阅如仪之后，龙云怀着愤恨，上了专机。宋子文也上了专机。这四五天的时间，对龙云来说，真是一个惊天裂地的变化。这时候，他从飞机上下瞰昆明，下瞰五华山，对于蒋介石解决他的一切布置，还是茫茫然。这就不能不说老蒋的手段之毒辣了！

究竟如何毒辣？飞机上的龙云不知，地面上的杜聿明则了如指掌。

二、杜聿明的神秘飞行

在武力解决龙云的半年之前，亦即一九四五年四月初，有一天，杜聿明接到了昆明机场打来的一个电话，说“老头子”（指蒋介石）要他马上到重庆去，飞机已经准备好，叫他立即动身。于是杜聿明匆匆忙忙地赶到机场，匆匆忙忙地上了飞机，神不知鬼不觉地就到了陪都重庆。

下机不久，蒋介石即召见他，蒋的劈头第一句话就问：“你来的时候，看到什么人没有？”杜聿明说：“在昆明没有任何人知道。”蒋介石又问：“到重庆见到什么人？”杜聿明说：“谁也没见。”蒋介石听了很高兴，连称“好，好”！

杜聿明心里正在嘀咕，不知道蒋介石这次突然叫他到重庆来为的是什么，上面这一番问话又更增加了此来的神秘性。这时候，却听蒋介石说：“目前我们准备对日反攻，必须先安定后方，统一云南的政治、经济和军事，以保障抗战的最后胜利。现在想调龙云到中央任军事参谋院院长，但恐怕不服从命令，你要在军事上做彻底解决龙云的准备，先将昆明附近的国防工事全部控制，然后我再命令调遣龙云。在命令到达的同时，即以武力解除龙云的全部武装，并限龙云于三日内到重庆。”说完之后，并询杜聿明有什么意见。

杜聿明听了之后，当然只有同意。同时报告老蒋："龙云目前在昆明的力量，只有两个步兵师，一个宪兵团（即三个宪兵大队），另有几个交通大队及地方保安团，散布于云南境内。在军事上考虑，解决他决不成问题。"

蒋介石听了很高兴，又说："你要立即飞回昆明，准备一切。并且要守绝对的秘密，要慎重！以免龙云及他左右的人知道了，产生怀疑。"

杜聿明接受了再三的叮嘱，在当天下午就由重庆飞返昆明。他到达昆明时，已经是晚上八点多钟。当天晚上，龙云的参谋长刘耀扬有一个宴会。杜聿明为了掩蔽自己这一次神秘的飞行，以免露出马脚，立刻赶去参加。

岂料刘耀扬一见了杜聿明就问："你到重庆去有什么要公？为什么急忙忙的去，又急忙忙的赶回来？"这一问，杜聿明倒不能不心里一惊："这消息怎么走漏了？"但是他立刻定了定神，答道："不是去重庆，是到曲靖去看部队。"由于杜聿明平日是常常到各处去看部队的，和刘耀扬等人又是经常赌饮玩乐的朋友，刘耀扬竟信以为真，没有发现杜聿明在骗他。

杜聿明接受了蒋介石的指示后，准备工作就开始了。一直到八月九日，杜聿明又应蒋介石的电召到了重庆。刚巧当天午后，传出了日本愿意无条件投降的消息。

这一个消息的到来，使蒋介石忙了一天，忙的是纷纷发出电报，禁止八路军接收沦陷区，并令日军就地"维持治安"，待命受降……因此一直到了次日的清早，才把杜聿明找去。

蒋见了杜聿明就说："你先回昆明去做好解决龙云的准

备工作，等日本投降的事情处理后，再待命实行。除了军事上要积极准备之外，还要对云南的通信、交通及各机场做周密的布置，以防龙云逃跑。”

杜聿明这次飞渝，解决龙云的计划又再逼近了一步。杜本人那时因为日本投降了，颇想到各处去受降，觉得这要比负责解决龙云更光荣些。但心中虽有此想，又哪里敢违抗蒋介石的意旨，只好一句话也不提，于第二天（八月十一日）就由重庆飞返昆明，开始准备一切，岂知刚下飞机，就听了奇怪的消息。

三、蒋介石笑里藏刀

八月十一日，杜聿明刚由重庆飞回昆明，他的英文秘书袁仲珊，就悄悄地问他：“是不是要解决龙云了？”这一问，可把杜聿明吓了一跳。但杜聿明的表面是镇静的，只对袁仲珊说：“你胡说！”

不过袁仲珊传来的消息，却也事出有因。他对杜聿明说：“从九号起，美军就下了戒严令，官兵日夜武装，禁止外出。他们的兵营，将领住的地方，以及仓库、武器、弹药、油料等等，全部严密戒备，以防龙云部队的突然袭击，他们都说要解决龙云了。而且说，不解决龙云，中国就不可能成为一个统一的自由民主的强国。”

究竟美军方面，为什么突然间会有这种举动，连杜聿明也闹不清楚。他听了秘书这一番报告之后，只好假意地说：

“日寇投降了，还谈这些事干什么！美国人以美国的眼光看中国问题，简直是发神经病！你不要听他们的说法。”

虽然从美军方面已经露出了这样明显的马脚，而奇怪的是，龙云及其左右的亲信，竟仍然蒙在鼓里，毫无所知。当年，龙云在云南，也有他自己的一套小组织：什么便衣啦，宪兵啦，为他防范异己，可是到了这种重要关头，却显然不管用了。

不过，“海面无波，焉知海底里不正奔腾着暗涌”？这正是杜聿明心里的一个结。他不能不进一步多方观察，以确定龙云本人及其左右实在有没有听到什么风声。于是，就在他回到昆明的第二天，便去拜访了他们。那天上午，他先去访了李培炎（字西平，龙云的大舅子，是龙的智囊之一。在顾映秋之前，龙云曾有妻姓李）、李培天（字子厚，龙云的二舅子，省民政厅长）、李希尧（龙的警务处长）、杨竹庵（龙的副官长）等人。当天午后，又去见了龙云，表面上是为抗日胜利向他们道喜。这一天的鉴貌辨色，使杜聿明安下了心来，因为从这种欢欢喜喜的接触中，都未发现龙云及其亲信对美军方面的动静，有任何怀疑的表示。他们居然不知道：在甜言和笑容的掩盖之下，解决他们的一切，已经在秘密开始了。

再过三天，是八月十五日，日本正式宣布无条件投降了。蒋介石在美国人的指使之下，遵照魏德迈的规定，一方面以美械装备部队，开往南京、上海、广州、汉口、北平、天津等地去接收；另一方面，则加紧了解决龙云的阴谋活动。在这件事上面，充分表现了蒋介石谋人的毒辣，他已在暗中准备动手吃掉龙云，而在表面上，却对龙云推崇备至，以麻痹对方的警惕。

当时，由卢汉率领的第一方面军，本来已有三个军：五十二军、六十军及九十三军。蒋介石要他们就近进入越南对日寇受降。本来若论兵力，这三个军已绰绰有余。可是，蒋介石怕引起龙云的怀疑，又要了另一个手段，他与美国佬都故作危言，说越南日寇有阴谋，如果接收兵力不足，恐怕会发生意外。并从各方面怂恿龙云再扩充一个军，加入第一方面军，同赴越南。结果，龙云果然把他原来留在昆明“保驾”的龙家兵——由他的大儿子龙绳武率领的一个师扩充为一个军，随同卢汉入越。

自此之后，龙云多年来所训练的看家本钱，就只剩下了他二儿子龙绳祖的一个师以及宪兵团和警卫大队了。

再数数蒋介石其时留在昆明的队伍，则还有第五军、第二〇七师、云南机场守卫司令部所属的四个团以及宪兵第十三团等。以这些兵力与龙云的兵力相比，强弱之势是相差得远了。

蒋介石就是这样：表面推崇你，还劝你扩充势力，其信任不可谓不专，其情亦不可谓不厚了。龙云又岂知当他高兴的时候，蒋介石已经阴险地冷笑：“志舟啊志舟（龙云的号）！汝已堕吾计中矣！”

四、密地、密使与密函

九月二十七日，蒋介石派他的心腹之一——王叔铭，秘密到了昆明，交给杜聿明一封亲笔信。

这封亲笔信写的是什么呢？原来在信里，蒋介石告诉杜聿明：日内就要颁布免除龙云在云南军政本兼各职的命令，调任军事委员会军事参议院院长。他要杜聿明最好是一枪不发，并绝对保证龙云的生命安全。并说龙云调任军事参议院院长，“仍然是汝之长官，必须以长官之礼相待，照命令限期送龙云到重庆”。但是，蒋介石又说，他已命令昆明的飞机归杜聿明指挥，叫杜将飞机、大炮、坦克一齐准备好，万一龙云不接受命令而负隅顽抗的话，就立刻集中火力，加以轰击！

杜聿明在事过境迁之后，曾对某人表示过，他接到蒋介石的密函后，曾经这样想：在政治上，自己同龙云是不能并立的了。可是在私人感情方面，一向与龙云相处得不错，因此，对龙云加以杀害的事，是不能做的。而且在蒋介石那封十分冗长的密函中，又说得前后矛盾，可能是想假手与他去杀掉龙云，以除后患。万一龙云死了，舆论哗然，蒋介石必定把这罪责加在他的身上，而蒋自己反倒可以装成一个菩萨似的好人。那怎么办呢？何况，杀鸡焉用牛刀，要解决龙云，又哪用得着如此集中、又如此猛烈的火力？

杜聿明焦思苦想之后，连夜复了蒋介石一封信。他在信中表示：对于解决龙云的军事，他已准备妥当。并告诉蒋，直到当天为止，龙云及其左右，对于这一切准备，仍然尚在梦中。只要蒋的命令发表，在两小时之内，便可以全部解除龙云的武装，控制五华山以外的整个地区，并恢复秩序。即使龙云占据五华山，但弹丸之地，而且只有一个警卫营的兵力，决不足以为患。到了此情此境，估计龙云见大势已去，将会自动离昆赴渝。万一龙云不听命令，顽抗到底，那是他自寻死路，与人无尤。到那时候，即用陆军解决龙云的警卫营的武装，再活捉龙云，相信也并非难事。若果用飞机大炮去轰击，不但龙云的性命难以确保，且舆论的反应堪虑。还有，五华山的建筑及附近居民的生命财产，也必然受到损失，甚至波及云南大学及西南联大师生的安全，那在政治上的反响，恐怕就更难以估计（因云大及联大均离五华山不远）。

杜聿明这一招，果然发生了作用，因为蒋介石最怕闹学潮；而且昆明还住有不少知识分子和进步人士，他也不得不怕，因此过了一天，又给杜聿明复了一封密信，同意不动用空军轰炸。但他认为龙云不会接受命令，因此对于解除龙云的武装，又做了进一步的指示。最妙的是，在信中他又特别叮嘱道："金马、碧鸡，为历史上争夺昆明之要地，得之者成，失之者败，必须以重兵占领，万不可忽！"其实蒋介石这个"指示"，无疑是纸上谈兵，用阿育王时代的神话来处理二十世纪的军事。他不了解，其实龙云在昆明的武装，都在昆明市城厢附近，金马则早在第五军军长邱清泉所部控制之下；至于碧鸡关呢，则离昆明数十里，已不是当时解决龙云的军事要点了。

在布置这个计划时，蒋介石已经暗地离开重庆。大概他怕消息一发出之后，他自己仍留在重庆，会受到政治上的影响，而打乱了他彻底解决龙云的计划。因此，王叔铭所乘的秘密专机，也不是从重庆起飞的，起飞地点，当时也是一个秘密。

五、正式动手

这里先插一段闲话，为蒋介石“鞠躬尽瘁，死而后已”的陈布雷，有一天，忽然接到了蒋介石叫人送来的一封电报，电文说的是：“此间气候宜人，似可到此一游，明日有便机可搭，盼来。”他才知道蒋介石已去了西昌。

再有一段插曲，在九月二十九和三十两天，亦即杜聿明正式动手的重要时刻，杜聿明一再拍电向蒋报告执行命令情形；老蒋却拍电来责备他办事疏忽，说他对于处理如此重大的事情，竟一天一夜不给他拍一份电报。

杜聿明一再拍电报告，而蒋介石却又拍电责备他，这不得不算是一件怪事吧？当时蒋的来电，是由空军第五路司令晏玉琮译转给杜的。杜拍给蒋的电，则另有一本专用的密电码。到了后来，“侍从室”的俞济时才告诉杜聿明，原来当时他们忘记把那本密电码带去，又不敢向蒋说明，所以根本无法将杜的电报译给蒋看。这种情形，看来似乎近于儿戏，但正好说明，不但陈布雷不知道蒋的行踪；就算跟在蒋身边的最亲信机要人员，也不知道蒋介石当时在西昌搞的是什么把戏。如果知道是如此重大的事情，又哪敢问而不报？蒋的城府如何，这些经过，可作深刻的说明。

蒋为什么选择了西昌，另一个原因，可能为的是观察和监视刘文辉的动静。那时候在西昌已设有行辕。蒋在九月十九日，即下达密函的八天前，便已到了那里了。

因此，王叔铭的飞机也是从西昌飞出的。与他一同飞到昆明的，还有准备出任云南民政厅厅长及代理云南省主席的李宗黄。上面所提到的所谓“便机”，就是把李宗黄载到西昌去的飞机。李到西昌接受了蒋介石的命令之后，就与王叔铭到昆明去了。

蒋介石的命令共计有如下的三件：一、免去龙云军事委员会委员长云南行营主任、云南省政府主席本兼各职；云南行营撤销。行营所属人员由中央统一安排。云南地方军队，交由昆明防守司令官杜聿明接收改编；云南省政府交卢汉接收，在卢汉未到任以前（卢这时入越对日受降），由云南省民政厅厅长李宗黄代理。二、任命龙云为军事委员会军事参议院院长。三、任命卢汉为云南省政府主席。

杜聿明开始行动了！在九月二十九日晚上，他到了昆明市北的岗头村，原来他早已在那里准备了指挥所。他召集团长以上的干部及李宗黄等人到那里开会，下达命令。命令的要旨包括下列各项：一、摘录蒋介石命令要旨。二、命第五军军长邱清泉指挥第九十六师、第四十九师，包围昆明市城厢的龙云武装部队及警察，解除他们的武装。三、命第九十六师师长黄翔所部担任解除昆明市东郊暂编二十师之一部（约一个团）、东城门楼宪兵大队与金碧路、正义路至华山路间昆明市警察武装的任务。四、命第四十五师师长胡常青指挥所部担任解除北校场营房及北城门楼宪兵大队武装的任务。五、命第二〇七师师长罗又伦指挥所部担任解除曲靖某团及县保安队武装的任务。六、命云南机场守备司令郑延笈指挥各机场守备团警备各机场，并严格检查各机场往来乘客，以防龙云逃走。七、命宪兵第十三团担任昆明东西南北各公路、铁路要道的检查。八、命昆明防守司令部通信营控制昆明各电报、电话机关，凡属龙云对各方往来电报一律检扣，并将电话线截断。九、命第二百师师长熊笑三率领所部有罗茨县延滇缅公路经碧鸡关开至昆明市西郊，作为预备队。十、实施办法：各部队部署就绪后，将预先印好的蒋介石命令交给龙云所属军警宪兵各部队长，若有不服从命令交出武器者，即以武力解决。对于街市警岗，则用行军通过街市方式，前面大队通过，由后面队尾对每一岗警留下两个士兵，一人监视，一人拿出命令，劝其缴枪。十一、将解决龙云命令送交美方一份。十二、各部部队到达准备位置后，预定翌晨五时以电话联络，开始行动。同时将蒋的命令送交龙云。

杜聿明把各项命令下达后，时已午夜，离动手时间只有五个小时了。因此，各人均说时间来不及。

六、一声令下

杜聿明手下各将领因为时间太迫，言下都有难色。只有杜聿明本人却“指挥若定”，因为他早就做好了准备工作，只是未明白告诉各人罢了。当下他对各人说：“一切详细部署及解决龙云的具体办法，就是大家曾经演习过的‘沙盘演习’；你们官兵都参加过演习，不会来不及的。”各人听了，才恍然大悟，由沉重转为轻松，立刻分团出发去“吃”龙云去了。

究竟杜聿明的暗中准备，又是怎么回事呢？那又得回溯到八月十一日他从重庆见蒋返昆之后的事。那次他回到昆明后，在军事方面，就借着日本即将投降，要准备到沦陷区各大城市解除日寇武装为理由，对各部队排长以上干部，亲自教过“沙盘演习”。各部队并分别实施过排连战斗演习。对于如何投送蒋介石命令，解决龙云部队，杜聿明也做了准备。并且根据龙云所部排、连、营、团等兵力大小和驻地工事好坏程度，决定了不同的火力兵力部署，以及应取的战斗战术方法。同时，对云南各电报、电话、公路、铁路及各机场，也准备了一套严密的控制办法，以便在蒋介石的命令发表后，使龙云与各方隔绝，既不能逃走，也无法对外联络。只留给龙云一个五华山及一营卫队（又称警卫大队），让他看到大势已去，不得不俯首帖耳，服从蒋介石的命令。

杜聿明的这些准备工作，前后经过了一个月之久，才告完成。因为他伪装得很好，所以在昆明的人，包括他的部队干部在内，都未曾察觉到他是在为蒋介石吃掉龙云的阴谋做着工作。他虽然常在部队中间教这教那，但因为他平时也随处视察，给部队上课，他的那些暗中工作，也就未为人所注意。在另一方面，在这期间，杜聿明又借着庆祝抗日为名，广事交游，经常举行宴会、舞会，或者与云南的朋友玩到通宵达旦，总之，花天酒地，风流快活，以掩护自己，并模糊他人的感觉。一直到正式动手的时候，内幕才揭穿了。

且说九月三十日早晨五时到了。杜聿明所命令的各部队，均已到达准备位置，并给龙云所属部队送去蒋介石的命令，蒋介石给龙云本人的命令也同时送了出去。杜聿明则在指挥所内，等候着各处的报告。

消息传来，东北校场上的龙云部队及宪兵大队都表示愿意遵照命令；唯独东门的宪兵大队不接受命令，不准任何人接近城楼。据说，当时有一个居民，说他同宪兵大队的人相熟，自告奋勇，愿将信送上城去。那人得到宪兵大队的人的同意将信送上去之后，对方一看命令是要他们缴枪，于是就开火了！

东门开了火，枪声四起。北门和北校场接着也发出了枪声，各处就打起来！

这时候，杜聿明手下的部队，正可谓以大吃小，有恃无恐，立刻下令“放炮！”于是枪炮之声大作，把整个昆明城都惊醒了！震动了！

到此，龙云及其所部，才知道蒋介石要把他们吃掉，可惜发觉得太迟了。那时候，除了东门部队有队长之外，其余的团、营、连长甚至排长，多数都不在部队中，更不要说是师长了。在这样的情形下，一方面兵多势大，一方面人少势弱。一方面早有阴谋，早有布置；一方面毫无准备，群龙无首。龙云的一方，只有吃亏的份儿了。大概到早上六点多钟，杜聿明已接到往城厢视察的参谋回报说：已经把龙云军、警、宪的武装解决。

只有五华山地区，龙云和他的一个警卫营还在抵抗。在当时，他还不能够明了蒋介石阴谋的全部内容。

七、龙云拒绝下山

龙云的地方武力，除了在昆明的人马之外，在各县的保安团队，也有好几万人。事变发生后，龙云在五华山上，即向他们发出电报，命令各专员县长率队向昆明集中。他不知道，那时候所有的电台和电报局，早就被蒋家军及其特务所监视，因此全部发不出去。龙云也不知道，蒋家军之所以不向五华山发动猛烈的攻势，乃是蒋介石的一种政治策略。

五华山被围后，蒋介石一再催促龙云赴渝。杜聿明的手下控制了广播电台之后，又一再在广播上播出欢送龙院长赴渝的催请，并传令街市店铺悬旗欢送。他们围住了龙云之后，便连这种谑而又谑的戏弄也使出来了。

可是，龙云仍然坐镇在五华山，并无下山之意。

这时，李宗黄等人已经等得不耐烦了，或许是想早几天过过“代主席”的瘾，就找杜聿明说：龙云是个独眼龙，至死不会回头的，不如进一步以武力解决。杜聿明一方面怕万一伤害了龙云的性命，要替老蒋背黑锅。另一方面也认为龙云既然走不了，困守一隅，始终要屈服于蒋。因此不赞成李宗黄的建议。

九月三十日上午六点多钟，杜聿明认为“大事已定”，便下令解除戒严。美、蒋官兵和吉普车，即时在城内到处奔驰，横冲直撞，大叫“顶好！”以庆祝“胜利”。料不到就在这段时间，城内枪声再起，便衣队随处出现，向蒋家兵“报仇”。于是城内又重新陷入紧张中。有些被抓的便衣队供称，他们都是龙云的旧部，现在这样对付龙云，他们不服气，要同蒋家军拼命。有的又说，他们奉龙主任的命令，要把第五军驱逐出城。在这次骚乱中，双方都有死伤，昆明全城，又重入戒严状态。

戒严之后，全市杀气腾腾，形同死城！除布满了武装蒋军之外，居民均关门闭户，不敢外出。蒋军随处搜查便衣队，居民深受骚扰，一直搞了几个钟头，才算“基本肃清”。

本来，在九月三十日上午，杜聿明就贴出了“安民告示”，解除戒严，恢复正常秩序。这一来，才知道并不如此顺当，迫得改变计划，只将昆明金碧路以南及昆明城东西城墙以外地区恢复交通，但城内及与西南联大毗连的地区，则仍然继续戒严。

为什么蒋军要在这个地区继续戒严呢？为的是怕龙云的反抗行动，与西南联大师生的民主运动结合起来，使蒋介石在政治上发生更大的困难。因为据特务报告，有些人有“龙云的武，就是民盟的武力”的说法。他们不能不紧张。

再度戒严之后，接连两三天，不但城内居民无法采购粮食蔬菜，特别是西南联大数千人的伙食，立刻也发生了问题。当时西南联大总务长查良钊非常着急，第五军兵站分监蒋瑞清知道了这个情况之后，生怕因而引起学潮，建议送些军粮去供应联大，杜聿明一听很对，立刻叫他向联大师生送米送面，大做“好人”。

在解决龙云的过程中，自始至终，杜聿明对于联大师生，暗中做着严密的戒严，以防止他们集会活动，支持龙云。他耍了两面手法：一面假意地派人慰问西南联大师生，一面却将“联大”师生的对外交通和通信联络完全截断。因之，在解决龙云之时，“联大”师生的对外联系是隔绝的，少数住得较远的师生也无法与校中取得联络。他们除了从昆明的《中央日报》及《和平日报》上看到公布的蒋介石命令及蒋军单方面的消息外，对于龙云方面的情况，可说完全隔阂。即使有人要采取同情龙云的行动，也没有这种可能。作为蒋介石的亲信，杜聿明不但筹之已久，抑且筹之甚密。

现在再说回头，在龙云武装被解除后，杜聿明曾几次派人劝龙云及早赴渝，但均遭拒绝。他想：“怎么办呢？”终于做了另一种决定。

八、何应钦碰了钉子

在解决龙云的过程中，杜聿明一直在岗头村指挥所内，并没有回到城中。现见屡劝龙云无效，于是下令开放市区的一部分电话，以便于和地方人士取得联系。

果然，到了十月一日午后，昆明的绅士及龙云的亲信李西平、李子厚、李希尧等人，给杜聿明方面取得了联系，表示想到岗头村与杜商讨龙云赴渝的办法。杜当即表示同意。

他们见面之后，有的人如李子厚等，则替龙云抱不平，说蒋介石和杜聿明做得太过火了，要不然，龙云不会不接受命令。有的人如李西平等，则说龙云太固执，又说早就有人劝他辞职，他不肯，到了今天，只有接受委员长的命令，他还是不听。其实还有什么可闹呢？说来说去，到了最后，他们表示愿意去向龙云疏通，劝他早日赴渝，息事宁人，使大家都好。

他们又提出了：一、希望解除戒严，给予居民生活上的方便。二、对于龙云的旧部，能予以安排。

杜聿明对他们说：第一、希望他们回去劝“龙院长”遵照“蒋委员长”的命令，于十月四日飞重庆就职。第二、昆明城内，可自明日（十月二日）起，除五华山外，解除戒严。

第三、龙云的旧部，转请“蒋委员长”全部安置。

于是这些人就回城劝驾去了。大概龙云也感到大势已去了，所以，一方面表示对蒋介石的命令是服从的。但另一方面又表示，他在云南十多年，一切手续要交代，要时间，决不愿意在十月四日前往重庆。这时候，蒋介石所派的专机已经到了昆明，但龙云却坚持不肯走。

于是，又形成了僵局了。

蒋介石可等得焦灼了！他生怕事件拖延过久，会发生其他问题。因此，急派当时已到了南京接受日寇投降的陆军总司令何应钦，于十月二日飞去昆明，蒋派此“大员”赴昆劝驾，也意在表示“客气”。他早已惯用了这样的手段：打了你两巴掌之后，紧接着就呵你几下，有时则是连打带呵，有时则是先呵后打。他派何应钦由宁飞昆，耍的也是这种花招。

何应钦于十月二日午后到达昆明机场，一见到杜聿明就说：“叫你们不要胡闹，现在闹出事，弄得骑虎难下，又要我来做善后。”看何应钦的神态，当时好像满怀信心，自以为一定劝得动龙云。岂料不然，他还是没离开机场，龙云就给了他一个硬钉子碰！

原来，他下机之后，就到机场空军司令部给龙云打电话。但龙云连电话也不接，并拒绝他上五华山。

何应钦就此碰了一鼻子灰。打完电话之后，再见到杜聿明时，又十分尴尬地说：“龙云是这样一个不明大义的混蛋，幸亏你们用武力解除了他的武装，不然真要造反。蒋先生还是有先见之明。”这个满口“大义”的“大员”，一转脸间，自尊心受到了打击，“老头子”的嘱咐不能交代，意见就大变了。

紧接着，第二个专差又到了。那是中国银行昆明支行的行长王振芳，也奉了蒋介石之命，由渝飞昆。他与龙云通电话之后，龙表示欢迎他去五华山会谈。不久之后，王振芳回到了机场，说龙云表示：必须行政院院长宋子文亲到昆明，并保证他的安全，他才肯到重庆去。

王振芳立即与重庆通长途电话，并立即飞回重庆。第二天，又有专使来到昆明。

九、蒋介石的权术

第二天，即十月三日，宋子文即由重庆飞到了昆明，他上五华山与龙云长谈之后，并向龙云表示：目前不去重庆是不行的，因“老头子”不会答应。必须先到了重庆，其他的事都好办。若这一步不先做了，他在老蒋面前便很难说话。到了最后，龙云才表示愿意在十月四日赴渝。因此第二天，龙云便登上蒋介石派出的专机，被迫离开了他的“领土”和家乡，向重庆飞去了。

悲剧的主角走了。可是蒋介石的把戏还没有完场，不过分为两台进行，一台仍在昆明，一台则移到重庆罢了。

龙云到了重庆以后，住在“李家花园”，这李家花园是云南人的别墅，在高高的佛图关上。他暗里骂蒋介石，明里只好骂杜聿明。说杜聿明动用武力之先，并未将蒋介石的命令送给他（这也是事实），如此乱搞，简直是一种蔑视国法、背叛长官的行为，因此要求蒋惩办杜。并说，否则即使他本人能原谅杜，云南老百姓也不能原谅杜，势必造成更加混乱的局面。龙在往访的人面前，也一再骂杜聿明，其实也是借此骂蒋。有一天关麟征去看他，龙又说一定要惩办杜，一定要将杜调开，并表示欢迎关麟征去云南。这些情形当然全部入到蒋介石的耳中，因此，蒋又在盘算着另一套计谋了。

现在且先说说，在昆明继续上演的戏又是怎样。龙云赴渝之后，蒋介石接着指示杜聿明，要将龙云的残余势力彻底肃清。杜聿明即将龙云的旧部集中起来，编为一个师及一个宪兵团，并令昆明市所有龙云过去的文武官员，将私人武器限期登记，不许私藏军火！蒋介石为了表示他的“大公无私”，并想借此在云南人面前造成另一种烟幕，以迷糊他们的视线，便硬要龙云的二儿子龙绳祖，去当那新编的一师的师长。从此之后，龙绳祖的一个师和那个宪兵团，实际上是在蒋家军监视之下，成了“笼中之鸟”了。广东人有“攞景”及“摆景”的话，这正好拿来形容蒋介石的手法，他先将你“攞景”，然后还要你来“摆景”，以装点他的“菩萨”容颜。

等杜聿明的工作告一段落之后，蒋介石的把戏又要到杜的身上去了。他为了安抚云南的“舆情”，又另作了布置。

到了十月十四日，杜聿明就接到蒋介石的命令，要他赶快到重庆。杜在十五日飞渝，蒋即召见了他。先则优礼有加，并“垂询”了解决龙云的经过。杜聿明一面报告，他一面微笑道“好”。到后来话意一转，便说：“你解决了龙云，对国家是立了大功。可是却得罪了龙云，也应该为国家（实则是为蒋）背过。我决定表面上先公布命令，将你撤职查办，然后调升你去东北当保安司令长官。你看怎样？”

杜聿明本是个因能为蒋背过而爬上去的人，很了解蒋的心理，因而慷慨地答道：“只要于国家有利，个人不计较任何名利地位。”蒋介石会演戏，作为“高徒”的杜聿明，台词也编得不坏。

蒋介石听了很高兴，立刻笑容满面地说：“你这样识大体，明大义，很好，很好！就照我的命令办吧。不过因为龙云的关系，处分你的命令要先发表。你明天先回昆明去办交代，十八号再到重庆来，我再发表你去当保安司令长官。”杜聿明便敬礼而退。杜聿明不禁想起：好在没有用空军炸龙云，否则万一出了岔子，这黑锅更不知怎样背才行。

到了十月十六日，蒋介石就发表命令：杜聿明在云南处置失当，着即撤职查办。并调关麟征为云南警备总司令。蒋介石还特别交代这个命令要在重庆《中央日报》上用头号标题发表，借息龙云的余怒。蒋介石一向惯用权术来处理他的所谓“国家大事”，这是他半个月来处理龙云的最末一个权术了。

但是，说到蒋介石要吃掉龙云，却是他谋之已久的事，若要回溯起来，至少得推回十年以前。在下面不妨说一个梗概。

十、借抗战加紧图滇

正当红军长征之时，蒋介石借着“剿匪”为名，一方面把自己的势力深入川、黔等省，一方面也进行着分化、消灭这些地方势力的工作。一九三五年（民国二十四年）四月，他由汉口乘飞机赴重庆，搞了一个段落，又由四川飞往贵州。那时候薛岳的军队已经占据了贵州，蒋就下令改组贵州省政府，任吴忠信为省主席。到此，他不但掌握了"军"，同时又控制了"政"。他所以选用吴忠信，乃因贵州与广西接壤，广西是李、白的天下，而吴忠信与李、白有私谊。蒋为了减少李、白的疑惑，所以便放下了这一双棋子。

等到川、黔局面大致已归掌握之后，蒋介石就飞往昆明，观察龙云的动静。他到达昆明之后，住在东陆大学（即后来之云南大学）的前院。蒋这次的昆明之行，表面上极力笼络龙云，实际上已开始了图滇谋龙的准备工作，所以对于龙氏左右，已在"调查统计"之中。在陈布雷死后才公开的《回忆录》中，便可寻绎到此中消息。陈曾记述当日的情形说："残匪在会理、西昌间窜伏甚多，蒋公某日约龙主席同乘飞机巡察匪势，为之指点进剿方略。龙主席自谓乘飞机尚为第一次，观蒋公在城中指点山川，剖视方略，益叹服总裁之伟大，为余等言之者再。蒋公对龙主席亦备极称许，谓其坦易而明大义，故到滇以后，与之讨论如何振兴文化、产业，以建设西南国防根据地，其他政事，虽龙君屡请指导，蒋公均仅示大概，嘱其全权负责，不愿责以速效焉。余等居滇，亦多与文化、建设方面之人物往还……各厅厅长过从较密者，为建厅张西林（邦翰）、教厅龚自知及省委（前实业厅长）兼富滇银行行长缪云台诸人，而缪君言论识见，尤有过人者。民厅长丁兆冠思想稍旧，财厅长陆子安则极深沉而不多言。

然省府诸人之意志一致，则非四川之可比云。”

从这段记述中不难窥出，蒋介石当时表面对龙云十分笼络，暗里已在做着收买分化的研究工作。他对龙云之不得不保留客气，不能不说与云南“省府诸人之意志一致”有关，所以在做法上，与对付四川的又别是一套。可是，前后不过十年时间，当日对龙云“备极称许”，大夸其“坦易而明大义”的蒋老介，就用极不“坦易”的手段，使不“明大义”的杜聿明，以迅雷不及掩耳的强横武力，去把“明大义”的龙云干掉了。

抗战时期，武汉撤退之后，重庆成为陪都，云南也成为大后方的后方。蒋介石“卧榻之旁，岂容他人鼾睡”？因而谋滇更亟。这时候，有了抗战为理由，题目更大，做起来更可以放手了。在这里，我想提一提宋希濂的一番话。据宋说，当一九四一年十一月，他被派为第十一集团军总司令兼昆明防守司令的时候，蒋介石就曾对他“面示”过：“你到了昆明之后，首先要了解云南的情形，搞清楚昆明附近的地形，对各重要据点，要确实控制，随时提高警觉，并与王叔铭密切联系。”王叔铭是蒋介石的心腹之一，当时当的是驻昆明空军司令兼空军学校教育长。

宋希濂还提到过一九四二年二月，蒋介石与宋美龄到昆明的一段经过，这段经过，使人觉得蒋介石胆小得可笑。不过从另一方面去看，也可以窥见他对于“坦易而明大义”的龙云，究竟怀着如何的戒心。

十一、调出来和开进去

据宋希濂说：蒋介石那次到昆明，当晚是住在黑龙潭的一栋公寓里。第二天一大早，即赶紧移住到距昆明四十多公里的安宁温泉。到了那里之后，又觉得安宁温泉还是不“安宁”，即命宋希濂立刻派一营亲兵前往担任警卫。到温泉的第二天，蒋夫妇约宋夫妇在温泉吃午饭，宋希濂到达的时候，蒋正在外散步，宋美龄对宋希濂说：“你们校长来到昆明的那天晚上，一夜没有睡。那栋房子黑黝黝的，乌鸦乱啼，警卫部队又不是中央的。你们校长自西安事变后，警觉甚高，所以那天夜里很焦急。来到温泉后，因为你派了部队担任警卫，他很高兴。昨天下午我和你们校长出去散步，有一个哨兵向他敬礼，他问那个哨兵来干什么，那哨兵回答说是来保护委员长的，他高兴极了。”可见即使到了那时候，蒋还是随处防备着龙云，竟至于闻鸦啼而难安，拥美龄而不寐的。你龙云对他“坦易”，他对你可并不“坦易”啊！

不久，蒋介石访问印度回来，又在昆明住了几天。有一天，他集合驻云南各部队团长以上军官训话，时间是上午九时，地点在西门外农业专门学校。在早上七点多钟，他便把宋希濂和七十一军军长钟彬找去，当面吩咐钟彬和各师副师长都不要参加集会，且要叫各团的副团长守在团部，并使部队处于戒严状态，但不要泄露消息。宋、钟两人当时心里嘀咕，但不明白老蒋要搞些什么。后来才明白，他如此的紧张，不过是为防备龙云罢了。当天下午，蒋又找宋希濂和关麟征去谈话，要他们把云南情况、龙云及其左右重要人物的平日态度，向他详细报告。最后还指示他们，要设法多和龙云左右的人亲近，拉拢关系，并随时注意他们言动，报告给蒋。但不要做得着急，以免被对方觉察。

当晚九点钟，蒋介石又再把宋希濂找去，叫他过几天到西昌去，了解刘文辉在那里究竟驻有多少队伍，以及西康和云南之间的联络情形，事毕后即向他报告。所以，第二天上午蒋介石飞回重庆，宋希濂随亦飞去，做特务活动去了。宋希濂把“工作”做完后，即将刘文辉武力分布等情，写成了书面报告，亲自带往重庆，交由蒋的侍从秘书亲自承转给蒋。蒋亦召见了他，“嘉许”一番。并叫他早日飞回昆明后，注意防范龙云与刘文辉的“异动”，并实行控制昆明附近各重要据点。

由上述的事实，可以说明在一九四二年时，蒋介石便已有解决龙云及刘文辉的准备。

除了这种见不得光的准备工作外，在军事上，蒋的做法又分作两方面：一方面是把龙云的武力调离云南，一方面是借着抗战，因利乘便，在云南境内扩充“中央军”的势力。这种做法开始得很早，在抗战初期，即一九三八年，蒋已以抗战统帅的权力，将龙云经过多年训练、并用法国武器装备起来的精锐主力抽调出境、他命卢汉为第一集团军总司令，带了两个军到湖南第九战区参战。以当时的装备水平而论，蒋的“中央军”的军容与这支云南军队相比，还有逊色。

到了第二年（一九三九）的冬天，日寇侵入桂南并接着侵入越南以后，蒋又命卢汉率领第六十军，并命第九集团军总司令关麟征率领第五十二军，由湖南经广西百色开入迤南（云南通称滇南为迤南），沿滇越边境布防。这是蒋介石的军力第一次进入云南，也是蒋介石为吃掉龙云而下的第一着棋。

继后发展的国际情势，又使蒋介石有了进一步在云南扩大其势力的条件。

十二、美蒋的一致

一九四一年，中英军事同盟成立，双方准备协力保全滇缅公路及仰光的国际交通线。因此到那年秋冬间，第五军又开入云南。蒋又在云南成立了军事委员会驻滇参谋团，由林蔚任团长，并成立防守司令部，以杜聿明兼司令。跟着，第六军和六十六军又在黔滇边境集中，准备出国与英缅、英马军协同作战，同年十二月“珍珠港事变”，及后马来亚与缅甸的局势迅速变化，远征的事也一再发生阻碍（因这与本文无关，暂且不说）。但由于此种发展，到了一九四二年，开入云南的蒋系“中央军”已有第二、第五、第六、第八、第五十二、第五十三、第五十四、第六十六、第七十一等九个军了。

这时候，真可谓大军云集！而美国空军及陆军，入滇的也愈来愈多。自此之后，交通、运输、补给等等，都极为繁忙。尤其是美军方面，因建造机场、营房等等，所有关于占用土地、征购材料等事，均与云南的政治经济发生关系。就在这种情况下，蒋、龙及美、龙之间的矛盾亦日益增加，且日益尖锐。美方且向蒋提出过，非解决云南的“政治问题”不可。蒋有求于美，因此美、蒋与龙之间的关系，亦可想而知。蒋又利用美、龙之间的矛盾进一步为自己“统一”云南的夙愿做着布置。随着势力的扩大和深入，蒋介石的特务也布满各处，如滇缅公路局、滇缅运输处及昆明防守司令部等机关、部队中，均有“军统”的“调查室”。“中统”的特务又打入了别的机关。总之，对龙云的罗网一日密过一日。

美方对于解决龙云，也是比较积极的。在日本投降前，美方已要求“解决云南政治问题”；当杜聿明由渝受命回昆明时，美军即传出要解决龙云的消息；杜聿明正式动手时，要将解决龙云的命令，正式送交美方一份。单拿这三件事来想一想，其中关系，亦已不难了然。

当时的龙云，对整个局势的估计，是缺乏远见的，对蒋介石也估计不足。另一方面，这时蒋在云南，已经根深势大，网罗极密，更有美军的万余人在此，龙云亦不能不说是势迫处此，难以为继。他一向怀疑蒋会用暗杀手段对付他，可不曾提防蒋会突然以兵刃相迫。

蒋介石如此吃掉了龙云，也使其他的地方军政人员，得到了一点教训。比方刘文辉、邓锡侯等人，就是受到了这一事件的教训的，这对于他们后来的起义，不能不说有影响。

辑三

赵凤昌和周善培

——谈旧中国的两个政客

旧中国的政治舞台上，出现过形形色色的政客，他们依附着大军阀、大官僚，在军阀混战的连台本戏中，在历次的政变、复辟等等丑剧中，他们敲锣打鼓，并扮演着各式各样的配角。北洋军阀时期的统一党、进步党、研究系、政学系等以及国民党统治时期的CC系、新政学系等等，都是这些政客的集团。

也有这样一类的政客：他们并不属于任何集团和派系，也很少出头露面，报纸上难得提到他们，所谓“名人辞典”上也找不到他们的名字，但他们的出卖风云雷雨的本领，却远比那些出头露面的马路政客为大；如果我们把旧中国政治舞台的内幕揭开，总可以看到这些人的影子，他们在幕后帮腔、牵线，乃至参与排演的工作。他们比前台穿着八卦道袍或抹着白鼻子的配角要重要得多。

我今天想介绍的赵凤昌和周善培两人，就是这类政客中的杰出人物。

一、张之洞的幕僚端方的间谍

辛亥革命以后，中国一度成为资产阶级民主主义的共和国，但为时不久，孙中山领导的革命政权即被袁世凯所篡夺。袁世凯所以能把辛亥革命的胜利果实抢夺过去，谁都知道，他除了外国势力的支持，内部则得力于立宪党人张謇等的帮助，而在暗中策划、设谋并分化同盟会力量的关键的人物之一，就是我们所要谈到的这位赵凤昌（竹君）。

让我们先抄几段档案材料，来看看这位赵竹君的出身，看看他是怎么样的一个人。

在故宫清理出来的有关“苏报案”的档案中，有以下几条：

（一）光绪二十九年闰五月十二日署湖广总督端方致探员赵竹君电：“上海读：（这个‘读’字并不是读书的读，而是赵竹君作为探员的代号）请即觅《革命军》数册，并近日《苏报》逆论数纸，速由沪飞寄抱冰（即张之洞，时在北京任军机处军机），至要。方，文。”

（二）光绪二十九年闰五月十五日署湖广总督端方致探员志赞希、赵竹君电：“急，上海坚、读同鉴：中外日报谓章（太炎）龙（积之）邹（容）皆自投到，非拿获，确否？苏报‘革命军’已寄抱冰否？近日审讯情形如何？均盼速复。方，咸。”

（三）同年闰五月十六日探员志赞希致兼湖广总督端方电："武昌署督宪端鉴：密，六犯均是捉获。竹（即赵竹君）已将报、书寄抱冰。刻尚未会审。容探明续禀。坚。"

（四）同年闰五月十八日探员志赞希、赵竹君致署湖广总督端方电："武昌署督宪端鉴：密，电探沪道商英日两领非在公廨讯不肯签字，嗣诸领会议始允拿人。报馆须讯定再封。（中略）昨诸领得北京公使电，言外部商务解宁，诸领难之，已密探其宗旨。刻嘱各律师将逆语译出，以便廿日上堂。此沪道连日议办情形。坚、读同叩。印。"

从这几段档案中，可以看出当时的赵凤昌只是端方派在上海做"地下工作"的一个密探。原来，"苏报案"虽然名义上是由清廷叫两江总督魏光焘出面交涉，实际上则由张之洞和端方分别在京、汉主持，他们主要是依赖美国人福开森在上海和各国领事接洽，封闭《苏报》，拘获章太炎、邹容等（福开森原来在两江总督刘坤一手下当外国顾问，庚子年参与策动"东南互保"，因而结识了张之洞，他那时在上海办《新闻报》，又担任湖广总督端方的参赞），同时端方又派赵竹君等在上海担任密探，根据他们探报的情况，指示福开森就近向各国领事和租界当局交涉。

赵凤昌怎样会当了端方的密探的呢？他是江苏常州人，并不是什么"正途"出身的人，是年经人介绍，在湖广总督张之洞幕下当过书吏，因为小有才，善于逢迎，深得张的欢心，后来由张保举，出任过知府，在知府任内，被北京的御史老爷告了一状，说他"贪污舞墨，有沾官箴"。结果，清政府命令张之洞把他开革，永不叙用。从此，他"隐居"上海，把历年贪污所得，在上海南阳路造了一片高级的住宅，出租营利。自己住了一幢，把他的客厅称为“惜阴斋”，以招纳当时上海的一班马路政客和过江名士。张之洞顾念旧日僚属之谊，不时接济他一些金钱，叫他在上海暗中为他探听消息，通风报信。后来张之洞“入阁拜相”，端方调署湖广总督，他因这点关系，继续为“督宪”效力，兼做了端方的密探。

“苏报案”的结果，章太炎、邹容被租界当局判处徒刑，投入西牢（邹容不久即病死狱中），《苏报》被封闭，清廷镇压革命的目的暂时算部分地达到了（张之洞等竭力指使福开森等向租界当局交涉把章等引渡到南京，以便置之死地；但租界当局鉴于上海各界的猛烈抗议，不敢犯众怒，没有答应清政府这一要求）。端方为清廷立了一个大“功”，不久就升任北洋大臣，直隶总督。一九〇八年，慈禧、光绪在两天内先后死去（一般传说，光绪是被慈禧在她死前药死的），在慈禧的棺材送到遵化“奉安”的时候，这位端陶斋端大臣大概是得意忘形了，居然以“总督阁督部堂”之尊，带着照相机，偷偷地对着慈禧的灵柩照一张相，不巧被隆裕太后看见，赫然震怒，立即下旨把端方革职，永不叙用。从此，端方“霉”了几年，直到一九一一年辛亥革命的前夕，他花了几百万两银子，运动庆亲王奕劻，才重被任命为川汉铁路督办大臣，接着因川省发生保路风潮，他又被任为署理四川总督，而“塞翁得马”，在赴成都接事途中，这位端大臣却被困资州，最后终被革命军民杀死了。这是后话。

在端方倒霉期间，这位赵竹君又另外找着了主子。原来，在端方被革职的前后，袁世凯也被清政府着令“回家养病”，这位“洹上钓叟”眼看清朝的天下朝不保夕，他在暗中着着布置，寻找机会，取而代之。他除了通过段祺瑞、冯国璋、曹锟等抓住北洋几镇军权，依靠徐世昌、奕劻等在清政府中为他传递消息，通风报信以外，还在全国各地，开始布置他的特务网，一面对付清政府中反对他的宗室亲贵，一面分化和破坏革命力量。大家知道，袁世凯手下最大的特务头子是赵秉钧，袁被革职退居“洹上”后，赵还以民政部侍郎的地位紧紧抓住北京的警权，广布党羽，进行特务活动。后来，举世周知的暗杀宋教仁案，就是赵一手经办的。其实，袁的手下还有一个“特务”头子，此人就是继袁任直隶总督杨士骧的兄弟杨士琦，他的活动更隐蔽，主要是在暗中破坏革命党的活动。他从辛亥前后到袁世凯帝制失败，一直被派在上海主持“地下工作”，联络立宪党人，并收买同盟会中的动摇变节分子。他在上海从不公开露面，他把赵竹君收买过去，由赵出面和各方联系接洽，赵的“惜阴堂”，实际上成为袁世凯在南方进行“地下活动”的中心。

二、为袁世凯的夺取政权铺平道路

武昌起义后，高卧洹上村的袁世凯看到东山再起攘夺大权的机会来到了，他利用奕劻和那桐等压制住载泽、载洵等的反对，胁迫清廷任命他为内阁总理大臣；在他从清朝的总理变成民国的总统的过程中，他的主要策略是以革命力量压迫清廷退位，又以清廷的力量和他的北洋武力压迫革命方面对他让步，把临时政府交给他。除英国公使朱尔典给他在外交上帮了大忙以外，他主要是依靠以江浙士绅为中心的立宪党人作为实现他这个策略的工具，而杨士琦、赵凤昌就在他的指挥下实际干这个勾当。另外，袁从“天牢”里把汪精卫放了出来，送了他一大笔钱，并叫他的儿子克定和汪结拜了兄弟，汪到上海后也参与过杨、赵的活动。

上海是当时各方力量较量的中心，也可以说是进行政治交易的主要场所。武昌起义以后，赵凤昌的“惜阴堂”中天天高朋满座，这里经常的座上客有张謇、汤寿潜、张元济、应德闳、雷奋、狄楚青、史量才和温宗尧等。这些人中，张謇是袁世凯的老朋友（后来任袁政府的农工商部总长，并被封为洪宪王朝的“嵩山四友”之一），是当时立宪派的首领，掌握和操纵着各省预备立宪会，又是当时的实业家，新兴民族工业的代表人物，汤寿潜等都听受他的指挥。张元济、狄楚青是康梁保皇维新党。温宗尧则是同盟会的右翼变节分子。

这些人，在政治上有各省预备立宪会（相当于后来的省议会）这一套资本，经济上掌握着东南富庶之区的中心——上海的市场活动；同时，又直接间接操纵着上海的舆论，当时上海的几家鼓吹革命的报纸如《民立报》《神州日报》等，发行数很小，影响不大，几家老牌报纸，表面上超政治，实际上都在反动派和立宪党的掌握中。《时报》是保皇党狄楚青一手创办的，不必谈了。《新闻报》于一八九九年就被美人福开森接办，福开森不仅利用这张报为满清王朝的张之洞、端方等服务，而且把该报当时的总主笔金煦生（他的笔名是“柳簃”，直到民国十年左右还在《新闻报》以这笔名发表短评）介绍给满清朝廷服务。故宫“苏报案”的档案中有以下的一条可以作证：“光绪二十九年闰五月十二日兼湖广总督端方致福开森转金煦生电：急，上海商约会议公所福君开森：祓密，转金煦生：六犯（指章太炎、邹容等六人）皆系中国著名痞匪，竟敢造谣污毁皇室，妨害国家安宁，与国事犯决不相同，务将此义著为论说，登诸报端，该犯已迁众怒，此报一出，众论翕然，不必游移，峙生今日赴沪，一切面谈，兼院，文。”可见这家所谓“在商言商”的“民间报纸”，老早就暗中和满清政府勾结，甚至他的言论都受着远在武昌的端方的指挥。至于比《新闻报》牌子更老的《申报》，则早在端方任两江总督的时候就以公款收买了该报的大部分股权，操纵了该报的言论，所以在辛亥革命的翌年，史量才就从席子佩手中把《申报》接办下来，史当时只是一个中学教员，哪里有这么多的资本呢？主要因为那时端方已死了，在上海一向经办端方事务的赵凤昌就把《申报》的股权化公为私，分在赵凤昌、张謇、史量才的名下，由史出面，他们后来一直成为《申报》的三大股东（关于端方收买《申报》的事，章行严在他的回忆录中曾有详细记述）。由此可见，当时上海的几家主要报纸，都操在反对革命的立宪派手中，“惜阴堂”实际上是操纵“舆论”的司令台。

武昌起义后，“惜阴堂”中的衮衮诸公，在杨士琦、赵凤昌的指使下，立即披起同情革命的外衣，为袁世凯抢夺政权打开道路。他们掌握着十七省代表，运用经济的、舆论的力量，和革命派较量。

同盟会本来是一个松懈的民主革命派系的同盟组织，其中包括以孙中山为首的革命派，只要“二民主义”（反对民生主义）的黄兴的华兴会以及只要“一民主义”（反对清政府，只要民族主义）的章太炎的光复会，武昌起义前后，大量投机政客拥进同盟会，使它逐步变质，内部日益分崩离析。

孙中山对于革命是坚决而有阅历的，但对于如何建立政权，巩固国家机器，毕竟还缺少实际经验，而面对的政敌，却是老奸巨猾的袁世凯以及“惜阴堂”中这些老谋深算的官僚政客，应付起来当然是很困难的。

孙中山从海外归来，立即赴南京成立中华民国临时政府，这是出乎袁世凯的意料的，袁就密令赵凤昌设计抑制，全力破坏。临时政府的几个总长张謇、汤寿潜、程德全等都不就职，以为抵制，而他们最厉害的撒手锏就是在经济上切断临时政府的命脉。孙中山为了与民更始，宣布豁免和减轻赋税，因此政府财政收入很少，张謇等控制住上海的金融机关，坚决不给临时政府借款，外国势力也支持袁世凯，当然更不会借款给临时政府。因此，临时政府的日常开支都无法应付，军队发不出饷，枪械子弹补充也很困难。

孙中山的临时政府就这样逐步陷于失败，最后，被袁世凯夺取了政权。赵凤昌这个政客，是在幕后起了很大作用的。只要举以下几件事例，就可见一斑。

第一，武昌的停火，是在“惜阴堂”决定下来的。

第二，南北议和，名义上是由南方代表伍廷芳和北方代表唐绍仪在开会，实际上所有关于清廷如何退位，孙中山如何辞职推举袁世凯继任等等，都是在“惜阴堂”决定的，当时唐绍仪只是一个傀儡，一切都由袁通过杨士琦向赵凤昌指示办理的。

第三，连宣统的退位“诏书”也是由张謇、赵凤昌拟定初稿拍给袁世凯修改发布的。

后来，有些文人恭维赵凤昌是中华民国的“产婆”，说“惜阴堂”是中华民国的诞生地，这也反过来说明赵凤昌这个政客，在袁世凯夺取政权方面起了非常大的作用。

袁世凯当上总统后，赵凤昌并没有出头露脸担任什么显要职位，他一直以“在野之身”，在上海暗中为袁拉拢党羽，策动阴谋。直到一九一九年南北和议时，他还在暗中起着重要的作用。

他的儿子赵叔雍也“克绍箕裘”，一直是《申报》的骨干之一，后来和汪精卫一起当了汉奸，做过汪伪政府的宣传部长，他和汪的关系，可能也是从“惜阴堂”这个渊源来的。

三、李劼人笔下的秃厮儿

去年逝世的文学家李劼人，新中国成立前就被称为中国的莫泊桑，他所著的三部曲——《死水微澜》《暴风雨前》和《大波》，以四川土话生动地描述庚子以后直至辛亥革命前四川的社会变化，从而反映中国革命形势的发展。解放以后，他把这三部书重新改写，《死水微澜》《暴风雨前》和《大波》的主要部分都已出版了，但《大波》的最后一部分还未写成，他就与世长辞了。

在《大波》中，他把辛亥革命前的四川争路风潮写得如火如荼，而又把故事和人物刻画得十分细致，真不愧为一部出色的历史小说。在旧版的《大波》中，他使周善培的面目，活跃于纸上。

这书上，还抄录着当时川人骂周善培的二十二首竹枝词《秃厮儿》（当时川人叫他周秃子），我们且转抄他几首，以见他是怎样的一个人。

一、“三年劝业（他曾做过四川的劝业道）刮民脂，何事谋迁提法司？只为股东开大会，有心规避秃厮儿。”

二、“不归商办偏归国（盛宣怀倡铁路国有，实则以路权让给外国，因此引起了川省保路风潮），路事风潮正急时；却向奴才齐讨好，者回忙煞秃厮儿。”

三、“郊迎何苦远奔驰（赵尔丰由西康调任川督，周远道相迎，为赵出谋献策，以后这个赵屠户就大杀争路的百姓），帅节重临喜可知；为献密谋甘卖友，川人何负秃厮儿！”

四、“肩与连日赴公司，嘱咐诸君务久持；川路若还争不转，丢官有我秃厮儿。”

五、“生于斯复长于斯，仇视川人总不宜；乃父维东（周孝怀名善培，原籍浙江绍兴，他的父亲游宦四川，乃在川落籍）今倘在，也应痛骂秃厮儿。”

赵凤昌、周善培这类政客的特点，是他们既为一定的主子摇鹅毛扇、设谋定计；又善于向各方勾引煽惑，出卖风云雷雨；他们是封建时代的绍兴师爷、军师和现近资本主义制度中的官僚的混合体；他们极主趋奉大军阀、大官僚，而又貌似清高，超然物外；他们也侈谈新学，侈谈维新，实则是醉心利禄，醉心权位，为此，可以做到不择手段，无所不为的程度。

赵凤昌在做了一任知府被革职后，从此表面上退出官场，一直在幕后进行活动；周善培则在辛亥以前，在四川官场大红大紫，从他二十几岁起，经历和侍候奎俊、岑春煊、锡良、赵尔巽、王人文、赵尔丰几任总督，并一度被岑春煊拉到广东去佐幕，十几年中，由川县爬到司道的地位，周秃子之名，洋溢于四川妇孺之口。直到辛亥革命后，才“退出”官场，以“在野”之身，到处牵线，隐身在宦海深处，兴风作浪。

据他自己在《谈梁任公》一文中说，他于一八九七年就和梁任公相识，以后他四次去日本，和梁谈国事，谈维新，谈得很投机，结成了“多规过，少奖善”的知交，还由梁介绍他和孙中山见了面；但尽管他这样周旋于革命派和维新派巨头之间，回到四川，却依然做大清的忠实官吏，做岑春煊、赵尔丰等的忠实走卒。在四川保路风潮中，他一面怂恿绅士们坚持争路，“嘱咐诸君务久持”，一面则向赵尔丰出谋献计，“却向奴才齐讨好”，他这样两面三刀，目的无非是两面讨好，挟以自重。结果酿成了大流血的惨案。所以，四川人民把他恨之入骨。据他自己后来在谈到康有为曾邀他参加张勋复辟的经过时说：“丁巳五月，张勋复辟，任公又来找我同去参加段祺瑞的马厂誓师。我对他说：南海要复辟，请我参加，是错认我为遗老，而不知辛亥我替四川人争路是想维持大清延长几年寿命，清政府不以为德，反把我革了职，我是同大清情断义绝了的。”这一段话，暴露了他当时伪装同情争路的目的，并非支持革命，而是缓和民愤，完全是为他的大清皇帝打算的。

事实上，他说他从保路风潮后就和“大清”恩断义绝，也是一句骗人的话，后来的事实证明，他从辛亥革命以后的长时期内，一直是在暗中策动和参与破坏革命、颠覆民国的勾当的，只是他的手法隐蔽，不像康有为等那样出头露面活动罢了。就在《谈梁任公》一文中，他说他曾坚决劝梁任公不要参加讨伐复辟之役，他对梁说：“你是知道我同大清是情断义绝了的，而忘记了你对德宗的恩深义重，我不参加段讨复辟，不但我无参加的必要，段是辛亥最后的湖广总督，该不该讨复辟，他还需要考虑；你该不该参加他的讨复辟，你更得考虑。”看，这是一派何等的煽惑！何等的诡辩！难道一经做过“大清臣民”的人就不该维护民国？就应该永远忠于“大清”？说穿了，他是在破坏共和，暗中给张勋、康有为等的复辟帮忙。

他的破坏革命、颠覆共和的阴谋也不只这一件事。

一九一七年孙中山在广东成立护法政府后，他暗中为岑春煊、陆荣廷等设谋定计，推举出所谓七总裁，压迫孙中山离粤。一九二〇年粤军推翻了七总裁政府，孙中山再度回粤主持革命政府，他又钻进陈炯明的幕府，策动反孙，并暗中为陈牵线，使陈和吴佩孚拉上关系，公开叛变。

九一八事变后，他寄居大连，暗中策动“恭亲王”溥伟在东北搞伪组织，后来日寇把溥仪诱胁到东北去，他也参与其事，据溥仪的回忆录中说，日本决定叫溥仪当伪满执政而暂时不称“皇帝”时，遗老之一的陈曾寿曾从天津寄书给溥仪，说：曹润田（即曹汝霖）、周孝怀等对此都表遗憾（那时周已迁居天津）。

从这些事实，可见他并没有“和大清恩断义绝”，而是一直在暗中兴风作浪。

据周善培对人说：在敌伪时代，汪精卫曾派温宗尧一再请他去南京，他去了，汪于隆重接待后，摒去一切人员，面对面地向他请教，他对汪说：“在现阶段的情况下，我替你考虑，上策是毅然决然下台，但你做不到，不得已而思其次，则只有尽可能对政府（即伪组织）统治下的人民做一些有益的事情，例如整顿军纪、戢止主客（意指日军）的非法行为，关心人民的饥寒，等等，即是最要紧的大事，但也颇不容易，先要有于必要时可以下台的决心，然后他们才会对你稍事迁就。”据他说，汪听了这番话后，肃然回答说：“先生的上策我确实做不到，至于第二层，我敬谨受教。”大概汪也认为为了收揽人心，做些小恩小惠，对维护伪组织是有益的。

张謇与“齐卢之战”

辛亥前后被人称为“东南一霸”的张謇，先后娶了两妻四妾，直到四十六岁时，才生了宝贝儿子张孝若。他在张孝若十八岁时就为之完了婚，二十岁时送他到美国留学，他本来希望儿子至少在美镀金三年，带个博士头衔回来，但儿子不争气，到美后不好好读书，混了一年多就回国了，什么都没有捞着。于是他只好凭他的老面子，向北洋政府的军阀头子联络，特别是和齐燮元来往密切；齐也想利用这块老招牌来巩固自己的地位。张孝若二十四岁就当了江苏省议会副议长，二十四岁就被北洋政府派充“考察英美法德意荷瑞日本八国实业专使”，二十五岁被任为驻智利公使，二十七岁任扬子江水道委员会会长。这一方面可见北洋政府的官场如儿戏，也可见张謇是如何不择手段把他的儿子捧出场来。

张孝若戴上那么些头衔，张謇还以为未足，他那时已七十多岁，而且他经营的纱厂、围垦等等，都已惨淡经营，陷于破产，他想在自己的生前，把他的儿子捧上一个实缺大员的地位，于是，他就和齐燮元暗中计议，要齐答应保张孝若为江苏省长，交换条件是他全力支持齐燮元发动战争，把卢永祥从上海和浙江赶走。他们相互约定，齐拿到了上海，就发表张孝若为省长。他们的居间人是当时的省议会议长徐果人。

他们找到了一个帮手，就是廉南湖。廉是无锡的所谓名士，他的夫人是秋瑾女侠的朋友吴芝瑛，他们在西湖筑有一个别墅，叫“小万柳堂”。那时，孙传芳已占领了福建，正图向浙江发展其势力。廉带着齐燮元和张謇的密信，跑到闽北，说是游历武夷山，实际是和孙传芳约会，把苏闽联合攻浙的部署谈妥后，就回到杭州，在“小万柳堂”不断治酒宴客，举行所谓诗酒之会。主要是拉拢浙江的土著军队头目，如潘国纲、张载阳、周凤岐以及省警察厅长夏超等，和他们秘密谈妥了条件。一九二四年九月，江浙战争爆发，正当卢永祥军在上海外围昆山、南翔一带打得得手的时候，驻守仙霞岭的浙军潘国纲师倒戈，让孙传芳部长驱开入杭州，张载阳、夏超则多方策应；在长兴、宜兴间作战的周凤岐师也宣布退出战争，卢永祥不得不宣布“下野”，出亡日本。江浙战争结束，齐燮元却并未抢到上海，上海的地盘，被吴佩孚派来的援军张允明抢去，后来又落入了孙传芳之手，因此，也就不愿履行诺言，让张孝若当省长。张謇费尽心机，只吃了一点空心汤团。最后，他写信给重新登台的段祺瑞，为他儿子谋得了智利公使，而未及上任，北洋政府即濒于垮台，一九二六年八月，这个“称霸”东南的老翁，就与世长辞了。

张謇与沈寿

张謇是清末立宪派的首领；辛亥革命后，他千方百计拉拢章太炎组织共和党和统一党，分化同盟会，共和党后来又和梁启超、汤化龙等的民主党合并成为进步党，作为袁世凯的御用政党，以对付同盟会。

这个人是苏北的豪绅。清末，和两江总督刘坤一等联络，办纱厂，搞围垦，成为实业家。在北洋统治时期，他身兼江苏省议会议长、江苏及全国教育会长、交通银行董事长、大生财团的首脑，又曾任袁政府的工商总长、水利局总裁、导淮督办，俨然是东南赫赫有名的人物。当时江浙的督军、省长，都要买他几分账，通州镇守使、南通县长等地方官，更要受他的差遣，像他家里的账房、警卫一样。

他娶过两个夫人，四个如夫人。就在他四十二中状元这个月里，一次就买了两个如夫人。这些如夫人，有的后来悬梁自尽了，有的出了家，他在六十三岁时的日记中写着：“管姬得心疾，擅投大悲庵为尼。”从这里，不难看出他的家庭生活状况。

他和沈寿的一段故事，也时而令人扼腕。沈寿是苏州有名刺绣女工，她绣的山水、花鸟，真像活的一样，当时有“针神”之目。她的丈夫原是一个小职员，在那时的社会，以她这样出色的工艺，夫妻两个昼夜勤劳，还不易维持一家的生活。有人向他们夫妻进言，说南通张季直极力提倡手工艺，如果能得他的大力宣扬，作品的价格不难不大大提高，他们听了这话，带着若干精心绣品，专程到南通去见张。此后他们就有了来往。

一九一六年的冬天，正是袁世凯帝制自为锣鼓喧天的时候，这个“嵩山四友”之一在家乡为他唯一的儿子张孝若办婚事。他在是年十一月（夏历）的日记中记道：“十二日，延太仓王康寿为冠礼大宾，吴县沈寿为婚礼宾相，演礼。十三日，命怡儿冠而亲迎。十四日，行馈飨礼。”

一九一八年，他的日记中记着：“正月六日，割濠阳小筑之半借沈寿住。”濠阳小筑是他在一九一七年十二月才规建起来的。原来，他在中状元发迹、办纱厂发财以后，就在故屋之旁建造了美轮美奂的住宅叫“濠阳小筑”，现在，他赶修了“濠阳小筑”，造好了就立即“割”一半给沈寿住。

他一生写了不少诗，很少填词，他搬进“濠阳小筑”以后，破例填了几首词：

如梦令·望月

愿对宁嫌宵永，久坐亦愁霜冷；徙倚没商量，帘内鸭炉香烬。孤另孤另，两地一人一影。

罗敷媚·菊会（其三）

春兰特秀罗含宅，生不同时，地各便宜，耿耿佳人汉武思。

清香那得清尊伴，镫畔窥之，镜里怜伊，淡对无言只自知。

罗敷媚·菊会（其四）

层层透露层层掩，只是寻常，却费裁量，愿否诗翁插鬓旁。

看花人祝花难老，留得时光，脉脉酬香，阑住悲秋一段肠。

小令[1]

频年梦，桐花凤，一夕飞来郑重。花柳柳，凤依依，如何只要飞。

这里，可以看出当时他和沈寿在“濠阳小筑”里的生活一斑，也猜测其中反映透露出的沈寿的心态。

据他自记，是年六月，“改筑观音院三层楼，奉藏百五十余名家画绣之像”。十一月，“撰绣谱成”。显然，这些都是

[1] 这首小令是张謇写给女画家杨令茀的。

为了沈寿而做的。

一九二〇年五月三日，他的日记中记道：“沈寿卒，以其愿葬于通之遗言，地方亦为规公葬于黄泥山东南麓。”一代针神，就这样凋零了，年纪还不到五十岁。

“白狼”讨袁

在袁世凯盗窃国柄的四年多时间内，以武力对袁进行讨伐的，先有一九一三年的讨袁之役（即癸丑“二次革命”），后有一九一五年冬开始的“护国之役”；但发动最早，和袁周旋时间最久，动摇袁的统治基础最厉害的，还是“白狼”起义。

“白狼”于一九一三年二次革命时竖起讨袁的旗帜，到一九一四年八月才以失败告终，历时一年半，和袁军战斗的地区，蔓延到河南、湖北、安徽、陕西、甘肃、四川、山东等几个省，袁世凯换了几个统帅，动员了十几万军队，还出动了他仅有的几架飞机助战，才把“白狼”的力量压平下去。在这近两年的时间里，这个自以为不可一世的窃国大盗，昼夜坐卧不安，心惊肉跳；那时的北洋政府统治集团，真有“谈狼色变”之感。

旧中国的统治者，颇有一点阿Q精神，往往把对方的名字加上侮辱性的偏旁，以表示其“精神”胜利。比如，在国民党统治时代，鄂东的一位民变首领张良，被官报改为“张狼”；仿佛这样一改，人民就会把他们当作洪水猛兽了。“白狼”也是如此。他原来姓白名朗，字永丞。袁世凯硬把他改称“白狼”，以为这样一改，就可以引起人们对他们的仇视，岂知效果恰恰相反，河南、陕西一带的地方军警，听到“狼”来了，自己就先狼奔豕突起来。

白永丞是河南宝丰县人，有传闻说清末曾在吴禄贞的第六镇担任参谋。辛亥起义后，吴在北方谋响应革命，被袁世凯派人暗杀于石家庄。当时，追随吴参加革命活动的部下星散，白回到河南家乡，暂时隐蔽起来。

袁世凯掌握了北方政权后，一步步准备实现他的帝制阴谋，河南是他的“龙兴”之地，特地派他的表弟张镇芳去当督军，并派他的警卫军唐天喜一旅驻扎豫南项城一带，以保护他的故乡。张、唐等到豫后，到处派粮征兵，搞得天怒人怨。一九一三年三月，白永丞在豫鄂交界的南阳、随县、枣阳一带，号召饥民及官军溃散出来的游勇几千人，建立了“公民讨贼军”，自任总司令，向驻在豫南的袁军发动进攻。他们的口号是：“讨伐袁贼，解救百姓，不打弟兄（指袁军的士兵），专打贪官。”他们先从豫西南打到豫东南的豫鄂边境，把唐天喜旅打得落花流水，然后又回师向豫中进攻，威胁洛阳，进攻潼关。袁世凯在北京急得双脚直跳，连忙免去张镇芳的职务，派他的第一员上将段祺瑞去当河南都督，驻信阳督“剿”，并飞调赵倜、陈树藩、张敬尧等部十万大军从陕豫两省四面夹击。但讨贼军的声势日盛，因为他们打仗勇敢，行动灵活，而又深得民心，当时河南一带，到处流传着这样的民谣：“老白狼，白狼老，劫富济贫行天道，人人争说白狼好，白狼来了活得了！”所以大军所至，贫苦人民纷纷加入讨贼军，打击官府。讨贼军从潼关进入陕西，闪开了袁军的包围，绕道紫荆关，猛扑西安；等到袁军仓皇回救西安，讨贼军又开入汉中，威胁四川；接着又向西运动，进入甘肃境内，在人民的热情支持和参加下，这支义军在陕甘川边一带神出鬼没，如入无人之境，把袁军拖得筋疲力尽，无法做有效的抗击。袁世凯还下令航空学校校长秦子壮，出动当时仅有的四架飞机，参加“剿匪”，这些飞机飞到陕南上空，找不着目标，结果，有两架撞着秦岭山脉的高峰，人机全毁。段祺瑞打不下去，袁世凯又派田文烈为豫督，接替段祺瑞，田到任后，除了派军队跟在讨贼军后面追赶以外，也一筹莫展。

当时，袁世凯正向五国银团借到了几亿元的善后大借款，磨刀霍霍，准备收拾南方的革命力量。宋教仁被暗杀后，孙中山决心起兵讨袁，但同盟会内部还意见不一致。袁世凯生怕白永丞所部的讨贼军和南方的同盟会所领导的军队合作，他于是年曾密电各省部下黎元洪、张勋、倪嗣冲等，说：“据密报，南京民党有与白狼通气消息，希注意饬查。”事实上，白永丞的确派人到上海和黄克强联系，希望黄派人前往指导，并给予接济，以便粉碎袁军对南方各省的攻势。可惜当时的黄克强等，对白永丞部的力量估计不足，没有加以重视；同盟会中有些妥协派分子，还怕和袁世凯撕破面皮，而李燮和、汪精卫等，提出“和为贵”的主张，倡言“战端一开，生灵涂炭”，主张只要以法律手续清查宋案，不必把赵秉钧、袁世凯牵在里面（即不要追查袁的杀宋责任），一面主张国会仍照原定计划，选袁世凯为正式大总统，这样，就可以和袁继续“和平共处”下去。当时，同盟会一些首脑人物黄克强、李烈钧等在湖口、南京先后打出反袁旗帜后，孤军作战，举棋不定，结果，袁世凯一面派冯国璋、张勋、段芝贵等几路大军南下，一面以金钱收买民军的内部（黄克强在南京留守任内，把革命军大部遣散，只留一个第八师，他委派的师长陈之骥，是冯玉祥的女婿，只此一点，可见当时民党首脑的幼稚和缺少警惕。冯国璋南下，就利用陈之骥瓦解了第八师），又利用张謇、程德全等立宪派牵制民党的力量，于是，所谓“二次革命”，不旋踵就烟消云散了。

南方讨袁军被镇压下去后，袁世凯才抽出手来，全力对付白永丞的讨贼军。那时，讨贼军已从甘、陕边境回师到豫、鲁边境的鲁山一带，准备截击北洋军的后路，以策应南方的民军，在敌我力量悬殊的情况下，白身临前线，勇猛作战，终于在一九一四年八月牺牲了。

白永丞逝世后，他的部下在宋老年等领导下，还继续孤军奋斗了一段时期，到一九一五年初才被消灭。

袁世凯在听到白永丞逝世的消息以后，“龙心大慰”，认为“天下莫予毒也矣”，从此，就认真准备帝制自为，“筹安会”“公民团”“国民大会”等丑剧一幕一幕上演，终于，做了八十三天的皇帝梦，两腿一伸，就“龙驭上宾”了！

在白永丞战死的消息传出后，袁党内部还闹了一幕争功的丑剧，后来做了蒋介石宠臣的刘镇华，当时也率他的镇嵩军参加作战，他首先向袁报功，说白永丞是他部下张治功在鲁山附近大营打死的，袁连电对刘发出“褒奖令”。不久，毅军首领赵倜又电袁，说白是他的部下田作霖等在三山寨打死的。于是，袁又取消前令，另下“策令”，特任赵倜为“宏威将军”，河南护军使。从这里，也可见袁对白永丞所部的讨贼军是如何重视，如何恐惧。所以，当白军纵横华中几省的时候，北京民间就流传“白狼讨袁，猿命不久”的民谣。

现在回忆起来，当时国民党不重视武装斗争，不重视从农民中发展起来的白永丞讨贼军，使袁世凯得以从容布置，逐个击破，这可以说是辛亥革命后的一个历史教训。

国民党与进步党

袁世凯盗窃国柄后，同盟会总部移到北京。当时，同盟会的领袖孙中山及黄兴都留在上海、南京（黄任南京留守），总部由总干事宋教仁负实际领导责任；宋迷信“政党政治”，他认为只要同盟会在国会中占第一大党的地位，就可以组织政党内阁，就可以把袁世凯在政府中的实权夺取过来。一九一二年八月，同盟会改组为国民党，是年，正式国会成立，国民党籍议员达五百余人，在“八百罗汉”中占绝对多数。宋教仁兴高采烈，到南方各省旅行演说，宣传政党政治，他满以为政党内阁必可成立，他自己就可以以政党内阁总理的地位而大展抱负，实行他理想的所谓民主政治。他没有想到正当他迷信“和平过渡”的时候，袁世凯已布下了罗网，施展了黑手，就在他准备从上海乘车回京的时候，被袁指派的特务武士英在北站把他暗杀了。

是年，讨袁之役（也称“二次革命”）失败，孙中山鉴于党内纪律废弛，乃改组成立中华革命党。从此，国民党成为历史的名词；一九一九年重新成立的国民党，则在前面加了“中国”二字，称中国国民党了。

除了同盟会改称的国民党以外，辛亥革命以后还有一个政党也叫国民党。是不是冒牌货呢？不是，它的成立还比国民党早了近一年。在一九一二年二月初，上海各报就登载了国民党成立的大幅广告，发起人是潘昌煦、朱寿朋、潘鸿鼎等三十余人，在当选的干事中，有当时教育界颇负声望的贾丰臻等，还有迄今还健在的老翰林钱崇威（今年已九十七岁，现任江苏文史馆馆长），该党成立的宣言中，有：“亚洲无民国，亚洲之有民国自我中华始；我中华之为亚洲一大帝国，旧矣，风卷电掣，变化倏忽，蜕帝制而树民权，自我今日新中华始。”颇可以反映当时的文风。

据该党的广告所载，党址设在上海西门林荫路西林寺，可见它和同盟会是没有丝毫关系的。

在袁世凯当国时，作为袁的最大的御用党是进步党，它是一九一三年底成立的，是把张謇等的共和党和梁启超、汤化龙的民主党以及其他小党派合并而成的。它当时是旧国会中的第二大党，处处、事事、时时秉承袁的意旨，和国民党对抗。袁世凯为了酬答该党、犒赏该党，特任该党的熊希龄为国务总理，梁启超、范源濂等都弹冠入阁，当时他们自诩为“名流内阁”，现在看来，所谓名流者，袁的拥趸之“流”而已。

无独有偶，这个党以“进步”名，也不是首创第一家，原来，在一九一二年二月廿四日，上海就成立了一个名为

“进步党”的政党，据该党所载成立启事，它的党员和骨干中，有后来开电影公司的郑正秋，还有上海各马路商界联合会（该会在“五卅运动”中曾和亲外国势力的上海总商会相对抗）的负责人叶惠钧，此外，知名的还有杨岘庄、郑饶宇、周复生等。据说，该党除总部设在上海外，新加坡、青岛、香港、汕头等地都设有分部云云。

潘昌煦等的国民党和郑正秋等的进步党，只在上海“起哄”了一阵，并未在当时的政坛上起过什么作用，没有几个月就烟消云散了。所以，后来宋教仁把同盟会改称国民党，梁启超等组织进步党，就没有发生“抄袭”“冒牌”等问题，更没有引起“真老大房”“真正老大房”“起首第一家老大房”之类的商标招牌的纠纷。除掉当事人之外，恐怕很少人还记起曾有过这样名同实异的政党名称了。

辛亥革命后，特别在南京临时政府成立后，政党如雨后春笋，当时在上海宣告成立的政党，除上述的国民党与进步党外，还有公民急进党、共和急进党、民生国计会、商界共进会、中华共和党政会、上海公民党、社会党、民国工党、自由党、国民公党等，不下三十多个，其中社会党一直被江亢虎作为出卖风云雷雨的工具，国民公党系温宗尧、王人文等所组织，后成为共和党的一个组成部分，其余都如过眼烟云，转瞬就归于消失了。

唐天喜和李彦青

窃国大盗袁世凯死后，北京某报登载过一副“挽”对：“起病六君子，送死二陈汤。”“四君子”和“二陈汤”都是中药名。这里所说的“六君子”，当然就是指的杨度、孙毓筠、胡瑛、刘师培、严复和李燮和这六个筹安会发起人。“二陈汤”则指的是陈宧、陈树藩和汤芗铭。这三个人，都是袁的心腹。陈宧字二庵，初以湖北同乡关系，投靠黎元洪；以后，他帮助袁世凯诱骗黎元洪到了北京，囚禁于瀛台。当时袁给黎的名义是副总统兼参谋总长，而以陈为次长，实际负责参谋本部事务。癸丑之役（即“二次革命”、讨袁之役）失败后，袁的势力扩展到长江中下游，他蓄意帝制自为，而认为武力统一的主要障碍在于西南的川滇黔几省。于是，他派陈宧为四川将军，汤芗铭为湖南将军，以防制西南。汤是立宪党首领汤化龙的兄弟，号铸新，到湖南后，大肆屠杀革命党人，人称“汤屠户”，后来他参加张君劢的民社党，捧蒋介石当总统，却改名为汤住心了。陕西也是当时革命势力较活跃的省区，袁除任他的特务头子陆建章为陕西将军外，还派心腹大将陈树藩当陕北镇守使，以便震慑。这二陈一汤，是袁自以为为对付反对力量所下的最高明、最可靠的棋子。想不到蔡松坡在昆明起义，云鸡一唱，到处响应，最后，连“二陈汤”也发出了独立的通电。陈宧的电报是一九一六年五月二十二日发出的，其中有这样几句“警句”：“项城先自绝于川，宧不能不代表川人与项城告绝。自今日始，四川省与袁氏个人断绝关系。”接着，陈树藩于二十六日独立，汤芗铭于二十九日独立。据说，袁先后接到这三份电报后，认为“人心大变”，一气而咯血，到六月六日就呜呼哀哉了。

据担任过袁的秘书长的张国淦后来对笔者谈，当时致袁氏死命的，还不是“二陈汤”，而是唐天喜的一纸电文。唐是袁的河南同乡，从小就跟袁，当袁的贴心侍童，后来升任侍卫。袁世凯当大总统后，特派他去当曹锟的第三师的第五旅旅长。这一旅，实际上是总统府的卫队旅。一九一四年，袁就起意搞帝制，他认为河南是他的“龙兴”之地，他祖宗墟墓所在，必须加意保卫；因此，派他的表弟张镇芳去当河南省长，另外，特别调派唐天喜统率这一旅“近卫军”去加强豫西镇防卫，任命唐为豫西镇守使。到“二陈汤”先后发出通电后，唐天喜也于六月三日发出一电，要求袁“应顺人心，立即退位”。袁接阅此电后，双目直瞪，继以狂笑，高呼：“小喜儿也变了！”“小喜儿也变了”，到此时，大概他真正感到自己是孤家寡人了。再没有一个可信之人了。两天后，就“龙驭上宾”了！

以前的封建皇室和军阀权贵下面，总有一些帮腔帮闲的人迎合凑趣。这些人，一般称之为“臣妾”。也有一种狭义的“臣妾”，是臣而尽妇妾之道的，历史上就流传着不少分桃断袖的故事。唐天喜大概也是属于这类的人物。

唐天喜之后，有李彦青。李是山东临邑县人，字汉琴，这个别号相当雅致，大概是后来请人代起的。他原来的小名叫琴儿，早年在马厂附近的一家小澡堂当擦背之役，后来被曹锟收为贴身马弁。

曹锟早年以卖布为生。听说，袁世凯在小站练兵时，有一天，在帐篷里听到外面有人高声吆喝“花洋布，卖布噢”！声如洪钟，袁立命把这人叫进来，一看此人身材魁梧，就留他入了伍，后来一再提拔，委为第三镇的统制。辛亥革命后，改任第三师师长。这一师，袁一直视为亲信的“王牌师”。一九一二年，他为了制造不能南下就职的借口，在京津发动“兵变”，这“任务”就由第三师执行的。一九一六年，为“讨伐”护国军，派往四川的主力部队，也是这个第三师。

曹锟就在袁的卵翼下，成长为北洋军阀中的实力派，后来继冯国璋为直系的首领，在直皖战争及第一次直奉战争后，先后打败皖系奉系势力，控制了北京政权，最后贿买了一批“猪仔”议员，选他当了总统。

“水涨船高”，这位“曹仲帅”步步高升，他贴身的“琴儿”也由马弁升为侍卫长，而经理处长。到曹锟登上总统的宝座后，李彦青更是炙手可热，身兼大总统府总务处长，直鲁豫巡阅使署军需处长，北京市官钱局督办几个要职，掌握着曹锟的钱荷包。曹锟还特地下令，封他为将军府将军。

当时，曹锟给各军的薪饷和特别费，都要由李彦青处发给，他定下了一条不成文法，凡是拿着曹锟的批条到他那里领款的，只能按八五折到九折收款，而必须开具十足的收条，否则就拿不到钱。他凭这一项就发了大财，而有些直系将领，因此恨之入骨。一九二四年冯玉祥回师北京，发动所谓“首都起义”，把曹锟囚禁于延庆楼后，立即把李彦青和曹的二弟直隶省长曹锐抓了起来。过几天，就把李枪决了，曹锐也因为抽不到鸦片烟，失瘾而自杀了。

唐天喜的结局比李彦青好些，直到段祺瑞执政府时代，还挂着将军府参议的名义，在天津做寓公。

顾鳌与薛大可

袁世凯做洪宪“皇帝”的一幕丑剧，在幕后主持的是袁本人和他的宝贝儿子袁克定，在前台热心张罗的是筹安会的杨度、孙毓筠、胡瑛、李燮和、刘师培和严复这六个所谓“洪宪六君子”。大典筹备处的处长是朱启钤，对这一幕实际最为卖力的是梁士诒、段芝贵、雷震春、陆建章等；阎锡山、龙济光、王占元、陈宧等十四省将军曾密呈“速正帝位”，所以，袁“登极”后，除册封黎元洪为武义亲王外，还特封龙济光等为一等公，阎锡山、汤芗铭、朱瑞等为一等侯，朱家宝、杨增新等为一等伯，李厚基等为一等子，王揖唐等为一等男，封爵者共一百二十八人，另有七十多个师旅长被封为轻车都尉。

帝制失败，袁世凯羞愤而死，黎元洪出任代理总统，段祺瑞以国务总理的名义实际控制北洋政权。当时，北洋政府迫于全国舆情的要求，曾下令通缉帝制祸首，奇怪的是所谓八大祸首中，既没有六君子中的严复、胡瑛、刘师培、李燮和，也没有朱启钤、梁士诒、段芝贵等，更不用说阎锡山等兵权在握的公侯伯子男了。而名不甚见经传的薛子奇和顾鳌却赫然列入祸首之内，和杨度等一体被通缉了。

薛子奇是何许人？原来他是北京一家小报的访员，筹安会事起，结识了杨度，由杨花钱叫他办了一张《亚细亚报》，专门鼓吹帝制。袁“登极”前后，袁克定、杨度等伪造《顺天时报》制造各地拥戴的消息，送给袁看。据说这也是薛子奇从中做了手脚的，因为《顺天时报》用的是日本字模，别的印刷所是模仿不来的，当时薛子奇的《亚细亚报》设在后孙公园，《顺天时报》设在新华门大街，相距咫尺，每天呈送袁的《顺天时报》，就是薛花钱向《顺天时报》暗中买出铅字由《亚细亚报》编印的。薛还受了袁世凯和杨度的指使，诱胁当时的名记者黄远生和刘少少，《亚细亚报》曾在袁“登极”的前两个月在上海设分馆，对外声言已请黄远生为主笔，刘少少为编辑，黄虽登报否认，并逃奔国外，但他到了美国，就被爱国的华侨当作帝制余孽炸死了；刘少少也终于没有加入，这个《亚细亚报》上海分社，出报的第二天，就遭爱国人士投掷炸弹，一连炸了几天，吓得职员们不敢去上班，这张报纸也就寿终正寝了。从这些事实看，薛子奇这个人的确是为洪宪帝制卖了不少力，作了不少恶，但比之那些衮衮从龙诸公，称之为“祸首”，未免把苍蝇当成老虎了。薛号大可，当时有人在北京某报的副刊上说：“薛子二字连起来即成一孽字，可见此人生就‘大可’为帝制余孽也。”

顾鳌也不是帝制阴谋中的什么红人，他原是北京的一个三四流的律师，也因杨度的关系，参加了筹安会，并在大典筹备处担任了一名处员兼法典组主任，大概有不少洪宪“法典”是出于他的手笔，如此而已。

顾、薛二人的被列入“八大祸首”，显然是为了开脱那些真正的祸首而找出来的替死鬼（当然，他们也不能算是替罪的羔羊）。帝制失败后几年，北京有一个“才子”写了一个无情对把“顾鳌薛大可”对“潘驴邓小闲”，不仅字面工整，而且说明了这两个人不过是一对帮闲而已。

洪宪事败后，薛一直闲居北京，因为没有什么油水可捞，当时北京的军警机关也就不管什么通缉不通缉，眼开眼闭，弃置不顾，张作霖自封为大元帅时，薛又一度奔走活跃，但终于没有再爬起来就死去了。顾后来随杨度到了上海，一同做了杜月笙的门客。他表面上在他的陶尔斐斯路寓所挂上一块律师的招牌，实际上是为杜联络法院，帮同杜做各种涉嫌敲诈勒索的勾当。当时杜的徒子徒孙，都称他为“顾师爷”，称杨为“杨师爷”，每月由杜各送一千元作为费用。洪宪功臣变成了帮派食客，这也是旧中国封建文人下场的一个突出的例子。

凤凰飞上集灵囿

袁世凯由临时大总统而正式大总统，由四年一任的大总统而自封为终身总统，最后推翻共和，帝制自为，成为窃国大盗，追源祸始，梁启超、熊希龄等保皇党人，是有力的帮凶。

梁等在辛亥革命后，一直企图利用袁世凯的力量，和孙中山领导的力量相对抗，袁世凯也就利用他们作为一步步实现个人野心的工具。在袁任总统期间，同盟会控制着国会的多数议席，使袁一时不能为所欲为；梁启超于一九一三年入京，和汤化龙、熊希龄等组建进步党，把所有不支持孙中山的小党派以及同盟会中的动摇分子组织起来，成为拥袁的在朝党，和同盟会分庭抗礼。以后，进步党人又倡议总统任期改四年为十年，又改为终身制，倡议设“金匮石室”，由总统生前推荐下任总统人选，所有这些，都曲意迎合袁的意旨。袁为了酬答梁等的拥戴，乃于一九一三年七月任命熊希龄组织内阁，进步党人梁启超、汪大燮等弹冠相庆，都入阁当了总长，当时的熊内阁自称为“人才内阁”，外间则称为“进步党内阁”。

但是熊、梁等的好景不长，袁世凯利用他们排斥了同盟会（时已改称国民党）籍的议员后，宣布解散国会，设政治会议作为“代议”机构，于是进步党员也在排斥之列。熊希龄内阁被迫于一九一四年二月辞职，袁遂命他的儿女亲家孙宝琦继任内阁总理。进步党人只做了七个多月的总理、总长，就“飞鸟尽，良弓藏”，被抛在一旁了。

所以，后来梁启超等赞助蔡松坡起义反袁，与其说是为了“议国”，毋宁说是为了泄愤，他们是不甘心成为被宰的“功狗”的。

在议国之议的过程中，熊希龄不仅一直留在北京，而且是参与了洪宪的鬼剧的，袁世凯特授他为中卿，加上卿衔；袁的新华宫里，不用太监而设女官，特任熊的夫人朱其慧为女官长，袁还为此下“诏”说：“盖闻母后宫中，翟服九御，昭容户外，紫袖双垂，……洪宪开基，更新涤旧，罢除宫妃采女，永禁内监供奉，特设女官，掌迎宫政，领以女官长，冠冕宫阁，兹特任中卿前内阁总理熊希龄贤配命妇朱氏为女官长，义同特任，位视宫内大臣，赞襄后德，掌领宫规。诸葛家之女，礼法异于常人；富郑公之妻，进退式为国妇，此令。”

熊氏夫妇受此“殊宠”后，居然大宴宾客，开门纳贺。熊还兴高采烈地对贺客说：“我们夫妇蛰居山林，不闻朝事，今日所获，如天外飞来。”又说：“当年任国务总理，人皆谓凤凰集于灵囿（熊是湖南凤凰人，而当时的国务院设于中南海的集灵囿），今天，则可谓凤凰飞入上林了。”进步党人的真面目，于此可见。

熊希龄原是一个书生，是靠他的夫人一步步爬起来的。朱其慧的哥哥朱叔彝清光绪中任湖南沅州府知府，赏识了熊，把妹妹许配给了他，并给他捐了个前程应试科举，后来，他追随徐世昌在东北做了道台，这才爬到了显宦的地位，所以，熊对朱其慧一直是奉命唯谨的，他们后来办香山慈幼院，也主要由朱其慧掌握大权。

后来，这位洪宪的“宫内大臣”与世长辞了，这位“中卿大夫”以花甲高龄，不甘寂寞，追求一位女留学生毛彦文，同时追求毛的还有“学衡”派的大将吴宓等，这位毛女士却看中了这个老头，愿和他结婚，条件是要熊把于思于思的大胡子剃掉，熊也欣然同意，当时新郎六十六，新娘三十八，在上海结了婚。熊还做了一首“定情曲”：

> 世事嗟回首，觉年年饱经忧患，病容消瘦。我欲寻求新生命，唯有精神奋斗。渐运转春回枯柳，楼外江山如此好，有针神细把鸳鸯绣，黄歇浦，共携手。求凰乐谱新声奏，敢夸云老莱北郭，隐耕箕帚。教育生涯同偕老，幼幼及人之幼。更不止家庭浓厚，五百婴儿勤护念，众摇篮在在需慈母，天作合，得佳偶。

更肉麻的，他还请人画了一张“莲湖丽影图”，并题了这样一首词：

绿衣摇曳碧波中，不受些儿尘垢；玉立亭亭摇白羽，同占人间未有。两小无猜，双飞不倦，好是忘年友。粉靥铅腮，天然生就佳偶。偶觉万种柔情，一般纯洁，清福容消受。软语娇颦沉酒里，甜蜜光阴何骤。纵与长期，年年如此，也觉时非久。一生花下，朝朝暮暮相守。

一个六十六岁老头，和一个三十八岁少妇，居然说是“两小无猜”，真也是天真得过头了。

剪辫送大肉面

偶翻旧报，看到辛亥年的上海报纸登载如下一则新闻：“昨有徐志棠君，发起在公共租界公共公庙前畅圆茶馆内设一剪发义务会，凡入会剪辫者，分文不取，且赠大肉面一碗，以助余兴。”剪辫还有大肉面可吃，岂不快哉。过两天，报纸又登出续闻：“剪发义务会分文不取，且赠肉面，前日到会剪辫者共六十余人，并有某某等七人各赠发辫一条，辫价助饷。”助饷，指当时捐助北伐军政打南京的饷项。

看了这两则新闻，不能不令人解颐；古人说“不着一字，自得风流”，这新闻的本身，就是上好的幽默材料。

五四时代的曹章陆

五四时代的曹（汝霖）、章（宗祥）、陆（宗舆），是举国痛恨的三大卖国贼（当时，也有把继章宗祥任驻日公使的汪荣宝算在里面，合称曹、章、汪、陆卖国四大金刚的）。这三个人中，陆宗舆早已在抗日战争前死去，章宗祥在解放后一直闲居在上海，前几年还天天清晨到中山公园（前"兆丰公园"）去打太极拳，去年也已病死，只有曹汝霖还老而未死，流居在美国。

提起这三个人的名字，在旧中国真是妇孺皆知的，他们也许会像历史上的秦桧、张邦昌等一样，要"遗臭万年"的。早年，当曹汝霖寄居天津的时候，他的儿子在南开中学读书，没有一个同学跟他谈话，也没有一个同学愿和他坐一个课桌。可见这些人当年的行径，是多么不得人心！

这三个是浙江大同乡（曹、陆是江苏人，章是浙江人），在光绪末年，先后到日本留学，那时全国各省公私费到日本留学的有几万人，不少人在孙中山的影响下参加了革命工作，加入了同盟会。也有些人参加了康有为、梁启超领导的保皇维新组织，也以救国救民为标榜。但也有一小部分人像曹汝霖等为清廷服务，他们那时就经常进入清朝的驻日使馆，报告同学中的党派活动情况，因此，深得驻日公使蔡钧、孙宝琦等的青睐，孙宝琦还特地“专摺”保举过他们。所以，他们回国后，经过形式上的“考试”，就被点为“洋进士”（同进士出身），派在总理各国事务衙门当差。那时，他们的顶头上司，就是后来当南洋大学校长多年的唐文治，据章宗祥的“回忆录”记载，这位唐老先生对他们是关怀备至的。关于如何服官，如何批阅公事，如何应对上司下属，唐都一一加以指点。这位一生规行矩步，主张“教育救国”的老先生，却熏陶出了这三个卖国贼，也可说是“教育救国”的一个大讽刺吧！

他们彼此鼓吹、援引，在“仕途”上，也真是一帆风顺。到宣统年间，曹已获得了外务部侍郎的头衔，章、陆也爬上了法部和日部的主事地位，章还一度被派为京师外城巡警局督办，那时他们都不满三十岁，俨然是少年新贵了。

辛亥革命后，他们由清朝的新贵一双而为袁世凯的宠臣。曹被任为外交部次长和交通部总长，实际负责和日本的联络工作，章先在司法部大理院任职，陆担任过币制局局长等职务，后来，他们先后任驻日公使，袁士凯的亲日，主要是由这三个人策划和实行的。

五四运动，火烧赵家楼，痛打章宗祥，从此以后，这三个卖国贼原形毕露，成为举世唾骂对象，使他们从此不能再在政治舞台上抛头露面；但他们还是不甘心自己的失败，曹在一个相当长的时期，控制着交通银行，成为新交通系的首领，章、陆一直受日本的支持，由日方开办一个“中华汇业银行”，专办对北洋政府的借款和经济侵略，派他们当董事长和总经理。

抗日战争期间，汉奸群中有所谓“前汉”“后汉”之分。“前汉”的王克敏、王揖唐、梁鸿志等自以为是卖国的老资格，“先知先觉”，很看不起“后汉”的汪精卫、陈公博等人。其实，论亲日卖国的资格，当然应该数曹汝霖等为“先知先觉”，那时，陆宗舆已死了，为什么曹汝霖、章宗祥倒没有公开出面当大汉奸呢？这主要因为他们的“名气”实在太大了，日本侵略者知道把他们抬出来就会使伪组织失去任何欺骗号召的作用。另一方面，这两个人饱尝了五四以来的教训，再也不敢轻易站到前台来。曹汝霖曾暗中参与伪满的策划阴谋，但自己没有去东北；伪华北“临时政府”成立的时候，他也十分积极参加策划，但只担任了一个“最高顾问”的名义。另一方面，他还暗中和蒋介石通款曲，通过张群、吴鼎昌，向蒋递送一些情报，他是脚踏两条船，怕只踏一面再遭失风。所以，在日寇投降，国民党接收北平的时候，军统会把华北群奸集中拘留，曹也在被拘之列，蒋介石接到报告后，立即电令戴笠把他释放，说什么“润田先生曾参加地下工作，有功党国”。曹于释放回津不久，就到美国去了。章宗祥除继续在中国汇业银行任董事长外，在抗战期间还担任日方“华北开发公司”的经理，为敌方搜刮经济资源尽了力。日寇投降后，他送了一大笔钱给军统头子，军统把他从汉奸中开脱了。他在他的“回忆录”中说:“民八受辱(指五四在赵家楼被殴),知宦途艰险,从此淡于仕进,几十年来,隐身金融事业,圆了此残生,不图此次又卷入旋涡(指抗战胜利后军统向其威胁敲诈),可胜浩叹。”这虽然是他的自我辩解,也多少可以看出这个老牌亲日分子的心情。

曹汝霖和汪荣宝

在故纸堆中，看到了一束汪荣宝的残存函电稿，其中大都是一九二六年前后曹汝霖、蒋方震、孙传芳、张作霖等和汪来往的函电。从这些残篇零稿中，可以看出当时的南北新旧军阀，如何通过曹汝霖、汪荣宝等联络勾结日本，千方百计对付北伐和南方的革命势力。

不妨先摘录一段“幽默小品”，作为曹、汪的登场“引子”。

曹汝霖于一九二六年九月二十四日致汪荣宝的信中说：“贯道世兄来津，备述近况，借潘起居康胜为慰。……时局益形混乱，南军乘敝北伐，北方毫无团结，武汉失守，南昌又告警矣。豫局内溃，子玉骄横尤甚，失败固在意中，大局因而横决。此后奉天责任更重，而军阀依然故我，政治不入轨道，前途实难见光明。现政府颟顸无用，更无足证矣……仲和新得一雄，为之欣慰。弟亦得一女，今迩月矣。闰生亦得一女，深盼兄今年获一麟儿，则适成四小金刚矣，一笑。”

仲和就是章宗祥，闰生就是陆宗舆。曹、章、汪、陆是五四时代老牌的“卖国贼”，一直为中国人民所痛恨的。曹在信中这样“夫子自道”，看来很“解脱”，实际是反映着他无可奈何的心情，“一笑”分明是强作解颐。

信中所说的“贯道世兄”，就是后来出名的大汉奸赵欣伯。当时，曹居天津，汪任驻日公使，赵欣伯是汪荣宝的得意弟子，那时正奔走于东京、沈阳、京、津之间，代汪在日本和奉、皖各派军阀之间进行联络斡旋。他后来在九一八事变前后，投靠日本成为汉奸，就是在他的老师熏陶下打下“基础”的。这个人，倒可以说是传“四大金刚”衣钵的“小金刚”之一了。

曹、章、汪、陆这四大金刚，长期主张并以实际行动“亲日”。他们是江浙大同乡（曹是上海人，汪是苏州人，章、陆是浙江人），差不多同时到日本留学。当时在日的中国留学生近三万人，大部分都抱有爱国的热忱和救国的愿望，其中较进步的参加了同盟会，一部分成为康梁的维新派。曹汝霖等却一直效忠清廷，他们秘密出入于驻日使馆，专门向使馆告密，成为先后任驻日“钦使”蔡钧、孙宝琦等的得力干探。光绪末年，他们在日本毕业后，即由孙宝琦专折密保，回国后即被派在总理各国事务衙门（后改外务部）当差。到宣统年间，曹汝霖已做到了外务部侍郎的高位，汪、章、陆等也都在法部、内务部等衙门担任了参谋、主事等职。

就在这个时候，就传说已被日本收买，成为日本派在清朝内阁中的“代理人”。一九一〇年在北京某报，曾揭露日本政府在北京刺探军事情报，进行侵略活动的阴谋，说“某侍郎每月受贿两万金，某主事经常出入东交民巷”，指的就是曹汝霖、陆宗舆等。

辛亥革命后，他们变成了袁世凯的宠臣。曹汝霖在袁窃国柄政期间，虽然只担任外交部和财务部次长，但他那个次长，与众不同，别的次长都是简任，他却由袁下令给以“仪同特任”的待遇。事实上，袁在对外交涉方面，特别是和日本的联络以及有关对日借款的接洽，全是由曹经手的。陆宗舆先后担任币制局长、驻日公使等职；章宗祥任大理院院长和司法总长；汪荣宝则任参政和临时参议院议员，主要是在对日外交方面为袁划策献计。这“四大金刚”早就成为袁世凯亲日的主要经纪人。“二十一条”就是他们为袁经办的卖国外交的“杰作”。

袁死后，继起控制北洋政权的段祺瑞也是著名的亲日派，他的皖系政府，主要依靠日本的支持，他的部下安福系健将如徐树铮、曾毓隽、李思浩、吴光新等，分别控制当时北洋政府的军事、财政、交通，而有关对日交涉和对日借款等等，依然“借重”这四大金刚来经手，当时曹汝霖所主持的新交通系，是和安福系同为段政府的两大支柱。

参加五四运动的爱国学生，火烧赵家楼（曹的住宅），痛殴章宗祥，全国工人学生奋起响应，要求严惩曹、章、汪、陆四大卖国贼。这一爱国革命运动，彻底剥开了这几个卖国掮客的画皮。从此以后，这四个人的名字，就和卖国联系在一起了。

这四人中，看来，陆宗舆和章宗祥还比较“老实”一些；

这两个人，后来虽然一直受日本的资助或帮助（日本为了便利对北洋政府借款，办了一个“中华实业银行”，叫章做总经理，陆做董事长），但是除了陆曾在一九二五年一度被奉系的安徽督办姜登选聘为总参议以外，他们没有再出头露面。陆在抗日战争前就默默地死去了。章一直活到一九六三年，他在死以前，还天天到中山公园打打太极拳，也写了一些回忆录，对他的“往事”还表示一些“内疚”。

其中最有“作为”的是曹汝霖和汪荣宝。曹从五四以后，还一直在北洋政府幕后活动，他一手抓住交通银行，一手抓住新交通系，依然以掮客的身份，拉拢日本和各派军阀的关系。“九一八”以后，他一面支持溥仪、郑孝胥等投靠敌人，组织伪满傀儡政权；一面参加宋哲元的冀察政委会，搞所谓华北特殊化。抗日战争期间，他是华北伪政权的总参谋，同时又和蒋介石搭上关系，与国民党暗送款曲。汪荣宝在五四以后，改头换面，以学者的面目出现，实际上一直从事与日本关系密切的活动；他长期做北洋政府的驻日公使。在蒋介石统治期间，他虽在天津做了“寓公”，暗中却依然发挥着作用，国民党政府中的亲日政客如黄郛、张群、吴铁城等，都时常向这位“前辈”去请教。曹如霖、汪荣宝在五四以后所做的事情，从下面所举的一段史实中，可见一斑。

一九二六年的秋冬之际，大革命正在轰轰烈烈地发展，吴佩孚的军队已土崩瓦解，孙传芳在江西也吃了败仗；北伐军于占领武汉后，正向长江下游挺进。当时各国列强尤其是日本跃跃欲试，企图进一步干涉中国的内政；各派军阀，也想借外国的力量来遏制革命力量，以维护他们的军阀统治。

在日本和军阀之间穿针引线最为活跃的，就是汪荣宝和曹汝霖。

当时汪荣宝是北京政府的驻日公使，各派军阀政客都通过他和日本联络，他也俨然以日本在中国的总代理人自居，从中讨价还价。试看当时北洋政府外交部和汪的往来电报，可见他们暗中在搞些什么阴谋。外交部于是年十月二十三日给汪的电报中说："密，据使界消息，驻东京英使有向日本政府提议共同干涉中国时局之说，虽经英外部否认，究竟有无其事？日政府持何态度？希设法密探，随时电部为盼。"汪翌日即复电："二十三日电悉，尊示各节，当时早经切实说明，币原（按：即当时的日本外相币原喜重郎）亦能谅解，惟谓此语发表，日本舆论必认为意存威胁，发生极大反感，政府将无法办理。"从后一电，则反映他是如何熟悉日本朝野的心理，他不待"设法密探"就知道日本政府一定同意干涉中国内政，甚至清楚为什么不直截了当出面干涉的"隐衷"，他是俨然站在日本政府的地位对中国外交部说话的。

在这新旧时代交替之际，最容易使一些政客、学者露出他们的真实面目。比如蒋方震（百里），平时发表文章，总是口口声声救国救民，共御外侮的。那时，他在干什么呢？他在给汪荣宝的信说："武汉既变，北奉业已动员，此间江西一路，恐终不免一战。时局转移，愈趋愈紧，馨公甚望我公随时有所指示。"馨公就是孙传芳，那时，蒋百里正做五省联军统帅孙传芳的总参议。以一个东南五省的军阀头子，向一个驻外公使如此折节，要求"随时指示"，这不是奇闻么？说穿了，就是要汪探听日方是否要出面直接干涉中国的内政，阻止北伐军进入东南。这封信的后面又说："微闻美人前曾约日本对于中国有所处置，而日人拒之。英近对美颇有接洽，美对南中表示相当好感，此中线索未明。现美使不日来此，恐亦为此故。万一英、美一致，则日本亦不能独异。今日之事，盖不独为中国内部事，业已牵动世界全局矣。如何，更望见示。"这一段话的简单的意思就是说：现在国内的局势紧张得很，为什么日本还不出面干涉呢？现在美国已决定出面干涉，因为美国对我们（指孙传芳）的态度特别好，英国也决心要插手了。如果日本再不出面干涉，就要落后了。日本还要顾忌公开干涉别国的内政么？不要紧，因为中国的问题早就成为关系世界全局的大问题了。

还可以举出一个更"出人意料"的例子。王宠惠，应该说是国民党的元老。辛亥革命后，就在孙中山的临时政府里担任次长、总长，一直挂着老同盟会的招牌。蒋介石的国民政府在南京成立后，更一直高踞院长的地位，俨然是"党国"的大佬。但在大革命的时候，他是什么政治态度呢？他于一九二六年十月十二日给汪荣宝的信中，有以下几段："吴（佩孚）退豫后，诸将不奉命，曹锟曾出疏通亦无效，不能乘机南攻也。昨以红枪会之变兵，樊匪（指樊钟秀，樊也是老同盟会员，王却称之为匪了）结合，开封忽下，吴逃河北，奉不出面，褚（玉璞）张（宗昌）之军已收保（定）大（名），将乘势过河，然只取豫，必不侵鄂也。孙（传芳）败于赣，南昌再失。武昌开城，南军两面夹攻，浔亦不保。……然南军殊不顾与孙和。孙将以部下之离散，不日将失败。其去苏乎？苏不归南必为奉张拾得，为期不在远矣。孙有小智，无远见，去岁戎首（指孙一九二五年以秋操为名，驱逐奉军，占领苏皖两省），兵连至今，死丧百万，天岂恕之。谓我不信，请看来月。”从这两段信中，可见他对所谓南军的进展是如何痛心疾首，他不仅反对北伐，而且对孙传芳得驱逐奉军也加以诅咒。他，这个国民党的元老，究竟站在什么立场说话，就可想而知了。

妙文还在下面：“南方蒋（介石）立下游，希冀赣浙；唐（生智）李（宗仁）则活动于上游。倒吴意见本一致，攻孙独可，若目的已达，利害立异。唐、李将组新保定系，抱合川、黔、鄂、湘、桂以成新局，近亦以蒋过专横，唐、李均愤愤。蒋以外诸人均与段公（祺瑞）有旧，或为及门，或感知己。长江事了，南北均倦，无力他求，实有确据。此时必众推南北共通之人出任，合一主持和平，立组新局。此人为谁，盖兄之所期望者也。……奉初有他志，及南方变出，已暂观望；然终必徇众意，附条件而举段公，此深知内容者所断言也。”又说：“清浦（按：即日本当时的元老重臣清浦奎吾）来已明告张，希望段再出，并谓即无十分贯彻施行政策之望，亦宜即出，以慰友邦，此言未知是否？清浦在奉表示请张勿多管关内之事，其意可知。日政府既定之方针，未得示教。不无疑念，然芳泽留奉数日，似有密旨传达。……同人及段公对于我兄盛意，均极感佩，弟盼为最后努力，能使彼中人向某阀一致劝告，促其速请段出，则事可早定。”

王宠惠一向被目为老国民党，他在北洋政府做官时，一般都指为英美派的政客，而胡适之则捧他为“好人”，是“学者而现代式的政治家”，但是，看看上面这封信的口吻，他和安福系亲日政客又有什么区别！和汪荣宝等老牌亲日分子又有什么区别！

王宠惠信中所提到的清浦在奉天的阴谋活动，其实就是汪荣宝早就在东京和日本统治集团策划决定了的。当时日本的统治集团不仅不甘放弃对中国的侵略利益，而且企图乘北洋政府土崩瓦解的时候，进一步扩展其势力。张作霖和段祺瑞都是亲日派首领，但在日本侵略者看来，段祺瑞更为温和，而且作用也比较大些；尤其因为段祺瑞曾做过保定军官学校校长，蒋介石、唐生智等都是保定军官的学生，把段抬出来，不仅可以维系北洋的残局，还可能通过师生关系，把国民党的新军阀拉过来，变成一个南北新旧军阀冶为一炉的局面，以利于日本势力的继续步步深入。日本统治集团和汪荣宝商定这个扶段再度上台的阴谋以后，就由汪密函曹汝霖在津和段祺瑞联系，并派他的学生赵欣伯到东北去活动，劝告奉系军阀拥段登台。日方还派清浦奎吾和闲院宫亲自出马到沈阳去压迫张作霖，要张放弃亲自登台的计划，改而拥段。曹汝霖听到日方这个计划，最初也是兴高采烈的，他于一九二六年十月十八日复汪荣宝的信中，有“如能捐弃成见，南北互让，以求可以救国之道，如尊电所云，军阀政党截然异途，以求治道，则南北所持之极端主张，未始非可得一适中之道。……前大内君带来之信，当即转送次之矣”。

这里所说的“救国之道”“求治之道”等等，当然是他们的鬼话。可注意的是他们高唱“南北互让”，显然，他们是希望蒋介石可以和他们“合拍”。至于信中所说的“次之”，是安福系健将姚震的号，汪荣宝是通过姚去鼓励段祺瑞“出山”的。到了是年十一月七日曹汝霖再度写信给汪荣宝时，对这个阴谋计划就不再那么乐见了。他信中说：“现在南北新旧之争，已至肉迫时候，果能立一建设方案，南北新旧融为一炉，未始无救亡之道，借乎南北各阀，均无彻底觉悟之意，为可忧耳。”为什么他忽然这样“悲观”起来了呢？原来，他已看到蒋介石打算利用英美的支持，不甘和北方军阀“融为一炉”，而张作霖也决心亲自出马，不肯再把段祺端抬出来，此中消息，我们从赵欣伯给汪荣宝的信中，可以了解一二。赵的信中说：欣伯抵奉后，因清浦老及闲院宫相来奉，疲于应酬，且对于时局久未决定方策（可见日方为此事对奉张的压迫以及张的反抗是相当激烈的），故未函复，歉甚。昨日与杨总参议（按：即杨宇霆）为彻底的谈话，其结果如左：

一、奉方此后当与老师格外亲热，请老师屈认奉方为一家（也就是说，请汪不要再做段方的掮客，而改为奉方对日的经理人罢）；

二、关于收拾时局之策，甚愿容纳我师所建议者；

三、惟推段上台一节，当视各方情形而定；

四、章仲和（宗祥）、曹汝霖等，皆拟起用；

五、日本方面多主张奉方保境安民，不出关问事。奉方亦本此意。惟若中央无人，国家将陷于无政府状态，奉方既为中国人，焉能置之不问，故若不得已时，不能暂执中央政权。此事请我师对于日本朝野释明，彻底请其谅解；

六、欣伯以为不久当能底定大局，来月某氏当往北京省察，欣伯亦偕往，是时当电知也。

这封信，除了告诉汪荣宝，张作霖决定亲自登台以外（张果于是年十月入关，年底自封为“北京临时政府大元帅”），还说明了两点：第一，张作霖那次入关自立为“王”，是坚决反抗了日方的压迫，违抗了日方的意旨的。日方派清浦、闲院宫这样两个元老重臣去迫使张作霖接收他们的方案，而张竟不俯首听命，这就说明了为什么翌年日方要下毒手，把张作霖在皇姑屯炸死。第二，说明奉系军阀早就清楚汪荣宝、曹汝霖是日本的代理人，日方的计划是汪参与了的，所以这样卑躬折节，拉拢汪荣宝，不仅对他表示尊重，而且保证要起用他们这批“四大金刚”。曹汝霖所以表示对拥段不再感兴趣，大概他早已得到奉方的默许了。汪荣宝、曹汝霖等的融南北新旧军阀于一炉、成立一个统一的亲日政府的阴谋是破产了。

张作霖和北京灾官

旧中国的北洋政府也好，国民党反动政府也好，都主要是靠借债度日。

袁世凯时代，主要靠五国银团的善后大借款。税收方面的两大宗，一是关税扣除了庚子赔款的“关余”，一是盐税扣除了分期偿还大借款的“盐余”。这两笔款子，分别控制在总税务司安格联和盐务稽核所总稽核丁恩（安和丁都是英国人）的手里。

袁死后，段祺瑞实际上掌握北洋政府多年，那时，主要是向日本借债，把不少铁路矿山都押出去了。

直皖战争后，段下台。从那时起，北洋政府的财政更加困难，一则在五四以后，群众运动风起云涌，外国银团不敢轻于贷款，担心政治不稳定，无从还款。再则从督军团会议后，各省军阀一直扣留税款，连近在咫尺的直隶省的税收也分文不解“中央”，当时所谓中央的税收，只有崇文门监督的收入，每月不过三十万，京绥路四五十万（京汉路由曹锟控制，京奉路由张作霖控制），加上关盐两“余”以及统税屠宰税等等，合起来每月不过几百万，而支出则在两千万以上，于是各机关先是欠薪，以后简直不发薪，有些没有收入的机关如教育部、蒙藏院等，只有到过年和春秋两节，才能拿到二三成薪给略资点缀。很多科员、科长，白天上班，晚上偷偷出来拉洋车，当时北京有人写的竹枝词中有这样两句：“满街乞丐满朝官，我作哀鸿一例看”，确是如实的写照。

这样的局面，每况愈下，一直到一九二七年张作霖自任中华民国大元帅，接管了中央政府，他大举裁员，并把留职的人也大大减了薪，这样才勉强发了几个月的月费。有一天，张在怀仁堂召集各机关荐任以上的人员“训话”，他开口说：“你们辛苦了，以前的政府，不顾你们的死活，把你们变成了灾官。从今以后，我要给你们发饷了。钱是少一点，反正总比饿着肚子强。有人说我张作霖是胡子，不管怎么说，我说一是一，决不骗你们，你们好好做事，我总不会让你们饿死。”实际上，他的支票也只兑现了几个月，到一九二八年他出关以前，北京各机关又欠了几个月的薪，一般灾官照样连粥也喝不上了。

辑四

蒋维乔日记中的“苏报案”

蒋维乔（竹庄）是旧中国的一位老教育家，江苏武进人，曾当过教育厅长、督学等职，生平好习静养生，曾著有“因是子静坐法”等书。晚年在各大学教授国学，抗日战争胜利后才逝世。

他和章太炎、蔡元培是同时代的人，曾参与他们的忧国学社和《苏报》等活动，但他毕竟不是一个革命者，他参与这些活动是偶然的，“苏报案”发生后，就转任商务印书馆编辑，投身于教育事业方面去了，但他和蔡元培等一直保持着联系。

他曾以亲身的经历，写过一篇《爱国学社始末》，是关于“苏报案”的重要文献，又载入辛亥革命的史料中。

最近，我看他的日记，看到其中有不少珍贵的史料。不仅对“苏报案”的经过有原原本本的记载，还记述了他和蔡元培、吴稚晖等认识的过程，而且，对十九世纪九十年代上海“夷场”的面貌以及那时的社会风尚，也有不少片段的记载可供研究。

他的日记开始于前清光绪二十二年（一八九六年，丙申），那时他才二十四岁。我们知道，他在民国初年，曾翻译出版了不少有关教育方面的书，他是怎样学习英文的呢？他在日记中记着，就在丙申年的正月，他有一位姓王的朋友从日本留学回到武进，在请春宴的座上相遇，谈起留东见闻，使他眉飞色舞，于是，决心跟王“习西文”。是年三月（夏历）廿二日开始学西文；至闰四月廿二日，日记记道：“泼拉埋读毕，接读勿耳史脱、而理驼。”（第一册读本）大概从此以后，这位老先生就开始“学贯中西”了。

一九〇二年（他是年三十岁），他开始到上海，那时，沪宁铁路尚未畅通，他是从常州坐着小火轮到上海的。壬寅年日记中记道：“七月初四日，由常乘轮赴无锡。初五日，游惠山。初六日由锡动身。初七日到沪，寓吉升栈。”

他到上海的那天，恰巧遇着一件热闹的事，初七日日记中还记道：“晚至黄浦观灯，盖因英皇加冕，西人设以庆贺也。其灯，五色相间，有似贯珠，形或方或椭，忽暗忽明，颇为奇妙。”大概这还是他生平第一次看到电灯，颇有刘姥姥初进大观园的神气。

那时，上海的爱国运动正开始如火如荼地开展起来，张园是活动的中心。蒋维乔到上海的第四天，就赶上一次在张园举行的欢迎归国留日学生大会。他在初十日的日记中记这次大会的原委很详，对当时这类会议的气氛也有所描述：“吴君稚威（即吴稚晖）于去岁之夏，率男女学生数十人东游（按：这些学生，都是上海南洋公学的学生，因为反对顽固教员的压制，闹了一场有名的‘墨水瓶’风潮，被该校监督美国人福开森开除，他们在教员蔡元培的带领下，离开学校，由蔡嘱该校职员吴稚晖带往日本留学），留学生中有九人欲入成城学校。成城者，日本陆军学校也，向例入校须驻日钦使保送。此时公使蔡和甫（按：即蔡钧，为有名的卖国官僚，入民国后曾为龙济光的高级幕僚，在护国之役中被杀死），荣禄私人也，不肯作保证书，吴君与之力争，公使给之，令学生五人保一人，继而即以学生保结交日本参谋部，参谋部不允，谓与向例不符，公使用全力推诿，百般卖弄，吴君无奈，直入使署诘问，不期而集者二十六人。公使乃呼警察入署，将吴君等解散出署，吴君谓出署不能，入警察署则可，遂入警署。越数日，内务部下令解吴君等回国。尔时全国志士皆东望愤怒，目眦尽裂。海上诸君子派轮接于吴淞，乃于今午三下钟在张园海天深处（是当时张园的一个大厅）开欢迎会，尔时到者百余人，余与林君涤庵等与焉。入会者每人出分金半圆，设有茶点蔬酒毕集。先由吴君登台演说，备述颠末，演毕，众人鼓掌之声如雷震，吴君下台，无锡冯君等数人敬以酒，吴举杯一饮而尽，台上则开演昆戏焉。日暮始散。”

是月十九日的日记又记着：“沪上志士在张园安恺第（另一卖茶的大厅，这些地名，在清末民初的谴责小说如《二十年目睹之怪现状》《海上花列传》中屡有提及）开协助亚东游学社会（现在看来这个会名颇为不伦不类）。是会，安徽候补道姚君石泉所创也。姚先生是中国第一次派送学生至日本者，故对此事极热心。”

九月十二日，他和蔡元培首次见面，那天他的日记记着：“偕杨秉铨君谒蔡鹤卿先生。教育会学堂未有要领，暂缓。”

中国教育会是蔡元培等发起组织的爱国团体，他们为了安置从日本回国的一批学生，决定办一个学校，定名为爱国学社。就在蒋维乔和蔡元培初次见面后不久，他们由“乌目山僧”黄公仰的介绍，向哈同的夫人借到一笔钱，办学校的经费算是初步解决了。所以，在第二年（一九〇三年）正月二十一日蒋的日记中写着，“爱国学社总理蔡鹤卿先生及学监吴稚晖先生欲予分任国文教科，余亦颇习英文（大概，‘勿耳史脱、而理驼’他早就读完了），遂偕傅儿于是日入爱国”。爱国学社的教员，除蔡元培、蒋维乔以外，还有章太炎等。爱国学社成立不到四个月，内部就发生矛盾，章太炎等决定把爱国学社脱离中国教育会而独立，冲突的主要原因由于乌目山僧操纵中国教育会，加之吴稚晖从中挑拨，引起章太炎等的极大不满。章等为了解决爱国学社独立后的经费问题，乃与《苏报》主人陈梦坡约定，由爱国学社的师生章太炎、邹容、章士钊等主持《苏报》的言论，并供给新闻，每月由《苏报》拨付二百三十元作为爱国学社的经费。因此，遂有“苏报案”的发生。

关于这段经过，蒋的日记中有如下的反映：

> 二月初十日，代《苏报》译《东报》，每日千字。
>
> 二月二十九日，蔡君鹤卿、吴君稚晖、陈君梦

坡与予约成立四合会，专办体育科。

四月初四日，粤人冯镜如等议设国民总会，在张园集各省士商开会，适得东京电，留学生已结成义勇队赴前线与法战。爱国学社中人亦拟组织义勇队。会众大声赞成，杂以鼓掌、声震四壁。是日开会闭会均唱爱国歌，是为中国国民会之起源，人心非常激昂。

是月，爱国学社诸君成立军国民教育会，参加者九十六人；中旬起，一律学习兵操。

五月二十日，爱国学社与教育会有冲突，有美国离英国独立之举动。(按：这个比拟，其实是不伦不类的，也可见那时的知识分子喜谈国际时事而又一知半解。)

五月二十一日，蔡鹤卿先生有德国之行，以爱国女学校事相委托。(爱国女校是蔡元培于爱国学社独立后创办的女学。)

到了是年的闰五月，就发生了“苏报案”。蒋在闰五月的日记后面，写了一段他当时所知道的此案发生经过如下：

是月，沪上风潮大起，盖自前五月因沪上揭发王之春阴谋，政府诬以造谣，欲拿办蔡鹤卿、吴稚晖等，领事已签字，而工部局不允，其事遂寝。爱国学生忽与教育会冲突独立后，为筹款计，将《苏报》全行归其编辑，日日倡言革命，而蜀人邹容又专著《革命军》一书，章炳麟为之序。湖北抚台端方以此事告于政府，乃商于领事，于是拿获章炳麟、邹容等六人。十四日第一次裁判（实际是第一次开庭审讯），原告为中国政府，二十七日第二次裁判，被告诘问原告。彼此各有律师，而原告律师谓此事已成交涉，重案须俟北京公使与政府商妥后再讯云云。噫，满汉涉讼，此为第一次，亦奇事也。

这里有必须补充说明的，据清朝政府的秘密档案中记载，“苏报案”的发生原因，并非起于王之春案，早在《革命军》发刊及章太炎在《苏报》上公开发表《驳康有为论革命书》一文后（章文中痛斥清政府，称光绪为“载湉小丑”），当时的内阁学士张之洞和湖广总督端方、两江总督魏光焘即函电往还，密商查封《苏报》，缉捕章太炎、蔡元培等，他们一面派和他们合作的美国人福开森在上海联络各国领事及租界工部局，一面派道员俞明震到上海协同上海道台袁观海办理此案，俞明震嘱其子约吴稚晖到其旅舍谈话，吴即向俞告密。因此，清廷得以向租界指明拘捕章太炎等，吴稚晖名义是《苏报》的主笔，却因而得逍遥“法外”，章等被捕后，他还到老闸捕房去探监，其有恃无恐，可想而知。和章太炎同时被捕的有龙积之，程吉甫等四人，邹容则于翌日自行投案。蔡元培则早已离沪赴德，故未牵入。当然这段内幕，蒋维乔是不可能全部了解到的。

吴稚晖于章太炎等被捕一个多月以后，才从容离开上海，赴法留学，而赴法的经费，也是俞明震资助的。蒋维乔日记六月十八日记道："自《苏报》事起，沪上风潮甚急，稚晖西奔，爱国学生星散，教育会几于消灭。"这个"奔"字也写得很是含蓄。

是年除夕（夏历），蒋维乔在这一年的日记后面还补充写了"苏报案"的经过。他说："是年沪上有三大事，其一即为《苏报》事。《苏报》以倡言革命，激动满洲政府，而《革命军》及章炳麟《驳康有为论革命书》皆以小册子为政府所忌，而章、邹等六人被拘，《苏报》主人陈梦坡则逃往东京。《苏报》一案，满洲政府张扬之至，激动各国政府，英美外务部大臣均驰电驻沪领事不交人与满洲政府（其实，当时'苏报案'发生后国人极度愤慨，纷纷抗议租界当局和清政府勾结，蹂躏人权，孙中山、蔡元培等在东京揭斥英美及清政府，因此英美领事才没有将章等引渡给清政府）。厥后会审数日，满洲政府卒不得值，将章、邹二人监禁两年（邹容被判处两年徒刑，章太炎徒刑三年），余两人释放。满汉涉讼，今为第一次，而挟政府之势，竟不能与区区平民争胜，可见公理自不可灭也。"

蒋维乔从《苏报》被封闭后，即应张元济的邀请，参加商务印书馆编译所工作，主要是担任编修教科书。从此，他走上了教育家的道路，但因为过去这一段关系，和爱国学社及《苏报》的旧人也还不断有所来往，从他以后的日记中，还可以发现与"苏报案"有关的史实。

甲辰年（一九〇四年）四月初八日（夏历）日记："下午五下钟，教育会开会，提议章、邹事；盖'苏报案'已讯结，章监禁三年，邹监禁两年，罚做苦工监，监满期逐出租界之外。此次会议，即筹狱费也。”

五月初六日日记：“晴，午后赴教育会，因章、邹去年于此日入狱，今开会以纪念也。”

这两则日记记得太简单，章、邹被捕下狱，蔡等远奔国外，究竟是谁在主持教育会的爱国活动，有哪些人参加，可惜都没有记下来。

关于以后邹容在狱中瘐死以及章太炎出狱的经过，蒋的日记也有所记载，是极可宝贵的史料。

乙巳年（一九〇五年）二月二十九日日记：“今日浩吾有函致鹤卿言：面牢有电话告知《中外日报》，威丹（邹容字）于昨日病故。已由中外报馆具洋四十元棺殓。十日之内，须择地葬之，嘱鹤卿筹款云云。”（那时蔡元培已回抵上海）

三月一日日记：“午后赴愚园，参加邹威丹追悼会，到会五十余人。”

三月二日日记：“晚赴爱国女校，议威丹后事，拟将棺暂停，一面觅地，一面通知其家人。”

丙午年（一九〇六年）二月十七日日记：“上午至蔡君鹤卿寓中，商议邹威丹墓上立纪念碑及开周年追悼会事。因蔡君将回绍兴，而余本为曩者被举干事员，故将此事担任；会计一事，则由蔡君嘱托严练如君。”

二月二十二日日记：“下午三时半，偕练如至广明学校晤蔡君鹤卿，刘君东海（他当时和堂弟刘三等人冒险收葬邹容）及黄君韧之，商议邹威丹墓上设立纪念塔事，至六时方归。”

五月初五日日记：“午后六时，在师范讲习所遇蔡君鹤卿，章太炎于初八日将出狱，鹤卿自绍兴来料理是事也。七时，偕练如往广明学堂访黄君韧之。”

五月初八日日记：“九时至十一时，偕鹤卿、浩吾等至四马路巡捕房前候枚叔出狱，盖监禁三年之罪已满也。枚叔由浩吾君偕乘马车至中国公学，今晚送往日本邮船，明晨赴日本。枚叔受羁三年，而容颜甚好，别无憔悴之色，盖深于内学者也。午后五时，至广明小学访黄君韧之，不遇，后遇之于江苏学堂，因于商议邹威丹追悼会事。”

五月十二日日记：“晨六时，偕练如、鹤卿至南市大码头。是时黄君韧之等及中国公学、健行公学诸君共三十余人均已齐集。登舟赴华泾，为邹威丹纪念会也。舟行三小时，至十一时始抵华泾，登岸行二里许，至刘君东海家午餐毕，开会于墓前，所立纪念塔及铁栏甚壮观瞻。先在墓前行一鞠躬礼，次纪念塔除幕，次报告，次演说，散会。后提议每年修墓及开纪念会事，公举刘子贻君为主，会员复募集常款，存信成银行生息，为列年费用。”

从此以后，蒋维乔日记就没有再提到关于“苏报案”事。至于邹容，孙中山于一九一二年就任临时大总统后，即追赠为上将，并拨款将邹容遗骸迁葬于其故乡重庆，章太炎亲题“邹大将军之墓”，立为墓表，墓前马路，后改称邹容路，以永远纪念这位年轻的革命家（邹容牺牲时，才二十一岁，《革命军》是他十九岁时所著的）。

邹容之死

一九〇三年（清光绪二十九年）发生的“苏报案”，是中国旧民主革命时代一页光辉的篇章。此案的主要人物章太炎当时卅五岁，邹容仅十九岁，他们两人，在《苏报》大力宣传民族革命，对清廷的腐化和卖国行为，加以有力的揭斥，邹容并著有《革命军》一书，由太炎作序，风行海内外；当时的清廷当权派，对《苏报》及章太炎等，恨之入骨，由张之洞（时任大学士）、端方（时署两湖总督）和魏光焘（两江总督）负责，派他们和他们合作的美国人福开森和上海租界当局勾结，把《苏报》封闭，并拘捕该报的负责人员。

据一九〇三年七月三日（夏历闰五月九日）的《申报》记载说：“昨日捕房曾同上海道派巡警查封《苏报》，当场将该报章炳麟、程吉甫、龙积之、钱允生及该报经理陈范之子陈仲彝拘捕。”翌日的《申报》又载：“《苏报》的邹容昨至四马路老闸捕房自行投票，捕房以真假未辩，未遽允收，邹乃自称：我非邹容，岂肯自投罗网，捕头乃允收。”从这简短的记载，可见十九岁的邹容，是如何勇于赴难。当时《苏报》的主编是吴稚晖，他不仅临时躲开，据说还暗中向清廷的官吏告了密，出卖了章、邹等，和邹容比较起来，吴稚晖的无耻行径，更令人发指。

吴的被清廷收买，在《申报》记载中也可得到旁证。该报于是年七月十六日登载会审公廨提审《苏报》人员的新闻中说：陈仲彝供称，该报主笔为吴稚晖。法官乃说，俟将吴拘捕后一并提讯。但以后并未将吴拘捕，那时吴不仅并未离开上海，还公然到老闸捕房去探望章、邹等，这里的蛛丝马迹不是很清楚吗？

章太炎和邹容，在法庭上都表现出革命气概，他们都不肯下跪，蹲坐在地上回答法官的问话。章说：“我是浙江余杭人，三十五岁，《革命军》序文系我所作。”邹说：“我是四川巴县人，十九岁，《革命军》一书是我所著。”《申报》的记载还有一段很能反映当时章、邹的英雄气概。那天在会审公廨审讯的法官姓孙，他知道章太炎是举人，便问章中式是何科，章笑对邹容说：“我本满天飞，何窠之有。”他故意把科误为窠，以愚弄法官。

《申报》还描述当时章、邹二人的衣饰：“章长发毵毵，披两肩，其衣不东不西，颇似僧人袈裟之状。邹容剪发衣西服，余人别皆华装。”

章、邹在清政府和租界当局的联合迫害下，终于被判处了徒刑，章判三年，邹判两年。他们是革命的战友，是忘年交，邹称章为大兄，章称邹为小弟（后来章的挽诗中有“邹容吾小弟”句），他们在狱中依然读书写文，讨论革命的计划，但邹毕竟年轻体弱，抵抗不了西牢中非人的待遇。他得了严重的恶性痢疾，章一再要求监狱当局延医诊视，但监狱置之不理，邹就在快刑满时，瘐死狱中。据一九〇五年四月四日上海《文汇报》（当时是洋商办的英文晚报）载称："前年《苏报》一案被捕的邹容，于昨日黎明四点钟病死狱中，由其友好某君派人收殓。邹髀肉尽消，空存皮骨，生敬邹容者，见之当为惨然。"

一九〇六年六月二十九日《文汇报》载称："章炳麟君因《苏报》一案判禁西牢三年，刻已于六月廿七日期满释放。"章出狱，即由同盟会预派的代表迎往东京，不久即担任《民报》主笔，对清廷和康、梁等保皇党展开了斗争。

邹容的尸体，是被同盟会的刘三（有名的江南刘三）收葬于沪郊，辛亥革命后，孙中山就任临时大总统，追封邹容为上将，并拨款迁葬于其巴县故乡。一九一八年，章太炎在岑春煊的七总裁政府失败后，漫游西南，行至重庆，亲至邹容墓祭，并亲题墓表曰："邹大将军之墓"。

老《申报》幕后人物

《申报》是旧中国出版最久的报纸，创刊于清同治十一年（一八七二年），先后出版了七十七年。从晚清以后的一个相当长的时期内，江南一带的大小城镇，一般人几乎把“老《申报》”当作新闻纸的代称，不说看报而说“看看《申报》”；要把报纸包包东西，也说“拿张《申报》纸来”。可见它那时的影响。

《申报》最初是英国的一个冒险家美查开的，他做茶叶生意，赚了钱，拿出几千两银子来办《申报》，不久，又开设点石斋印书局，专门用石印翻印不要付版税的古籍，预约发售，又大赚其钱；以后还出版由吴友如等编绘的《点石斋画报》，在《申报》附送。美查还利用《申报》的宣传影响，兼做军火买卖。总之，只要有钱可赚，他什么买卖都做。这样，他在三十多年中，由一个穷光蛋变成了百万富翁。一九〇七年，他已上了年纪，荷包也满了，他就把《申报》

股权出卖，回到英国去了。当时接管《申报》的是席子佩。

席子佩是江苏青浦人，他的哥哥子眉是《申报》的老会计，后任买办。一八九七年子眉去世，子佩继任买办。美查回英后，席改称总经理，直到一九一一年史量才接办《申报》为止。

史量才本是一个穷书生，接办《申报》前，只做过几年女子中学教员，他哪来这许多钱去买进《申报》的呢？说来话长。

一九〇三年“苏报案”发生后，清廷感到取缔报纸极为辣手，于是那拉氏、奕劻等定出了一套对付的办法。一是大办官报，那时，北京各部都办起官报，连军咨府也筹备创办《军咨日报》，其他如《财政日报》《警政日报》等，不一而足。其次是收买所谓民间报，这又有两种方法，一是公开收购，如把汪康年、梁启超主办的《时务报》收归官办；二是暗中收购，主要是收购上海和天津租界里的报纸，当时规定这个勾当由南、北洋大臣分工。天津的报纸，由直隶总督兼北洋大臣袁世凯负责，上海的报纸由两江总督兼南洋大臣端方负责。上海的《申报》也是收购对象之一，端方委张謇、赵凤昌和上海道台蔡乃煌出面和《申报》谈判，结果，谈定的代价是八万两，把《申报》的股权全部收购过去。交易谈成后，美查就携款回英，报馆暂由席子佩出面维持。

《申报》的股票，一直存放在苏州的巡抚衙门里。辛亥革命后，端方在四川资州被杀死，从此，这笔交易“死人无对证”，赵凤昌便和张謇以及当时江苏的藩台应德闳计议，把这批股票拿到手，化公为私，由他们三人朋分，推举赵凤昌“惜阴堂”的“小伙计”史家修(量才)出面去接办。所以,在史量才接办后的《申报》,幕后的实际操纵者是张謇和赵凤昌二人,他们都是立宪派的头目,是江苏的大绅士,又都和袁世凯有密切的关系。那时的《申报》虽标榜是纯粹的商办报纸,实际是立宪派的喉舌,是江苏绅阀、学阀的传声筒,在袁世凯当国时又是袁在南方的耳目。

辛亥革命时,《申报》馆曾遭到群众的包围捣毁,原因是袁世凯部冯国璋军向革命军反攻,革命军退出汉阳,《申报》得讯后出了号外,群众认为《申报》造谣,纷纷集三马路《申报》馆质询,并将该馆门窗全部打毁,迨租界巡捕大批赶到,群众始散去。第二天《申报》特地把汉口打来的原电稿制版登出,证明并非造谣。其实,引起公愤的,不是这个新闻有无根据,而是为什么出号外。武昌起义的消息传出,举国欢腾,《申报》并没有出号外,而且在新闻报道中,还处处污蔑革命党,说什么“乱党滋事,不难敉平”。清军打胜了,却大出号外,这是什么居心?当时上海并没有什么群众组织,不约而齐集《申报》馆者达数千人,对《申报》如此愤怒,可见对革命的情绪如何。

《申报》为什么这样敢于冒天下之大不韪,掀开帷幕来看,就可以了然。那时,外交团正在向清廷和民军方向施加压力,要双方让步,建立以袁世凯为中心的新政权。国内的立宪派人士,以张謇、汤寿潜等东南士绅为骨干,也在配合外国势力的干涉,钻进民军内部,进行破坏,为袁世凯的出场扫清道路。那时,进行这场政治交易的场所就在上海南阳路赵凤昌的寓所“惜阴堂”,南北议和中的条款,临时政府的人选，清室优待条件，都在这里决定，甚至清室“逊位”的“诏书”，也是在“惜阴堂”内由张謇起草后打给袁世凯修改后再交隆裕太后签发的（胡汉民以后在追忆这件事时，曾说：“清允退位，所谓内阁复电，实出季直先生手……脱稿交来，即示少川先生，亦以为甚善；即电袁，而袁至发表时乃窜入授彼全权一笔，既为退位之文，等于遗嘱，遂不可改。”[《致谭延闿书》]）。张謇、赵凤昌等当时看到全国各省纷纷光复，清廷摇摇欲坠，如果袁世凯不打一个胜仗，压压民军，这笔妥协的政治交易就不易做成。所以，汉阳失陷的消息，使“惜阴堂”中人额手称庆，《申报》连忙出号外，正反映张謇等人的“喜可知也”的心情。他们没有想到群众的辨别力如此清楚，更没有想到这样一来，把《申报》的底牌也漏了出来了。

“惜阴堂”是立宪派的巢穴，也是《申报》的后台，史量才接办《申报》后，经常要到“惜阴堂”去向赵凤昌商讨报纸的计划方针，赵还叫他的儿子赵尊岳进了《申报》，参与机要。张謇则通过赵凤昌指挥史量才。“惜阴堂”中高挂着张謇写的一副对联：“有闭关却扫之风，脱略公卿，跌宕文史；以运甓惜阴为志，方轨前秀，垂范后昆。”这对联是光绪三十四年写的，据张謇日记，他们在一八九五年就认识了。

赵凤昌，字竹君，江苏武进人，早年在张之洞的两湖总督幕中，深得张的宠爱。张之洞常以“博览群书”自诩，好与来客谈文论史，赵买通了张的近身侍童，把张每天看过的什么书告诉赵，赵就连夜按图索骥，把这些书记熟了，所以，张每与客谈论时，别人往往瞠目不知所对，赵则广征博引，对答如流；因此，张常称道赵的“学识”。赵就是这样“跌宕文史”的。武汉官场中，当时曾流传着这样一副对子：“两湖总督张之洞，一品夫人赵竹君”。可见赵那时是如何恃宠揽权，遭人忌妒。后来，清廷的御史参劾张之洞，涉及赵凤昌，赵被革职“永不叙用”，张就派他长驻上海，作为耳目，他就在南阳路修筑了住宅，挂起“惜阴堂”的匾额，广交官场及租界外人，张謇就是在那时和赵相结识的。

张謇于一八九四年（那年他四十二岁）中状元，那一年，开始甲午中日战争，张之洞也在那年由两湖调任两江总督。张謇于翌年开始在南通筹设大生纱厂，任南京文正书院山长，都是受到张之洞及其后任的刘坤一的识拔和帮助，他办纱厂及在海门等处“开垦农地”等等，都是由张、刘拨给官股并帮助他募集商股的。可以说，张謇后来能成为亦官、亦工、亦学的东南一霸，最初就是依靠张之洞与刘坤一的力量，以后端方、魏光焘等任两江总督，也因张、刘的关系对张特加青睐。由此可见，张謇和赵凤昌的结识以及他们长时期的相互勾结，密切合作，是有深厚的历史渊源的。

辛亥革命后不久，袁世凯窃踞政柄，张謇、赵凤昌一直在暗中作为袁的代理人操纵东南局势。一九一三年袁世凯暗杀宋教仁，国民党人计划发动讨袁，张謇和赵凤昌以及汪精卫倡议“和平”解决“宋案”，不追究赵秉钧和袁世凯的责任，并主张国民党“不咎既往”“维护和平”，仍选袁世凯为正式总统。迨黄兴到南京举兵讨袁，张、赵又策动当时的江苏都督程德全辞职，并瓦解了南京的唯一武力陆军第八师，使“讨袁之役”以失败告终。

袁世凯帝制阴谋，张謇是反对的，但还是接受了“嵩山四友”的“封典”。正当洪宪的锣鼓打得喧天的时候，上海某报登出一段消息，说某维新党人由京携巨款到沪收买报馆。翌日，《申报》马上声明没有收受任何方面的津贴，张菊生也在同日《申报》登载启事，说他从未受托向报馆纳贿。为什么别人听了无动于衷，他们却要做这种“此地无银三百两”的声明呢？而且，张当时也是“惜阴堂”的常客，此中消息，不是大可玩味么？

一九一九年南北和谈时，张謇和赵凤昌在幕后也很活跃。据参加和议的代表所记载，当时和议的会场虽在德国总会，而实际则一切都在“惜阴堂”中决定。

张謇、赵凤昌于一九二六年前后相继去世，从此，史量才才真正做了《申报》的主人。一九二九年，他还收买了《新闻报》的接近三分之二的股权（二千股中的一千三百股），企图实现其报界托拉斯的计划。同时，他还向银行投资，成为中南银行的常务董事。

一九三二年淞沪抗战时，史和黄炎培等组织上海地方维持会，支持十九路军；以后，该会改称上海地方协会，史被推为会长，俨然成为上海地方势力的重心。他那时不支持蒋介石的不抵抗政策，而延请俞颂华、李公朴等参加《申报》的编辑工作，创刊《申报月刊》《申报年鉴》，并举办量才补习学校等事业，因而遭蒋介石的嫉恨。一九三四年十月，他在杭州乘汽车回沪途中被暗杀。

对日抗战初期，《申报》曾先后迁至汉口、香港出版，为期不长，一九三九年又挂着美商牌子重新在上海复刊。太平洋大战爆发后，《申报》被汉奸接办，成为敌伪报纸。抗战胜利后，又被国民党接收，由潘公展等控制，成为CC系的报纸，直至一九四九年停闭为止。实际上，从史量才死后，本来面目的《申报》已随之而死去，以后的《申报》不过是敌伪和国民党“借尸还魂”而已。

黄远生和邵飘萍

旧中国的新闻记者，在辛亥革命后最先露头角的是黄远庸。从一九一二年到一九一五年的四整年间，他以“远生”的笔名，给上海《申报》写了大量的北京特约通信，有时每天写一篇。这些通信，不仅报道当时北京政坛的现象，而且写出各派政治力量钩心斗角的内幕，夹叙夹议，有分析，也有自己的推断、评议。这种体裁，在当时是首创的，加上他的旧文学有根底，常识也较为丰富，所以他的通信，曾风靡一时，受到各方面的重视。

他一直标榜自己是超然独立于党派之外的，但每个人总有他的政治观点，远生也不能例外。他的基本观点，无疑是接近改良主义、维新派的。他不是康有为、梁启超的门徒，但和严又陵（复）的交谊很深，在政见上受严的影响很深。我们看他几年中发表的通信，总的基调是对以同盟会为代表的革命派采取讥笑乃至敌视的态度，对袁世凯则寄以一定程度的期望，他的中心主张是实现西方的资产阶级民主、宪政，从“声光化电”到政体法制，全盘向西方学习。

也和严复一样，开始是客观上起了给袁帮忙的作用，以后一步步愈陷愈深。像袁这样一个野心家，对于黄远生在舆论方面的影响，是有充分估计的，正如他对严复的“重视”、利用一样，千方百计，投其所好，拉近他预先安排好的樊笼。他先叫杨度、薛大可等和黄周旋，以甜言蜜语恭维他，然后以重金请他为薛所主办的《亚细亚报》写社论，并且处处表示尊重他的“超然”地位，不强制他担任参政、谘议等等公职，黄也就在努力保持“距离”的同时，不知不觉中踏上了他们的“贼船”。等到筹安会的一幕揭开，帝制的锣鼓越打越响，黄远生发现自己处在罗网中，急图摆脱，但也和严复一样，已经积重难返，身不由己了。

袁世凯一面派陆建章等监视和威胁着他，一面由薛大可在上海以五十万元的巨款，赁屋筹备《亚细亚报》的上海版，并在《申报》等大报登出巨幅广告，说该报定期出版，已聘定名记者黄远生为总编辑，刘少少等主持编务。这不啻公开宣布，这位舆论界的“名花”，已经“从良”“下嫁”给这个未来的洪宪皇帝了。

《亚细亚报》的上海版是出版了，黄远生也由北京到了上海，但《亚细亚报》未出版前，就被爱国人士投了两次炸弹，报纸奉送也没有人看，袁世凯死后，该报收了场，房东催索房子，还打了一场官司，这是后话。黄远生并没有进《亚细亚报》，而是出洋赴美国去了，据严复后来的记载，说黄的出国，是典卖了他的书籍、衣饰，逃往美国的。他到美国不久，就在旧金山被人暗杀。据严复以及梁启超等后来所写的远生行述，都说黄是被袁派的刺客追到美国行凶的。但其他方面的说法，则黄的死是被留美的爱国华侨打死的。这两种说法，看来都有理由；袁世凯是一手拿钱，一手拿刀，黄远生不甘被他利用到底，就下此毒手，这似乎是合乎袁的一贯做法的。另一方面，黄变成了袁的论客，已哄传中外，爱国华侨恨袁入骨，出乎爱国的热忱，奋起除奸，也是合乎情理的。这两个说法，一直没有定论，因为如果是袁打死的，就反证黄毕竟是反对帝制的；如果不是，那黄就将以袁的帮闲而盖棺定论，这在严复、梁启超等维新派是必须为死友力争的。有些好心好意爱惜远生才华的人，出于主观愿望，也宁愿他是被袁暗杀的。严复在他后来出版的诗文集中，一再坚持黄是反对帝制的，他和帝制派周旋有不得已的苦衷。这实际是借他人之酒杯浇自己之块垒，间接为他自己列名筹安会做辩白，动机是很显然的。

远生死后不久，北京风云一时的名记者，首推邵飘萍。远生是江西人，邵是浙江人，他们都先后留学日本，曾同一时期为上海《申报》撰寄通信，当时为上海报纸写北京特别通信的，除黄、邵以外，还有刘少少和以“彬彬”为笔名的徐凌霄，都有声于时。

邵早年在金华故乡办过时事白话报，辛亥以前，协助杭辛斋在杭州出版《汉民日报》宣传民族革命，对当时的浙江抚台增韫抨击甚力。辛亥革命后，留学日本，曾创办“东方通信社”专门向上海各报供给“留东通信”。因为这点关系，后来他到了北京，担任了《申报》的特约记者。一九一八年，他创办《京报》。那时正是五四运动的前夕，在《新青年》等进步刊物的宣传鼓动下，反封建、反军阀的思潮逐渐汹涌澎湃。研究系的机关报《晨报》逐步从进步走向反面，《京报》应连而起，延揽了不少不满《晨报》的进步文化届人士，主编副刊、特刊，当时的“京副”，在客观上的确对五四运动起了鸣锣喝道的作用。

他在新闻采访方面，有一套独特的本领。五四运动后，北京大学延请他担任文科的新闻学讲师，他把这一套编成讲义讲授，后来出版了《新闻学总论》和《实际应用新闻学》等书，这是和戈公振的《中国报学史》同为旧中国新闻学方面比较有内容的书。其他的一些新闻学著作，都不过是胡凑成篇或从欧美、日本的书籍中抄录、照搬而成的。

飘萍是一九二六年十月廿五日被军阀张宗昌杀害的。也有人说，是张作霖指使的。从一九一八到一九二六年这七八年间，正是中国大革命的前夕，也是北方政局最为动乱的期间，《京报》在这期间，起了一定的进步作用，是和旧军阀的黑暗统治做了一番搏斗的。

据说，飘萍在国民军退往南口，直鲁联军进入北京的时候，就避居东交民巷，过了几天，没有动静，有一个叫张翰举的“京油子”，平时和飘萍一起玩乐，相当熟识，他打电话到六国饭店，对邵说外面已平静了，没有事，快出来吧。而飘萍正因家中妻妾争吵，要回家调处，就在傍晚化装离开六国饭店，哪里知道汽车刚开出东交民巷，就被预伏的警探截住，把邵押解到督战执法处。过了几天，就被杀害在永定门内的天桥二道坛门。

据一九二六年十月廿六日《沪报》所载北京电讯：廿五日晚，北京各报负责人还不知道邵被害的消息，还派代表去见张学良营救，张当时答复说："已经来不及了。"又说："前敌将领有便宜行事权。"可见张学良并不一定赞成张宗昌这个举动。也有人说，张作霖父子本来想收买《京报》，条件也有人从中说妥了，而张宗昌则非杀邵不可，未经呈报，就先斩后奏，这也是后来张宗昌和张学良背离的一个原因。

张宗昌所以决心杀害飘萍，谁都知道是由于当时的"国务总理"潘复的主使，而潘所以如此怀恨飘萍，据说是因为潘曾送过《京报》一笔钱，而《京报》对直鲁联军依然揭露抨击，所以恨之入骨。当然，更主要的原因，是《京报》在奉、冯的斗争中，明显地同情国民军，反对奉系，特别在"三一八惨案"前后，同情爱国的学生运动，揭斥执政府和奉系军阀，态度是很鲜明的。

远生和飘萍，都是旧军阀统治下的名记者，而都死于非命；飘萍的被害，更是军阀摧残新闻事业的血腥罪行之一。但在今天看来，他们的经历，都不可避免地有着时代的烙印。他们的死，都可以说是时代的悲剧。

黄远生是从改良主义的道路，自觉或不自觉地走入了为军阀帮腔的死胡同，等到迷途知返，已经来不及了。飘萍有魄力，有才华，也做出了成就，但旧社会的黑暗，依然浸没了他，他生前服用之豪奢，是人所共知的，他所吸的香烟，是烟公司为他特制的，每支烟上都烫有"邵飘萍吸"的金字，即此可见他生活方式的一斑。古人说"俭以养廉"，那么它的反面就可想而知了。

杭辛斋是邵飘萍从事新闻事业最早的同事和前辈，杭早年曾在武汉办报，攻击张之洞，被张拘捕下狱，出狱后回到杭州办《汉民日报》。他晚年潦倒上海，贫病而死。他的友人曾为他写了一篇“轶事”，其中有这样两段：“辛亥以前君在杭创办《汉民日报》，自主笔政，得金华邵振青（飘萍）为之助，两君所著评论，辄舒心诵人口，唯资金屡竭，尝不能发给访薪，访稿竟至只字不来，杭等亦了无忧虑，常一榻横陈，孤灯相对，得三数知己，清谈娓娓，印刷人来索稿，急于星火，乃置枪濡笔，顷刻万言。新闻、评论，应有尽有。”又说：“君等在《汉民日报》对抚台增韫攻击不遗余力，增固常欲博好名者，以杭为名下士，辄宽忍未敢中伤，闻杭所办报困于资，乃致数百金为寿，杭亦笑而受之，不三日，抨击更甚。增怒，欲得而甘心，幸武汉起义，杭州旋即光复，否则君等殆矣。”这两段记载，是辛亥前后新闻记者生活和工作方法的很好写照。同时可以看出，飘萍后来在敢言方面，以及他的消极颓废的一面，都是其来有自的。

王国维之死

差不多已经是四十年以前的事了。一九二六年，我开始到清华去上学；那时候的清华，可以说是街头街尾“洋化”了的，读的是“洋”书，讲的是“洋”话，一切规矩都是按照美国的，连厕所里的手纸也是进口货，所有这些，都使得像我这样从内地小城市来的土学生感到眼花缭乱，手足无措。

在这沉浸的“洋”空气中，不久我就发现了一个奇迹：清晨、傍晚，每每看到一个街头街尾土气的老头子，踯躅在水木清华的园林中。他穿着土布棉袍，黑布马褂，土鞋土袜，黑缎子的瓜皮小帽，最刺目的，脑后还留着长不盈尺的小辫子。长发是显然的，决不像是一个校工或管账的小职员。他是谁呢？经过向老同学询问，才知道这个老头就是大名鼎鼎的国学家王国维先生。

当时，清华的学生总数不过三百多人，却分为三个部分：一是留美预备班，称为旧制学生，那时已不招新生了，在校的还有四个班级，约二百多人；一是大学部，称为新制学生，那时还只有两级，每级八十人，我就是第二班的新生。另外，还有新设的研究院，学生不过二三十人。

新旧制的教师是相通的，有些选修课，两部分学生还在一个课堂上课。研究院的教师却并不到大学部来兼课。那时研究院的教授除王国维外，还有梁启超、陈寅恪、赵元任等，都是当时第一流的学者。

为了满足研究院以外的学生向这些先生“受业”的要求，学校当局特地安排在每星期六晚上举行校内的公开演讲，请这些先生轮流做学术报告，凡愿意听的届时都可以去听，事前既不要报名，事后也不举行什么试验，完全探取“自由”听讲的方式。记得在一年中，我就听过王国维先生的报告不下五次；他的学识的确是渊博的，讲话也很清楚，深入浅出，给我印象最深的一次是他讲的“新莽量衡”。他根据甲骨文等史料，考证出王莽时代的度量衡制度，他还带着一个自己核算复制出来的量器，一面是当时的“斗”，一面是“升”，他边讲边以实物比拟，把这样一个枯燥的选题讲得相当生动。讲过几次演讲，我对这位老先生是满怀敬重的。

第二年（一九二七年）一个初夏的早晨，我坐在校园的树荫下，温习功课，看到王先生从我身边走过，还是一身常穿的土袍土褂，布鞋布袜，虽然神色有些呆滞，精神看来还是好的。想不到第二天傍晚就听到消息说，王国维跳昆明湖自杀了！事后，读到他的助教赵万里所作的《王静安先生年谱》，才知道他自杀的经过。

《王静安先生年谱》写道："五月（夏历）初二日，夜，阅试卷毕，草遗书怀之。是夜熟眠如常，翌晨盥洗饮食赴研究院视事亦如常。忽于友人处假银饼五枚，独自出校门，雇车至颐和园，步行至排云殿西鱼藻轩前，临流独立，尽纸烟一支，园丁曾见之。忽闻有落水声，争往援起，不及二分钟，已气绝矣，时正巳正也。家人候先生归，至午后犹未至，乃大疑，其公子急蹬迹之，至申刻始得噩耗。次日入殓，友生集哭。奉尸出园，始于裹衣中得一遗书，纸已湿透，惟字迹完好。"

遗书的内容很简单，开头几句就是："五十之年，只欠一死，经此世变，义无再辱。我死后，当草草棺殓，即行槁葬于清华茔地……"一代学人就这样与世长别了。

一九二七年三月，康有为死于青岛，六月（夏历五月），王国维死于北京。他们都是当时有名的学者，又都是复辟派中人；他们死的情况虽有所不同（一个是老死，一个是自杀），但无疑都是和时局的急剧发展有关系的。在一九二七年四月，北伐军已囊括长江中下游，山东一带动荡不定；六月，则北伐军已到达河南，冯玉祥军东出潼关，占领河南，渡河北进，阎锡山也已挂起"北方国民革命军总司令"的旗帜，派兵从娘子关、紫荆关，威胁奉军后路，京津一带草木皆兵，康、王之先后去世，无疑是和这急转直下的形势是有关联的。王的遗书中所说的"五十之年，只欠一死"是可以反映他们当时的恐惧愤懑情感的。赵万里的《年谱》中也说："去秋以来，世变益亟；先生时时以津园（当时溥仪已逃至天津，租住'张园'，做他的小皇帝）为念。新正赴津觐见，见园中夷然如常，亦无以安危为念者，先生睹状至愤，返津后，忧伤过甚，致患咯血之症。四月中，豫鲁间兵事方亟，京中一夕数惊。先生以祸难且至，或有更甚于甲子之变者，乃益危惧。”可见王的死，是忧伤清室这个小朝廷，不惜以身相殉，以表现其“孤忠”的。

但当时他的朋友中，还有不少人为他辩解，说他的死，决不是仅仅为了对溥仪“尽忠尽节”，意义远比这些要深远。梁启超的“挽王静安先生联”，写出了他的看法：“其学以通方知类为宗，不仅奇字译鞮，创通龟契。一死明行已有耻之义，莫将凡情恩怨，猜拟鹓雏。”陈寅恪的“王观堂先生挽词”序文中，说得更为清楚。他说：“或问观堂先生所以死之故。应之曰：近人有东西文化之说，其区域分割之当否，固不必论。……然而可得一假定之义焉。其义曰：凡一种文化值衰落之时，为此文化所化之人，必感苦痛，其表现此文化之程量愈宏，则其受之苦痛愈甚；迨既达极深之度，殆非出于自杀无以求一己之心安而义尽也。……若以君臣之纲言之，君为李煜亦期之以刘秀；以朋友之纪言之，友为郦寄亦待之以鲍叔。其所殉之道，与所成之仁，均为抽象理想之通性，而非具体之一人一事。……盖今日之赤县神州值数千年未有之钜劫奇变；劫尽变穷，则此文化精神所凝聚之人，安得不与之共命而同尽，此观堂先生所以不得不死，遂为天下后世所极哀而深惜者也。至于流俗恩怨荣辱委琐龌龊之说，皆不足置辨，故亦不之及云。”

赵万里的意思是说，王国维的死，主要是由于本身的苦闷，因为东方文化濒于破灭了，所以对东方文化修养极深的人不得不苦痛而死；至于对清室尽忠，则是次要的，而且只是抽象的尽义成仁，不是对宣统这个具体的小皇帝尽忠。这些辩解，主要的动机是抬高王国维的形象，表明他决不是一个迂腐的复辟派。但他们所举的理由却是很牵强的。如果说对一种文化有很深的修养，就非在这文化濒于破灭时自杀不可，那末，当时对所谓东方文化寝馈深邃的，何止王国维一人，像陈寅恪先生自己就是对三坟五典滚瓜烂熟的人，为什么只有王先生痛苦到非死不可呢？至于说他的死和清室没有关系，也和事实不相符合。从王的遗书日记以及赵万里的《年谱》中都可以看到，他在死前，是如何关心着“津园”的命运，焦急至于咯血。他死后，宣统还“下诏”褒扬，说他“孤忠耿耿，深恻朕怀”还“加恩予谥忠悫”，并“赏银二千圆治丧”。可见，王在生前，早已深深地陷在复辟派的罗网中了。

王国维究竟和清室有什么关系？做过前清的什么大官？或者曾受过什么“殊恩”？使他这样“孤忠耿耿”，一直拖着那条小辫子，甚至为这条小辫子而跳湖自杀呢？说来很可怜也很可笑可悲。他在前清连一个秀才都没有考上，什么芝麻绿豆的官都没有做过，一直靠著述和译书维持其清苦的生活。直到他自杀的前四年，也就是一九二三年，才忽然和这个小朝廷发生了关系。经过是这样的：那年春天，他寄住在天津的罗振玉寓中，从事校释“古逸丛书”和“草堂诗笺”。有一天，忽然前清遗老升允来访晤罗振玉，认识了王氏，他回京以后，就向溥仪推荐王“入值南书房”。过了几天，这位小皇帝就下“诏”：“杨钟义、景方昶、温肃、王国维均着在南书房行走。”这就是说，他被聘担任溥仪书房中的最末一名助教（正式教师是陈宝琛等），到六月一日，溥仪又下了“上谕”：“王国维加恩赏给五品衔，并赏食五品俸。”五品衔有多大呢？比道员还要小一品，跟宣统左右的小太监差不多。五品俸有多少呢？前清京官的官俸只是象征性的，一品大学士的官俸每年只有二百四十两，外加二十石米（他们中的许多人主要是靠贪污卖官和外官所送的“冰敬”“炭敬”来生活和致富的）。五品俸，大概每年不过六十两，再加上几担糙米，如是而已。而这个呆书生，不仅甘心为此而折腰，而且还感激涕零于“皇恩浩荡”，从此以遗老自居重新留起小辫子来了。

王国维做这样的“王者师”不到一年，就碰上康有为、金梁等所策动的第二次复辟阴谋（即“甲子复辟事件”），他因为和复辟派的热心分子罗振玉关系很深。他在北京，又寄住在户部街金梁的家中（金那时当上了“内务府”大臣，是这次复辟阴谋的主持人之一），这就使他也跻身在这些遗老之后，做着“中兴”的迷梦了。就在他们沉醉黄粱的时候，第二次直奉战争发生，接着冯玉祥回师北京，囚禁曹锟，并派兵把溥仪赶出了紫禁城，把这些遗老的阴谋彻底摧毁了。王在他的日记中写着：“甲子十月初九日，黄与出宫幸摄政王府，予侍行，未敢稍离左右。”“十二月初一日，赴日使馆觐见，天颜无恙，温谕有加。”这就是他参与复辟阴谋的经过。他遗书中所说的“经此世变，义无再辱”也就是指此而言，到了一九二七年北洋军阀政府濒于土崩瓦解的时候，他所以要惊惧自杀，就是因为受过一年的“五品俸”，并参加过复辟阴谋，赵万里所订《年谱》中所说的“先生的祸难且至，或有更甚于甲子之变者，乃益危惧”，是说明了王氏当时的心情的。

不仅如此，连王氏到清华研究院担任教授，也是和宣统有些关系的，推荐他进清华的是胡适，而胡适也是参与过甲子复辟阴谋的，他曾是被金梁欣赏的“人才”之一，被开列入金向溥仪“奏请”的“中兴”大臣名单之中；胡还特意由金梁陪同去“觐见”过溥仪，事后还得意扬扬地对人称道溥仪如何“谦礼下士、天纵圣明”。有人问他：“宣统怎样称呼你？”他说：“他口口声声称我胡先生。”“那末，你如何称呼他呢？”他说：“自然是称他皇上。”

这位“臣博士”专诚推荐王国维去清华研究院当教授，也是把复辟意识带进清华园（王的学生赵万里等的著作中，满纸“皇上”“皇舆”“觐见”“甲子之变”等等）。王当时坚决不就，直到一九二五年春，也就是溥仪已从他父亲载沣家里逃到东交民巷以后，“正月，先生被召至日使馆，面奉谕旨，命就清华学校研究院之聘”（见赵万里所作《年谱》），他这才正式应聘，并迁居清华园。至于溥仪为什么对王的就聘清华如此“关心”，是否受到胡适的影响，他在近来写的《我的前半生》中并未谈到这件事，我们也就无从悬测了。

古人不为五斗米而折腰，王国维却为几担米而自杀，这实在是一个悲剧。我们还可以说，王氏的一生，就是一个大悲剧。作为一个学者，他的确是博学而多所创见的，是近代不可多得朴学大师，他从二十多岁开始治学，直到他五十一岁自杀，短短的三十年中，著述有六十二种，校勘古籍凡一百九十余种，著述中的《观堂文集》《观堂集林》《殷墟书契编》《蒙古札记》《萌古考》《鞑靼考》，以及《人间词话》《唐宋大曲考》《优语录》等等，都颇有见解，对考古学、史学、西北历史以及古代词曲研究做了很宝贵的贡献。

梁启超论王氏在学术上的成就，有以下一段概括性的评语，他说："先生贡献于学界之伟绩，其章章在人耳目者：若以今文创读殷墟书契，而因以是正商周间史迹及发现当时社会制度之特点，使古人砉然改观。若创治《宋元戏曲史》，搜述《曲录》，使杂剧成为专门之学。斯二者实空前绝业，后人虽有补苴附益，度终无以度越其范围。"这是说，王氏在考古治史和戏曲学方面的成就，是前无古人的。我们还可以说，王氏在晚年专治西北地理历史，考证各少数民族的发生发展，也有了可贵的成就。如果他一心治学，不被牵连进这龌龊的复辟旋涡，一定会做出更大的贡献，这是可以想见的。

他之所以不能安于所学，终被牵入复辟罗网而惊惧自杀，主要是受复辟派罗振玉的牵累。他本是浙江海宁的一个书生（一八七七年生），二十一岁时，汪康年在上海创办《时务报》，他由友人的介绍，到该馆担任抄录，公余从日侨藤田丰八和田冈佐代治学习日文和英文。二十四岁留学日本，翌年患脚病辍学回国，适《老残游记》的作者刘鹗（铁云）将其所著殷墟甲骨文千余片影印问世（即世传之《铁云藏龟》），他见而大喜，从此潜心研究甲骨文，考证商周古史，并研究宋元词曲。他在三十几岁前后，先后发表了《人间词甲稿》《人间词乙稿》和《人间词话》等有名著作，震惊一时。

他自己在《三十自序》中说："余所以有志于戏曲者，又自有故。吾中国文学之最不振者，莫若戏曲。""元之杂剧、明之传奇，存于今日者尚以百数，其中文学虽有佳者。然其理想及结构，虽欲不谓其至幼稚、至拙劣，不可得也。……此余之自忘其不敏而独志乎是也。"从这里可以看出，他喜爱古籍，但并不盲目迷信古籍；他的研究戏曲，是为了要填补这一文学艺术范围内的薄弱环节，这种识见和抱负，是旧中国学人中所不可多得的。正因为有这种识见、抱负，加上孜孜不倦的毅力，终于在这方面也做出了前无古人的贡献。

可悲的是正当他潜心于学问的时候，结识了自命遗老、自命清高实际是卑鄙龌龊的文化掮客罗振玉，从此受罗的剥削、摆弄，直至于死！有人说，罗振玉是有名的造假古董骗钱的拐子。一九〇〇年前后，罗在上海创设了《农学报》，专门翻译登载日本英美等国有关农学的文章以欺世，他所请的译员之一，就是当时教王国维日文的藤田丰八，据说，有一天，罗在藤田家看到王所书写的一把扇子，上有"千秋壮观君知否，黑海西头望大秦"，大为惊赏，从此订交，罗就把王延至《农学报》担任编译，以后，罗先后至广州、武汉、苏州担任学堂监督，他都请王任教习。

王国维从日本留学回国后，罗继续请他帮助译述，实际是以廉价剥削他的精神劳动，罗在以后发表的有关殷墟甲骨文及其他考古著作，实际都是王所撰写的。一个是工于心计巧于筹算的文化投机者，一个却是四体不勤、五谷不分的书呆子，后者被前者敲骨吸髓，还以为是受其供养，感激知遇，悲剧就发生在这里。

罗振玉为了拉拢王国维，后来还和他结成了儿女亲家（罗的幼女许配给王的长子）。大家知道，罗是有名的复辟派头目，历次复辟阴谋都有份（最后当了伪满“开国”的大汉奸），于是，王这个和清室本无丝毫关系的书呆子，也被牵去当了“南书房行走”，一步步陷下去，终致不能自拔而死！

据传说，罗对王的经济上多方控制，百般盘剥，王在晚年著述，教书的收入，大部分要债还罗的旧账，他后来在经济上穷困无法摆脱罗的要索，也是他自杀的原因之一。看来，这也是事实。证据之一是，赵万里所订的《王静安先生年谱》中，记他在自杀那天的清晨，曾“向友人借银饼五枚”。当时清华学校一般教授的月薪有三四百元，像王这样的研究院名教授（王当时实际是研究院的主任教授，名义上由吴宓主持院务），月薪至少在五百元以上，他的生活又很简朴，何至五块钱还要向友人假借呢？他写给儿子的遗书中，还说：“汝等不能南归，亦可暂在城内居住。……家人自有人料理，必不至不能南归。我虽无财产分文遗汝等，然苟谨慎勤俭，亦必不致饿死也。”其晚年生活之凄苦，于此可见。

陈寅恪的“王观堂先生挽词”，有这样一些警句：“汉家之阨今十世，不见中兴伤老至；一死从容殉大伦，千秋怅望悲遗志。……文学承恩值近枢，乡贤敬业事同符。君期云汉中兴主，臣本烟波一钓徒。是岁中元周甲子，神皋丧乱终无已。尧城虽属小朝廷，汉室犹存旧文轨。忽闻擐甲请房陵，奔问皇舆泣未能。……鲁连黄鹞绩溪胡，独为神州惜大儒。学院遂闻传绝业，园林差喜适幽居。清华学院多英杰，其间新会（梁启超）称耆哲。旧是龙髯六品臣，后跻马厂元勋列。

鲰生瓠落百无成，敢并时贤较重轻。”看来，当时陈寅恪先生的那股遗老气味也是很浓郁的。当时，所谓中华民国已成立了十六年，五四运动也已过了八年，中国正逐步走上了新民主主义革命的道路，南方已开展了轰轰烈烈的大革命，而知识分子中，竟还有跪拜称臣的洋博士，小辫垂肩的名教授，乃至满口“胜朝”“宸听”的大学师徒，声应气求，相互吹捧，那倒真是时代的怪剧和悲剧了！

再谈王国维之死

王国维本来是一个潜心考古、钻研史学和明元词曲的学者，和清廷没有什么关系，只是在宣统关门做小皇帝的最后阶段，做了几天“南书房行走”，于是就留起小辫子，认真做起遗老来了。那些在丁巳（即一九一七年张勋复辟）、甲子（一九二四年康有为、金梁等的复辟）两次复辟阴谋中真正出谋献计、摇旗呐喊的遗老们，如康有为、郑孝胥、罗振玉之流，事后都逍遥法外，依然在大连、青岛等地过着寓公生活，有些像陈宝琛等还照样待在“紫禁城”内。照旧在“南书房行走”，只有王国维这个书呆子，俨然以逊清的孤臣孽子自命，一旦看到国民军将打到北京，就惊扰疑惧，认为“五十之年，只欠一死，从此世变，义无再辱”，认真本其“主辱臣死”之意，把他的一条老命赔上了。

他一生受着罗振玉的剥削和愚弄，他进清宫当“南书房行走”这一幕，其实也是罗振玉所设的一个圈套。据王的日记，他的“进宫”，是多罗特·升允“相国”在天津和他接谈，回京向宣统推荐的。其实，这一套完全是罗的预谋。

当时，在溥仪左右的遗老中，大体可以分为两派，一派以陈宝琛、郑孝胥为中心，一派以罗振玉、升允为中心，他们都与日本统治集团紧密联系，进行复辟活动。

升允在辛亥革命时正做陕西巡抚，失败后逃往青岛，在日租界开设一个饭馆，名为“陶陶亭”，暗中和日本的军人、政客和浪人勾结；当时，罗振玉也流寓在青岛，开设一个古董店，在东京开设分店，不时往来东京和青岛间，名为贩卖古董（其实他卖的都是假古董，他在天津设有专做“古董”的“作坊”），实际上也在做和日本浪人合作的事情。他们深相结纳，朋比为奸。最初，他们串通日本关东军挟持溥伟在东北搞所谓“满蒙帝国”，因为升允是溥伟的兄弟溥儒（号心畬，画家）的岳丈，他们想利用这点关系，“攀龙附凤”起来。后来，这个阴谋失败，又转而“拥戴”溥仪，罗振玉由青岛迁居天津，升允也放弃了饭店生涯，回到北京，挂上了小朝廷中“相国”的名义。但是，当时以日本浪人土肥原等为背景靠山的郑孝胥等正包围着溥仪，郑利用和陈宝琛是福建同乡的关系，由陈推荐担任着“宫内大臣”和另一“宫内大臣”金梁相互勾结，掌握着“清宫”小朝廷的大权（当时的所谓内务府大臣，除郑、金以外，还有绍英、耆龄、宝熙等）。升、罗为了要接近溥仪，打破郑、金等的包办局面，才把王国维介绍去当一名“南书房行走”。王国维被罗振玉利用而不自知，至死还以为“天恩浩荡”“简在帝心”，不惜以一死表明他的“耿耿孤忠”，真可说是一幕悲剧。

和王国维同在清华研究院教书的梁启超，当时也是一个悲剧的人物。他在辛亥革命后，先后组织立宪党、民主党、进步党，一直作为袁世凯的同盟，和国民党对抗。袁世凯搞洪宪帝制时，他又利用他和蔡锷的师生关系，参与了护国之役，想以此抵制孙中山在政治上的影响。以后，他又参与段祺瑞的“马厂誓师”，组织研究系，作为段祺瑞的清客，不料段在紧紧控制了北京政权以后，就把研究系一脚踢开。从此，梁就以在野学者身份，以讲学遣其余年。他在清华讲学时，除了研究院几个冬烘学生外，一般学生，当时正醉心于南方轰轰烈烈的大革命，对于这个维新立宪派古董，是不表什么敬意的。我曾听过他几次有关历史研究法的公开演讲，台下的听众，寥寥可数。他当时心情的寂寞，可以想见。

在王国维死前三个多月，梁启超的老师康有为也在青岛病死。国民党军占领北京后，他就不再到清华教书，而在北京城内组织了一个“松坡图书馆”，埋头于故纸堆中，到一九二九年，也因腰病而逝世了。

中国第一次民航

一九二一年七月一日，是中国民用航空开始的一天，恐怕知道的人不多吧。

在前清末年，就计划开创航空，但一直没有成为事实。一九一三年，北洋政府成立了航空署，隶属陆军部，向法国购买了两架教练机，在南苑修建飞机场，这才算有了“空军”的雏形。一九一七年张勋复辟时，段祺瑞曾命令飞机协同作战，这两架教练机，带了两个一百磅的炸弹，飞到北京上空“作战”，扔下的两个炸弹，一个落在天坛，没有炸；一个落在中南海里，炸死了几条鱼，却也因此把张勋吓得发抖，连忙躲进东交民巷荷兰使馆去了。

以后，航空署又添购了几架飞机，在北京以北的清河另辟了一个飞机场，作为训练之用。教练和驾驶员都是法国人，每年耗费几十万经费，在晴朗无风的时候，偶然飞到北京上空兜了一圈，如此而已。

一九二〇年直皖战争后，梁士诒任内阁总理，叶恭绰任交通总长，开始搞交通建设，和航空署的署长丁锦商定，由航署调派一高级教练机开办民用航空。

试办的第一线是京沪线，而初期又只办第一线的第一段，京济段。

在一九二一年六月初就开始筹备，开始试航，到七月一日，才宣布正式通航。据当时的北京《京报》载，那天，在南苑机场举行通航典礼，参加者有徐世昌的代表荫昌，梁士诒的代表师景云，航空署长丁锦以及各界来宾几百人。经过照例的“振铃开会”报告、演说以后，由清河机场飞来了三架教练机，其中“正鹄号”较大，除机师外可乘客五人，“舒雁号”及“大鹏号”每次只能各载客二人；于是，就请来宾中之头面人物开始试乘，每次九人；飞机起飞后，绕北京城空一周，然后降落，历时约五十分钟。虽然有这种免费空游的机会，但毕竟那时一般人对飞行还认为冒险太大，不敢贸然尝试，所以，勉强飞了三次就“后继无人”了。据该报载，那天，梅兰芳也是来宾之一，而且参加了第二次的试飞。

至下午五时，即正式开始京济飞航，由“正鹄号”担任飞航的任务，乘客五人，全是中外记者，计路透社、美联社记者各一人，日本记者一人，中国记者二人。另外，还带了一个邮包，却只有十七封信，这大概是中国历史上第一批的航空信吧。

又据是年七月三日《申报》载，上海各报都收到交通部发寄的明信片，正面印有天坛的鸟瞰照片，并印有“中华民国十年七月一日京沪航线京济通航纪念”等字样，反面则印了一篇“骈四骊六”的通启，文曰：“飞启者，敝署筹办航空中航线京沪一段，渐次就绪，今日下午五时至七时，由京师达济南第一次之飞行，历千余里，经两小时，鼓大地之风轮，循岱宗之天路；下临洙泗，喜近圣人之居；东望蓬莱，徜接飞仙之轸。敬修片羽，不尽心驰。”

文中说“历千余里”是加了一点码，实际上从北京到济南的空距只有八百多里，而“经两小时”则是打了一个折扣，据那天的济南报载，“正鹄号”飞到济南的时间是下午七时四十分。八百多里飞了两小时四十分，在今天看来无异“蜗步”，而在当时，确也算是“鼓大地之风轮”了。

可惜的是，经过这次“开航”后就再无下文，不仅京沪全线开航遥遥无期，京济间也没有再做第二次飞航，大概因为梁士诒内阁不久就倒台，北洋政府直奉战争，交通建设只好束之高阁了。

鲁迅与教育部佥事

鲁迅在北京期间，除掉兼任北大、师大和女师大的讲师外，一直担任教育部的佥事，只是在段祺瑞执政府期间，被免职了几个月，后来又复了职。复职后不久，他就离京南下了。

这所谓佥事，究竟是怎么样的官儿？教育部佥事，又管些什么事？

佥，是众人、大家的意思。佥事，望文生义，大概是为大家、为老百姓办事之意。以佥字列为官名，是始于宋代。宋设佥院、佥院御史，位次于左右都御史。明代在按察使下设佥事，以分领各道；清初沿用此制，到乾隆时才废除此职名。北洋政府时代，不知是袁世凯左右哪一个有考古迷的法制专家，定出了这个职名，作为荐任官的一种。从袁世凯当国，直至张作霖大元帅府瓦解，北洋政府国务院和各部都有这样一种官职。按它的级别来说，它比参事、秘书低一点，而比主事（科长）又高一些。以当时的教育部来说，有不少佥事直接“外放”为大学校长或各省教育厅长的。

查一九一二年（民国元年）北京政府诠叙局出版的“职员录”，在教育部一栏中，有这样一行“社会教育司，第一科，佥事周树人，字豫才，浙江绍兴人”。直到一九二五年的“职员录”中，这一行一直没有变动。一九一二年时的教育总长是范源濂，佥事除鲁迅外，还有王章祜（不久即改任长芦盐运使）、冀贡泉（后来当河北教育厅厅长）、吴震春（即吴雷川、燕京大学校长）、洪逵、冯承钧、谢仁冰等。当时的教育部只有普门教育司、专门教育司和社会教育司这三个司，社会教育司的司长是梁启超的老朋友历史学家夏曾佑（穗卿），和鲁迅同在第一科当佥事的有高步瀛和沈彭年。这位高先生是有名的桐城派古文学家，我在北师大读书时就听过他一年的课，高高的个子，红红的脸，一口高阳腔国语，当他讲解方苞、姚鼐等的文章得意的时候，正像鲁迅所描绘的三味书屋中的老师一样，“总是微笑起来，而且将头仰起，摇着，向后拗过去，拗过去”。

当时的社会教育司第一科除掉这三位佥事外，还有六七个主事，至于科员、股员、录事之类，因为“官卑职小”，不入于“职员录”，就不知究竟有多少了。到了一九二五年，则那一科的佥事就只剩下鲁迅一个人，主事也只有两个了。大概因为有些有靠山有门路可走的，都外放出去了，有些因为欠薪累累早就改行了，只有鲁迅等还守着这个枯庙。

教育部社会教育司“司”些什么事？据北洋职官制所载，它“掌管通俗教育及演讲会事项，感化事项，通俗礼仪事项，美术馆、美术展览会事项，文艺音乐演剧事项，动植物园、博物馆、图书馆事项，学术事项，公共体育场及游艺事项”。社会教育司只有两个科，第一科大概分工专管文艺方面的工作。因为在一九二〇年前后，教育部另外成立了通俗教育研究会，内设小说、戏曲、讲演等股，鲁迅就兼任小说股的审核干事。

鲁迅说，他做这个官儿，只是为了领几个俸钱以维持生活，因为在当时的军阀控制下，是谈不到什么社会教育的。一个佥事，有多少“俸钱”呢？据当时的《政府公报》所载文官薪给标准，佥事属于二级四等，月薪从二百六十元到四百元，相当于一个大学教授的待遇。鲁迅是教育部任职最久的佥事，按资历总应在三百元以上。他在一九二五年写了一篇短文记《发薪》，写着：“下午，在中央公园里和C君做点小工作，突然得到一位好意的老同事的警报，说，部里今天发薪水了，计三成；但必须本人亲身去领，而且须在三天以内。”去领薪时，“先经过一个边门，只见上帖纸条道‘丙组’，又有一行小注是‘不满百元’，我看自己的条子上，写的是九十九元，心里想这真是人生不满百，常怀千岁忧”。又说：“翻开我的简单日记一查。我今年已经收了四回俸钱了：第一次三元，第二次六元，第三次八十二元五角，即二成五，端午节的夜里收到的；第四次三成，九十九元，就是这一次。再算欠我的薪水，是大约还有九千二百四十元，七月份还不算。我觉得已是一个精神上的财主，只可惜这‘精神文明’是很不可靠的。”从这里推算，他的月俸是有三百三十元，但到那时为止，就欠了近三十个月的薪水，这一年已经到了七月，一共才只领到一百八十多元，不足一个月薪给的六成，当时京官之苦，可想而知。我当时也在北京，就时常看到报上登载各部的主事、科员出外拉洋车的故事，而“满街乞丐满朝官，我作哀鸿一例看”这样的竹枝词，是在副刊中常见的。

北洋时代的“四大公子”

在一九二〇年左右的一个相当长的时期内，报纸上特别在上海的小报上，不断出现所谓“四大公子”。既然是公子，顾名思义，一定是有一个阔老子的后台可靠的。

哪四个公子呢？一个是张作霖的儿子张学良，一个是卢永祥的儿子卢筱嘉，一个是张謇的儿子张孝若。这三个人列于“四大”，大概是经过“舆论”一致赞同了的。另一个人则有两种说法，一部分认为应是孙科，另一部分则“推戴”段祺瑞的儿子段宏业。为什么对这两位公子哥儿还有一些争议和异议呢？大概因为孙科那时还涉世未广，不像他后来那么挥金如土。至于段宏业，似乎因为他年龄太小，只会在家里偷鸡摸狗，见不了大世面；据说他倒有一个特长，棋下得不错，段祺瑞家中经常养了一批名手陪他下棋，每次对弈，段总能恰巧赢一子半子，于是，就自以为国手无敌，偏偏这位公子和他对弈，不肯相让，总“杀”得他难以招架，往往使这位老头气得脸色铁青，把棋盘打翻，大骂："你这个小子，就只会下棋！"

为什么不调和妥协一下，索性来个五大公子呢？大概因为春秋战国时既然只有"四大"，也就只能是"四大"了。

张学良和孙科后来在国民党反动统治时期都煊赫一时，成为报纸头条新闻的人物，可以不再多谈。

卢筱嘉是一个十足的花花公子，经常在上海洋场吃喝玩乐，无所不为。他没有在官场中露过头角，却在洋场中有过一番惊人的表现，他曾和大青帮大佬斗过一次法。

在民国七八年间，上海的青帮世界还由黄金荣独霸着，杜月笙还只是一个起码角色，被称为"水果月笙"，在十六铺充打手，抢抢鸦片而已。

那时，黄正把以唱"枪毙阎瑞生"出名的女伶露兰春强娶为妾，他为了捧露兰春，特地盖了一座戏院，名为共舞台（所谓"共"者，是首创男女"共"演之意），戏院内每天布置了大批喽啰，专为露捧场喝彩。有一天晚上，卢筱嘉去看戏，居然满不在乎地喝了露兰春一声倒彩。太岁头上动土，这还了得！四面的喽啰们一片喊打，这一场戏就此乱糟糟地收场，卢在卫兵的保护下，被打了几块西瓜皮，好不容易坐上汽车逃走。那时上海还在卢永祥的控制范围之内，上海护军使何丰林是卢的下属，卢筱嘉和何设计，把黄金荣诱绑出租界，关在龙华，声言要加以重办。结果是由当时的"闻人"虞洽卿等出面调停，才把黄放了出来。

卢筱嘉的生平，大概也就是有过这样一段业绩。至于张孝若，虽然也是个浑小子，他的爸爸却一心想抬他出来在官场中显显身手，以便克绍箕裘。张謇当时是江浙士绅的班首，是东南一霸，历任江苏的督军冯国璋、李纯、齐燮元之流都要和他相接纳。特别是齐，据说他暗杀了李纯取而代之，地位是不稳的，一切要仰赖这位“南通王”的支持。

因为这个关系，张孝若以一个刚满二十岁的毛孩子，就被“举”为江苏省议会的副议长，后来，还由北洋政府派他担任驻智利的公使，虽未到任，但已很“破格”了。

这里，还要谈一段一九二四年江浙战争的内幕。这一战，通称“齐卢之战”，一般都知道，这一战的起因是齐燮元和卢永祥为了抢夺上海的地盘，进一步了解，是为了抢夺上海的鸦片税收（每年有几千万），所以有新的鸦片战争之称。其实这里面还有一段牵涉到张孝若的政治买卖。原来，那时江苏省长齐耀珊去职，张謇想把他的宝贝儿子捧出来继任，托人向齐示意。齐提出了一个条件，就是要张支持他打卢永祥，哪一天把上海抢到手，哪一天就发表张孝若的省长。所以，在江浙战争前各方呼吁和平时，张默不作声，而且暗中为齐勾引江浙的夏超等土著将领，拆卢永祥的墙脚。

江浙战争的结果是两败俱伤，只便宜了孙传芳，张孝若的省长之梦没有做成，不久，张謇便抑郁而死了。

当年煊赫一时的四公子或五公子，大概只有孙科和张学良还在人间，张学良年纪最轻，也已六十多岁，垂垂一老翁了。他的六十多年的岁月，却有一半被耗费在蒋介石的囚笼中。

旧上海报界的“四大金刚”

前记旧中国的“四大公子”，联想到旧上海报界的“四大金刚”。过去，人们对于“十”“八”“四”这几个数目字大概特别有好感。谈风景总要凑成“十景”，宣布什么人的罪状总要凑成“十大罪状”；在旧戏里，“平贵离家一十八载”，秦琼抓的是“一十八名江洋大盗”，中进士不是第八名必是第十八名。而对于名人，大抵总要凑成四个，什么嵩山四友、四巨头、四大公子之类，流风所及，妓女也选举了什么花界四大金刚之类。

上海花界的四大金刚出现在清末，报界的四大金刚则出现在民国初年，其实就是操纵当时上海报业的四大老板，这四人就是史量才、汪汉溪、狄楚青和席子佩。

史量才原是个中学教员，辛亥前后参加张謇、赵凤昌等的宪政派活动，依靠张等的力量，于一九一二年接办《申报》，以后又大批收购《新闻报》股权，控制《时事新报》

和英文《大陆报》等，俨然成为报界的“大亨”，复凭借其新闻界的地位，活动于政界和金融界，担任中南银行常务董事及上海地方协会会长，成了上海的一条“地头蛇”，因而和上海的党棍潘公展、吴开先等发生权力冲突。“九一八”以后，他倾向抗战，支持“一·二八”的“淞沪抗战”，被蒋介石目为眼中钉，终于被蒋的军统特务所暗杀。

席子佩原是《申报》的经理，不甘心《申报》被史量才抢去，曾向法庭起诉，得到了几万元损失赔偿，他就在望平街《申报》附近租屋开设《新申报》，和《申报》唱对台戏，但维持不了几年，终于以失败而收场。

狄楚青字平子，是康梁保皇党的忠实门徒，他不仅能文，而且精于赏鉴，是四大金刚中较有书卷气的一个；他在《时报》建筑了一个宝塔式的小楼，“平等园”，阁上辟一客室，名为“息楼”，经常邀集维新、宪政派的过江名士纵谈国事，策划如何对付革命党的阴谋，与赵凤昌的“惜阴堂”互为呼应。以后，《时报》经营不善，狄把它卖给了南洋富商黄伯惠，他自己以念经礼佛结束其晚年生活。

汪汉溪是报界的一个十足的商人、买办。他原是美国文化特务福开森任监督时的南洋公学的一名庶务。一八九九年，《新闻报》原来的老板丹福士破产，福开森利用租界当局的势力，攫取了该报，自称董事长，聘汪为经理；其实，福开森接办《新闻报》，并没有花一个钱，当时的资本，都是由汪向朱葆三、何丹书等凑集的，但他不仅凭借《新闻报》为美帝国主义刺探情报，在刘坤一、张之洞、端方等前清大员中出卖风云，做他们的密探，而且大发其财，后来把《新闻报》的股票卖给史量才，就凭空得了几百万元。

汪汉溪在《新闻报》由经理而总经理，但馆内一般都称为“买办”，称福为“总办”，而把总编辑称为“师爷”，这也真实反映了当时新闻界的内部关系。

汪是一个有魄力、工心计的人，福开森一直想严密控制《新闻报》的编辑部，他派任的总编辑金煦生和编辑文公达、杨千里等，都是他从南洋公学带来的，他们有时为了福开森的阴谋活动，辞去报馆职务做了官，做了一个时期又回来。汪就利用了这点，索性给这些人一份干薪，不让他们掌握编辑实权，另派张继斋、李浩然等先后担任总编辑。这样就把《新闻报》的控制权逐步从福开森手里夺了过来。到民国十年左右，汪已成为《新闻报》的集权者，同时，《新闻报》由于注意市场新闻，业务发展，成为当时上海的第一大报。

汪死后，他的儿子汪伯奇继任总经理，一直到抗日战争胜利，《新闻报》才被国民党“劫收”，成为国民党的党报。

旧上海报界的四大金刚，其实只有史、汪两位是名副其实的，史叱咤风云，汪老谋深算，各有千秋。

清末“四公子”

清末有所谓“四公子”，就是当时苏州巡抚丁日昌的儿子丁叔雅（广东丰顺人），湖南巡抚陈宝箴的儿子陈三立（字散原，江西义宁人），庐州提督吴长庆的儿子吴保初（安徽安庆人），和湖北巡抚谭继洵的儿子谭嗣同（湖南浏阳人）。陈三立是有名的诗人，江西诗派奉为祭酒。丁叔雅也以能文名世。吴保初先在他父亲的军中任职，后来担任司法官多年，有《北山楼集》行世。吴的女儿弱男、亚男，弱男曾任孙中山秘书，为章士钊的夫人。谭嗣同字复生，是“戊戌六君子”之一，是维新派中的左翼人物，思想远比他的老师梁启超为激进。他在就义前，曾作一诗，脍炙人口，诗曰：“望门投止思张俭，忍死须臾待杜根。我自横刀向天笑，去留肝胆两昆仑。”张俭、杜根都是东汉时反对邓太后的人物，他用这典故来比喻他们之反对那拉氏。“两昆仑”自然是指的康有为和他自己。比喻是否贴切，姑不具论，但从诗中所表露的从容就义的气概，是令人感动的。

柳亚子两填金缕曲

诗人柳亚子先生平日豪于饮酒，但从未如一些颓废文人那样纵情歌台舞榭。只有一次，大约在一九三五年除夕，他被几个朋友约往酒馆轰饮大醉，同至舞场小坐。他翌日填了一首《金缕曲》以记其事：

五十居然叟。叹平生，百无一可，知非时候。新学甚深微妙法，粉腻脂香不朽。笑郁勃，云情依旧。恒舞酣歌我辈事，看江山轻付纤儿手！满腔血，总辜负。　祝宗祈死频年久，惭愧杀吴中名士，少微犯后。入抱温馨怜楚细，难遣横胸星斗。揾红泪，罗巾痕绣。莫道逢场浑作戏，怕侯生输与香君寿。忍醉我，新亭酒。

就在这样的诗词中，他的爱国之思和对于蒋介石辈不抵抗政策的愤恨，还是溢于言表的。

一年以后，他又以原韵重填了一首《金缕曲》，题岳鹏举、于少保、张苍水、徐伯荪（锡麟）、秋竞雄（瑾）诸墓的摄影：

> 柴市文山叟，歌正气，日星河岳，炳彪时候。三竺六桥埋碧地，鹏举英灵不朽。看墓树，南枝依旧。一代人豪于少保，更捧天浴日尚书手。好山色，肯轻负？　　陌年胡运沈埋久，拨青天，皖公江上，大酋诛后。剖却心肝付奴革，伯约胆应如斗。更血溅，轩亭春绣。风雨秋家亭子好，祝英雄儿女无疆寿。图一幅，奠椒酒。

记得杨小楼……[1]

我国戏曲的确是丰富多彩的，在现在的世界上，可以说没有哪一国能够和我们比拟。

在解放以前的几十年中，我流浪南北，接触过各地的戏剧曲艺，现在回想起来，留下的印象最深刻也最难能可贵的，有杨小楼、刘宝全、牡丹花、夏荷生几位名艺员的表演艺术。

这几位的艺术，在我看来，都是“前无古人”的，而我又有幸赶上看到他们“黄金时代”的演出，对他们艺术的热爱，都达到“迷”的程度，所以说是难得的享受。

我到北京读书是在一九二五年，那时，杨小楼精力还很

[1] 本文刊于1962年10月14日香港《大公报》，署名徐铸成。文前有陈凡所写按语：本文作者徐铸成先生，现任上海政协委员，并参加中华书局沪编辑所工作。我过沪时，碰巧“上海评弹团”来港，因此从评弹谈起。谈开了，他把满肚子“戏经”搬了出来，谈者固逸兴遄飞，听者更为之神往。听罢之后，我说：“让我也点一出戏如何？”——我点的其实是“文”，就是这一“出”。

充沛，艺术正达到炉火纯青的高峰状态。同时，梅兰芳刚满三十岁，嗓子正当最高亮而婉转自如的时候。杨小楼和余叔岩，在浦殿俊出资在香厂建造一座新式的戏院——新明剧场，每星期演出三四期，和梅兰芳在开明戏院（当时北京最新式的戏院）的演出，形成对抗的形势（记得这个“对抗”赛延续了三年多，直到一九二八年左右，新明剧场不戒烟火，全部焚毁，才告一段落）。

新明的角色是很整齐的，除余杨和他们长期搭配的名角如王长林、钱金福、傅小山（名武丑）、刘砚亭、鲍吉祥、迟月亭等以外，另外还约了荀慧生（荀那时还称“白牡丹”）、“小翠花”及其配角金仲仁等参加，每期的戏码都很硬，由余杨轮流演出大轴和压轴，到第三出大抵是荀慧生或“小翠花”的戏。票价和开明一样，最高一元三角二（那时段祺瑞的执政府和张作霖的“大元帅府”征收包括戏剧捐和募捐等等的所谓四项加一捐，票价一元二以外，附加一角二），在那时的北京，除义务戏外，算是空前的高票价了。

在那时我们这些穷学生中，也有不少戏迷，有的梅迷，有的是杨迷，也有天天跑广和楼迷富连成科班的（那时好像“富”字辈还未出科）。我是杨迷之一。我有一位同学，为了看杨的《安天会》，曾把被子当了去买票，可见杨的艺术“迷”人之深。

记的一九二七年的中秋，我和几位同学一起去“新明”看戏，那天最后三出是荀慧生、“小翠花”的《樊江关》，余叔岩的《打鼓骂曹》和杨小楼的《落马湖》。杨在整出戏里，不仅身段边式，开打干净利落，尤其难得的是做工细腻，嗓子清脆。《酒楼》一折，当黄天霸凭楼饮酒，不经意地向酒保（扮酒保的是王长林）闲谈天，酒保指着窗外告诉他这里就是落马湖的时候，他似闭非闭的眼睛，忽然睁开如雨点流星，从近到远，从左到右，慢慢扫过，使人感到，在他面前的就是烟波浩瀚的一片大湖景色，同时，念出："这，这，这就是落马湖"，声如鹤唳长空，深刻地表演出"踏破铁鞋无觅处，得来全不费功夫"的内心的喜悦和激动。这种感人的表演艺术，时隔三十多年，闭目一想，还如在目前。

从那次以后，不久我就到天津工作，看他的戏的机会少了，他也渐入老境，加上旧社会的折磨，以信道信佛麻醉自己，演出的机会少了。一九二九年最后看他一次《长坂坡》，虽然"典型尚在"，毕竟已经老态毕现，有些开打，只是做做样子，纯然是所谓"武戏文唱"了。

杨小楼去世后，杨派的武生中，孙毓堃的功架最近似杨，但多年没有振作起来；杨盛春学习最努力，可惜早年就嗓子坏了。直到解放以后，高盛麟和万慧良力求精进，成为杨派的传人。七月初，高到上海演出，我看过他的《挑华车》和《长坂坡》，无论唱、做、念、打，以至气概、风度，都仿佛杨小楼的当年面目，使人由衷地感到安慰。

余梅合作感人深

为了救济湖北大水灾的灾民，一九三二年冬，曾由余叔岩等发起在北平演出大义务戏（余是湖北人）。这是我所看到的余的最后一次演出。据我所知，这也是余叔岩、梅兰芳这两位大表演艺术家最后的一次合作。

这台义务戏，所有当时在北平的名演员如程砚秋、荀慧生、尚小云、马连良、龚云甫、陈德霖、谭富英、“小翠花”等等都参加，戏码之硬，自不必说，最难得的，除压轴的是杨小楼的《安天会》外，大轴为余和梅兰芳合演的《打渔杀家》。余因为有病，那时已有几年未公演；尤其是余梅二人，由于别人的挑拨，彼此不招呼。不同台已近十年之久。这次，余为了家乡赈灾，特请梅合作，梅先生最热心公益，而且对人最无成见，欣然参加。所以，尽管那夜的票价高达十元（当时，相当一担米的代价），海报一经公布，戏票就一抢而空了。

好的戏，其实何止绕梁三日！像那晚余、梅的表演，到如今已时隔三十多年，我的感受好像还很深刻。梅在后台一句倒板“海水滔滔白浪发”，余一声“开船哪！”第一舞台二十多观众好像在统一的指挥下一样，齐声高叫一声“好！”接着就鸦雀无声，而余、梅这两“父女”摇船上场了。

最难得的是这两位艺术家，尽管十年没有合作，一旦上场，彼此的唱做、神态这样协调，真可说是水乳交融、天衣无缝，在这种艺术感受下，全场观众仿佛都受到一种“压力”，不敢咳一声嗽，甚至不敢吐一口气，生怕一根针掉下去会破坏艺术的气氛，生怕自己一不经意就放过了一段细小但是宝贵的艺术享受。我生平听过不少戏，但像那晚这种情景，可以说是演员和观众的最高艺术融合，是难得经受的。

哀梨并剪“牡丹花”

汉剧是我国古老戏种之一，它有丰厚的“家底”，是京戏的源泉之一。比起京戏来，它更接近民间，更富于泥土气。

一九三二年我到武汉时，还赶上看到“须生大王”余洪元等的演出。而给我印象最深的却是“牡丹花”（董瑶阶）的表演才华（那时，陈伯华开始在舞台上露面，才十三四岁，艺名“小牡丹花”）。

在京剧花旦中，我最欣赏“小翠花”。但看了“牡丹花”的表演后，觉得他在细腻和泼辣方面，甚至比“小翠花”还胜一筹，他那时已五十多岁，不常演出，我看过他的《采花赶府》，从枝头一采一朵花（中国有些戏剧里，杂和了一些杂技和魔术的技巧），身段真是美妙极了。还有一出《紫荆树》，他扮演田三嫂，一心一意吵着要分家，和她的两个大伯吵嘴的几场，口齿真如“哀梨并剪”，把市井妇人的形象，描绘得入木三分。最难忘的，是他和名丑大和尚合演的“活捉”，最后一场，他上场跑大圆场，真像一个幽灵随风飘荡一样；最后把张三郎抓到手里，大和尚忽然像矮了一段，被阎婆惜轻轻抓在手里，像一块烂棉花一样跟着她飘然而去。这一出戏，至少在我的印象中是“绝唱”。

编后记

《金陵旧梦（增编版）》中的第一辑内容曾由香港致诚出版社（1963）和生活·读书·新知三联书店（2011）出版，本版对原文及相关引文重新做了核对和文字规范处理，校正了部分错讹之处，增加了必要的注释。本书其余部分录自1962年至1966年间作者在香港《大公报》上发表的文章。

徐铸成先生是近代中国的著名报人，也是老一辈的新闻家，他数十年从事新闻工作，已形成了其自身的且带有时代特征的文字表达习惯，其中包括不少口语化表达，也有一些是特定历史年代的曲折用法，与今日的文字规范略有不同，编辑认为此类情况应予尊重，尽量保持其原汁原味，不属于文稿硬伤的，则不宜修改。

对其中确实需要做统一处理的情况，编辑做了如下处理：

（一）根据《现代汉语词典（第七版）》中的汉字使用规范订正了以往版本中明显的错别字，包括人名、地名、书名等内容，其中书名、报纸名、戏剧名，无论是全称还是简称，未加书名号的，本次修订统一加上了书名号。

（二）更正了个别因作者记忆差错导致的事实错误。

（三）书中少量与现行用法差异较大的字，诸如“的”“地”“得”“象”“那”“做”“作”“功夫”“摹仿”等，因规范与统一要求，据《现代汉语词典（第七版）》中的汉字使用规范进行了修改。

（四）作者在书中使用的部分用语有其特定的表达方式和时代习惯，如“酬应”即应酬之意，“通信”即为“通讯”，“所以”在当时作为“之所以”用……本版均保留原貌，不予修改。

2022年8月

致谢

顾犇先生大力协助搜集本书原文和有关资料，罗海雷先生协助查阅香港《大公报》的有关报章，卫纯先生为编选整理工作提出了许多重要建议，谨此深表谢意。

2022年8月

图书在版编目（CIP）数据

金陵旧梦 / 徐铸成著. —增订版. —上海：
上海三联书店，2022.9
(徐铸成作品)
ISBN 978-7-5426-7702-0

I. ①金… II. ①徐… III. ①政治—中国—民国—文
集 IV. ①D693-53

中国版本图书馆CIP数据核字（2022）第044164号

金陵旧梦（增订版）

著　　者 / 徐铸成

责任编辑 / 朱静蔚
特约编辑 / 李志卿　齐英豪
书票插画 / 罗雪村
装帧设计 / 微言视觉 | 苗庆东　沈君凤
封面设计 / 璽中DESIGN WORKSHOP | 熊琼
监　　制 / 姚　军
责任校对 / 齐英豪

出版发行 / 上海三联书店
（200030）中国上海市徐汇区漕溪北路331号中金国际广场A座6楼
邮购电话 / 021-22895540
印　　刷 / 唐山楠萍印务有限公司

版　　次 / 2022年9月第1版
印　　次 / 2022年9月第1次印刷
开　　本 / 889×1194　1/32
字　　数 / 255千字
印　　张 / 12.25
书　　号 / ISBN 978-7-5426-7702-0 / D·535
定　　价 / 79.00 元